आजादी के अपूर्व अनुभव

सच्चिदानन्द सिन्हा

अनुवादक

रामजय प्रताप

राजकमल प्रकाशन

मूल कृति 'Adventures of Liberty' का अनुवाद

ISBN : 978-93-88753-30-2

मूल्य : ₹495

पहला संस्करण : 2019

प्रकाशक : राजकमल प्रकाशन प्रा. लि.
1-बी, नेताजी सुभाष मार्ग, दरियागंज
नई दिल्ली-110 002

शाखाएँ : अशोक राजपथ, साइंस कॉलेज के सामने, पटना-800 006
पहली मंजिल, दरबारी बिल्डिंग, महात्मा गांधी मार्ग, इलाहाबाद-211 001
36 ए, शेक्सपियर सरणी, कोलकाता-700 017

वेबसाइट : www.rajkamalprakashan.com
ई-मेल : info@rajkamalprakashan.com

मुद्रक : बी.के. ऑफसेट
नवीन शाहदरा, दिल्ली-110 032

AZADI KE APURVA ANUBHAV
by Sachchidanand Sinha
Translated by Ramjay Pratap

प्राक्कथन

यह पुस्तक मानव स्वतंत्रता का एक अध्ययन है। इस स्वतंत्रता सम्बन्धी विचार का विकास विभिन्न मुद्दों को लेकर चल रहे संघर्षों और उनके संस्थानीकरण से हुआ है। प्रारम्भ बिन्दु तो वह विचार ही है जो यह बतलाता है कि आजादी जीवन का एक आधारभूत सिद्धान्त है, इसलिए यह मनुष्य के लिए बिलकुल नैसर्गिक चीज है, इसे दबाया नहीं जा सकता है। किन्तु, यह विचार मानवीय जीवन और सामाजिक सम्बन्धों की बढ़ रही जटिलता में डूब जाता है और तत्क्षण हमें इसका पूरा-पूरा भान नहीं हो पाता है। मनुष्य द्वारा अपनी आत्मसिद्धि के रास्ते में आ रही भौतिक और सामाजिक बाधाओं से पार पाने के लिए जो संघर्ष किए जाते हैं, उन्हीं संघर्षों के माध्यम से यह विचार या सिद्धान्त मूर्तरूप धारण करता है और धीरे-धीरे संस्थाओं का रूप ग्रहण करता है जो आजादी के स्थायी रक्षोपाय के रूप में काम करती है।

इस अध्ययन का लक्ष्य समावेशी इतिहास लिखना नहीं है। स्वतंत्रता का इतिहास स्वयं मानव जीवन से जुड़ा हुआ है, इसलिए इसका पूर्ण इतिहास लिखा जाए तो बहुत मोटी-मोटी पुस्तकें तैयार हो जा सकती हैं। लेकिन इस तरह का काम कर पाना इस लेखक की क्षमता के बाहर था। बहरहाल, उद्देश्य यह है कि इसके विकास की अत्यन्त संक्षिप्त रूपरेखा प्रस्तुत की जाए। इस पुस्तक में कुछ उन लिपिबद्ध घटनाओं का वर्णन है जो इसके लक्ष्यों में से कुछेक की सिद्धि के रास्ते में निशान बनाती हैं तथा कुछ उन मूल विचारों का वर्णन है जिसने मानवीय सोच को इस दिशा में साकार किया है। यह विकास उतार-चढ़ाव भरा है। विपरीत दशाओं में अक्सर यह लगता है कि यह गायब हो गया, लेकिन उसी स्थान पर या कहीं भी यह अचानक फिर से दोगुनी ऊर्जा के साथ प्रकट हो जाता है और पहले से बड़े मोर्चे की तरफ अग्रसर हो जाता है। इस क्रम में यह हमेशा अपने से जुड़नेवाले नए आयामों से सम्पन्न हो जाता है। उन परिस्थितियों की लहरें जिनसे

इसने अपना रास्ता बनाया है, एक मनोहर अपूर्व अनुभव कथा है। इसके बारे में निम्नलिखित पृष्ठों में एक संक्षिप्त विचार प्रकट किया गया है। इसमें कतिपय प्रसंगों का उल्लेख केवल संघर्ष को समझने के उद्देश्य से किया गया है।

उक्त संक्षिप्त विचार को प्रकट करने के लिए फ्रांस की क्रान्ति जैसी इतिहास की सबसे महत्त्वपूर्ण घटनाओं में से कुछेक को केवल स्वीकृत सन्दर्भों के रूप में लिया गया है कि तारतम्य बना रहे। फ्रांस की क्रान्ति सरीखी महत्त्वपूर्ण ऐतिहासिक घटनाओं का सन्दर्भ इसलिए लिया गया है कि इनके बारे में पहले से विस्तृत अध्ययन सुलभ हैं तथा इन बड़ी घटनाओं की जानकारी सभी को है। इस पुस्तक में उन घटनाओं पर भी ज्यादा विचार किया गया है जिन्होंने इतनी बड़ी उक्त ऐतिहासिक घटनाओं के लिए तथा उनकी सामाजिक-आर्थिक पृष्ठभूमि के निमित्त आधारवस्तु तैयार की है। निस्सन्देह, इतिहासकारों ने इन घटनाओं का भी उल्लेख किया है, लेकिन इन्हें न तो इतिहासकारों ने न ही सामान्य पाठकों ने कभी विशेष महत्त्व दिया है। इससे यह तथ्य धुँधला पड़ जाता है कि इतिहास में हमेशा आजादी का संघर्ष किसी न किसी रूप में चलता रहा है तथा इसने यह आभास देने का भी प्रयास किया है कि बड़ी क्रान्तियाँ इतिहास की विचारधारा या प्रतिभाशाली व्यक्तियों के कौशल के सहसा उत्फुल्लन के रूप में प्रकट होती हैं। इस वर्तमान अध्ययन की कोशिश है कि उन्हें घटनाओं के उसी चक्र के अंशरूप में संयोजित किया जाए। प्रजातंत्र के बड़े संवैधानिक विकासों का पुनः केवल उल्लेख है क्योंकि इनका दस्तावेज ठीक ढंग से उपलब्ध है। इनकी केवल अन्तर्धाराओं को रेखांकित किया गया है।

आजादी के विभिन्न पहलुओं के विकास का किसी बड़े मोर्चे पर चलनेवाले सामान्य आन्दोलन के अंश रूप में वर्णन करने की बजाय अलग-अलग वर्णन किया गया है। इससे उक्त बड़ी घटनाओं के सन्दर्भों को एक से अधिक प्रसंगों में रखना आवश्यक हो गया है।

इस अध्ययन में अधिकांशतः यूरोपीय खासकर ब्रिटेन के अनुभवों की चर्चा है। निस्सन्देह, इसका एक कारण यह है कि यूरोप के उक्त विकासों का दस्तावेज पूरी तरह से लिपिबद्ध है। लेकिन इसका एक दूसरा कारण भी है। दुनिया के अनेक हिस्सों में मुक्ति के संघर्ष हुए होंगे, सचमुच में हुए भी थे। लेकिन, आगे बढ़ने की चाह रखनेवाली उन मुक्तिधाराओं में से ज्यादातर धाराएँ काल की रेत में खो गईं।

एकमात्र धारा जो आज तक विद्यमान है तथा एक शक्तिशाली नदी का रूप धारण कर ली है, वह वही धारा है जिसका उद्‌भव यूरोप में हुआ था। दूसरे लोगों ने भी अपने यूरोपीय सम्पर्क के माध्यम से अपनी आजादी की फिर से खोज की है। हालाँकि, वह सम्पर्क भी यूरोपवासियों द्वारा गैर–यूरोपीय लोगों पर गुलामी लादने और उसके बनाए रखने के प्रयासों से ही बन पाया। उक्त गुलामी का गुलामों द्वारा प्रतिरोध करने के क्रम में सदियों से शिथिल पड़ा आजादी का जोश फिर से जाग उठा।

आज हम देखते हैं कि उस आजादी के संघर्ष को मानवाधिकारों के संयुक्त राष्ट्र चार्टर के द्वारा संकेतित किया गया है। यह चार्टर स्वयं घटनाओं की वक्रगति की पराकाष्ठा है तथा पूरी तरह सत्ताओं की इच्छा के विपरीत वैसा रूप धारण कर लिया है जो इसके सृजन के लिए जवाबदेह थे। उस अर्थ में ये सत्ताएँ इसके भाग्य को पूरा करने का उपकरण मात्र थीं। इसके जरिए हम उस अवस्था में पहले ही पहुँच चुके हैं जहाँ आजादी के लक्ष्यों में से अधिकांश लक्ष्यों की संकल्पना हो चुकी है तथा वे आज मनुष्य के लिए चालकबल बन गए हैं।

—सच्चिदानन्द सिन्हा

अनुक्रम

अध्याय-1

जीवन की स्फूर्त प्रेरणा

वाल्ट ह्विटमैन ने लिखा था, "हमने बारम्बार प्रजातंत्र शब्द को मुद्रित किया है। फिर भी, मैं अक्सर यह दोहरा नहीं सकता हूँ कि कलम से जबान तक की गूँज और अनेक क्रुद्ध झंझावातों, जिनसे इसके अक्षरों का आगमन हुआ है, के बावजूद यह एक ऐसा शब्द है जिसका वास्तविक निचोड़ अभी भी सोया हुआ है, बिलकुल अनजगा है। यह एक महान शब्द है जिसका इतिहास मेरी समझ से अलिखित है क्योंकि उस इतिहास को अभी भी प्रदर्शित किया जाना शेष है।"

वाल्ट ह्विटमैन की उक्त पंक्तियों के लिखे जाने के बाद से उस इतिहास का एक अंश प्रदर्शित हुआ है। लेकिन, अभी भी उसके बड़े हिस्से का प्रदर्शन शेष है। प्रजातंत्र के जिस निचोड़ की वह चर्चा करते हैं, वह आजादी की प्रेरणा है जो प्रजातंत्र के साथ अहस्तांतरणीय रूप से जुड़ा हुआ है। प्रजातंत्र (जनता का शासन) में आत्मशासन अन्तर्निहित है, इसलिए इस बारे में कुछ भी उत्तेजक नहीं है। यह वहाँ उत्तेजक होता है जहाँ इसका निषेध होता है। सबके बावजूद शासन दैनिक कार्य के प्रबन्धन से सम्बन्धित है जो कुछ हद तक एक गद्यात्मक काम है। प्रजातंत्र के बारे में आजादी का अन्तर्निहित विचार उत्तेजक है और इसके बिना आत्मशासन (स्वशासन) साध्य नहीं है। आत्मशासन के अलावा आजादी मनुष्य के समक्ष विशाल दृश्यों को खोल देती है कि मानवीय कार्यों में उन विचारों की कल्पना और परख की जाए जिनके बारे में पहले कभी सोचा-समझा नहीं गया है। आजादी में ही मानव अस्तित्व की वह गतिशीलता पायी जाती है जिसके माध्यम से मनुष्य सदा जीवन और विचार के नए तरीकों की रचना करता है। मनुष्य की यह चाहत रही है कि वह पहले की तुलना में बड़ा बने। यह मनुष्य के कार्य और जोश की आजादी ही है जो उसे स्थायी अस्तित्व में जम जाने के बदले पहले से इतर कोई चीज बन जाने देती है।

आत्मशासन का अन्तर्निहित अर्थ है कि किसी राज्य के नागरिकों के पास सामूहिक निर्णय लेने का अवसर हो, भले ही यह निर्णय सर्वसम्मति से लिया जाए या बहुमत से। नागरिक इतने सक्षम हों कि किसी सामूहिक निर्णय पर पहुँचने के लिए वह

बगैर किसी दंडभय के अपने विचारों को अभिव्यक्त कर सके। इससे अभिव्यक्ति और विचार की स्वतंत्रता का विचार निकलता है। छोटे समूहों या नगर राज्यों में, जैसा कि प्राचीन यूनान में था, किसी एक व्यक्ति या कुछ व्यक्तियों के विचार की स्वतंत्रता को अस्वीकार कर एक ही समय में सामूहिक निर्णय ले लेना सम्भव हो सकता है। किन्तु, वहाँ भी सामूहिक निर्णय को असम्भव बनाए बिना कोई सामान्य नियम नहीं हो सकता है। यूनानियों ने तो सामूहिक रूप से ही निर्णय लिया था कि विशेष विचारों को फैलाने के लिए सुकरात को या तो मृत्युदंड दिया जाए या देश-निकाला किया जाए। यद्यपि यह निर्णय यूनानी राज व्यवस्था के गहरे संकट काल को प्रतिबिम्बित करता है, बावजूद इसके वहाँ एक समय तक प्रजातंत्र चलता रहा। लेकिन, एक आधुनिक राज्य में उसके भौगोलिक आकार की वजह से निर्णय ले पाने में सभी नागरिकों की प्रत्यक्ष भागीदारी सम्भव नहीं है। ऐसे में यहाँ नागरिकों द्वारा कोई सामूहिक निर्णय ले पाना तब तक सम्भव नहीं है जब तक कि प्रत्येक नागरिक को अपने विचारों के पक्ष में समर्थन जुटाने के लिए अपने विचारों को प्रकट व प्रचारित करने की पूरी आजादी नहीं मिल जाती है। किसी बड़े राज्य में प्रजातंत्र को इसके सभी नागरिकों की प्रत्यक्ष भागीदारी से व्यवस्थित नहीं किया जा सकता है। जहाँ नागरिक निर्णय लेने में प्रत्यक्ष भागीदारी न लेकर अप्रत्यक्षत: अपने प्रतिनिधियों के माध्यम से भागीदारी लेते हैं वहाँ यह सुनिश्चित होना चाहिए कि विधान बनाने में उनके विचारों को उनके निर्वाचित प्रतिनिधि ठीक ढंग से प्रकट करें। इसलिए, यह आवश्यक हो जाता है कि चुनावों के संचालन हेतु एक निष्पक्ष मशीनरी हो तथा साथ ही एक स्वतंत्र न्यायपालिका भी हो जो यह देखे कि राज्य कार्यपालिका या विधायिका ने नागरिक अधिकारों को दबाने या कुचलने के लिए व्यवस्थागत नियमों का उल्लंघन तो नहीं किया है। अतएव विचार की स्वतंत्रता, अभिव्यक्ति की स्वतंत्रता तथा निर्णय, इच्छा और कार्य की स्वतंत्रता ही प्रजातंत्र का निचोड़ है।

स्वतंत्रता के बिना मताधिकारों का प्रयोग बेमानी होता है। यह इस तथ्य से स्पष्ट है कि आज अधिकांश तानाशाही और स्वेच्छाचारी शासन व्यवस्थाओं के अन्तर्गत नियमित रूप से चुनाव का कर्मकांड सम्पन्न होता है और चुनाव में काफी मतदाता भाग लेते हैं तथा शासकों को जबर्दस्त समर्थन प्राप्त हो जाता है। इस तरह के चुनाव हिटलर और स्तालिन द्वारा नियमित रूप से कराए जाते थे। यह प्रजातंत्र के उस बुनियादी सत्य की सिद्धि के आधार पर होता है कि आज विश्व में प्रजातंत्र के अधिकांश आन्दोलन न केवल मताधिकार प्राप्त करने के लिए होते हैं बल्कि विचार, अभिव्यक्ति और संगठन की स्वतंत्रता सुनिश्चित करने के लिए भी होते हैं ताकि मतदान करने का अधिकार वास्तविक हो सके। जहाँ लोगों की पहुँच समाचार-पत्रों या जनसंचार के अन्य माध्यमों तक नहीं है, जहाँ बिना अवपीड़न या प्रतिशोध के भय के सभा और प्रदर्शन करने पर रोक है, जहाँ अपने विचार के बारे में दूसरे

व्यक्ति को विश्वास दिलाने हेतु चुनाव में निहित मुद्दों पर मुक्त रूप से बहस करने की छूट नहीं है, जहाँ इन उद्देश्यों को लेकर कोई संगठन बनाने की स्वीकृति नहीं है, वहाँ यह देख पाना कठिन है कि उन लोगों को छोड़कर जो सत्ता के नियंत्रण में हैं या दूसरों के विरुद्ध बल प्रयोग करने की स्थिति में हैं, कैसे कोई चुनाव में अपने विचारों के पक्ष में लोगों का समर्थन प्राप्त करता है ? लेकिन, यह सुनिश्चित करने के लिए कि सचमुच में जनता तक अपना सन्देश पहुँचाने के उपर्युक्त तरीकों तक लोगों की पहुँच है, चुनाव सम्पन्न कराने के लिए एक निष्पक्ष प्राधिकार का होना जरूरी है। साथ ही, एक स्वतंत्र न्यायपालिका भी जरूरी है जो उपर्युक्त उद्देश्यों की पूर्ति हेतु निर्धारित कानूनों का उल्लंघन करनेवालों को दंडित कर सके। इसी से सम्बन्धित विषय हो सकता है प्रचार और प्रकाशन के लिए आवश्यक संसाधनों तक निष्पक्ष समान पहुँच। इन सबका केन्द्रीय विषय विचार करने तथा उसे दूसरे लोगों के बीच प्रचारित करने की स्वतंत्रता सुनिश्चित करना है।

प्रजातंत्र का विचार जैसा कि अधिसंख्य लोग मानते हैं, हजारों साल पुराना है। लेकिन, समाज जैसे-जैसे बढ़ता गया, व्यवहार में उक्त विचार की सिद्धि वैसे-वैसे और जटिल होती चली गई। फलस्वरूप, गम्भीर उलझनें पैदा हुईं जिसने अक्सर प्रजातांत्रिक प्रणाली को विनष्ट ही किया। इस तरह, प्रजातंत्र के अन्तर्गत उक्त समय पर एक जनोत्तेजक नेता मनुष्यों की भीड़ को जंगली भीड़ में बदल देता है तथा वह उस समर्थन से निरंकुश शासक बन जाता है। इन रुकावटों और विध्वंसों के माध्यम से ही प्रजातंत्र ने एक अभिन्न हिस्से के रूप में आजादी का विचार अपना एक निश्चित रूप धारण कर लिया।

यह बात एक हलके चिन्तन से भी जाहिर होगी कि आजादी कोई बाहरी चीज नहीं है बल्कि जीवन का अन्तर्निहित सिद्धान्त है। क्या यांत्रिक नियमों से संचालित होनेवाली दुनिया में जीवन आजादी के सिद्धान्त की सर्वव्यापिता नहीं है ? यह भौतिक दुनिया जैसा कि हम भौतिकशास्त्र से जानते हैं, निश्चित प्रक्षेप पथों की दुनिया है, चाहे ये प्रक्षेप पथ बार-बार उन्हीं निश्चित दशाओं से गुजरते हुए अन्धी गली में गिरा रहे हों या शाश्वत गति में ढकेल रहे हों। इसमें जीवन इस समूचे पैटर्न को बदल देने के लिए प्रवेश करता है। अमीबा जैसा सबसे निम्न प्राणी भी पूर्व-विचार के इस यांत्रिक नियम को चुनौती देता है। यह सत्य है कि अपने वातावरण में यह रासायनिक पदार्थों की प्रतिक्रियाओं तथा दाब और ताप के अधीन रहता है। लेकिन, यह शान्त भाव से उन्हें सहन नहीं करता है, उनका नियंत्रण स्वीकार नहीं करता है। इसका अपना एक अन्तिम सिरा होता है; यह बाहरी शक्तियों से प्रतिक्रिया करता है, लेकिन अपने अन्तिम सिरा को पूरा करने के मार्गों में जवाब देता है। यह धीरे-धीरे अपने वातावरण को बदलने के लिए अपने वातावरण पर परस्पर प्रभाव डालता है, और उन रूपों में स्वयं को बदल देने के लिए भी परस्पर प्रभाव डालता है जिनका निर्धारण

इसके अपने आन्तरिक प्रयासों से होता है। यह विकास करता है और बढ़ते जाता है। यह दब्बू होकर यांत्रिक नियमों से हार नहीं मानता है। यह इन नियमों को विकास और उर्वरता के अपने उद्देश्यों के अधीन कर देता है। यांत्रिक शक्तियाँ जब काफी शक्तिशाली होती हैं तथा यह मरने-मरने जैसा हो जाता है उस समय भी यह बिना लड़े नहीं मरता है और उस लड़ाई में अपनी आखिरी सीमा तक की ऊर्जा लगा देता है। सजीव प्राणी केवल अपनी आनुवंशिक संहिता में बनी कोई ज्यादा जटिल मशीन नहीं है जो सूचना से परिचालित होती हो। यद्यपि इस संहिता द्वारा जीवन को सीमित कर दिया गया है, जीवन अपने भाग्य की रचना करता है तथा इसका विकास उस भाग्य को साधने की एक शाश्वत गति है। सौन्दर्य, ज्ञान, प्रेरणा की तुष्टि या पूर्णता के बोध की खोज, ये सभी स्वनिर्मित भाग्य के प्रकटीकरण हैं। यदि हम एक ही वातावरण के मृत और जीवित अमीबा की कल्पना करें तो तुरन्त सजीव और निर्जीव के बीच का गुणात्मक अन्तर स्पष्ट हो जाता है। जीवित अमीबा सक्रिय रहता है और यह वहाँ भी जहाँ का वातावरण इसकी उत्तरजीविता के लिए लाभप्रद नहीं है, टिके रहने के मार्गों को प्राप्त करने का हताश ढंग से प्रयास करता है और बढ़ते जाता है। इसके विपरीत मृत अमीबा निष्क्रिय ढंग से भौतिक और रासायनिक शक्तियों के अधीन रहता है अर्थात् पूर्ण यांत्रिक नियमों के अधीन भौतिक और रासायनिक पदार्थों के अंश रूप में यह धीमे विखंडन की प्रक्रिया में रहता है। वातावरण में वह अन्तिम रूप से अवशोषित हो जाता है। किसी पौधे की पहुँच सूर्य के प्रकाश तक नहीं हो पाती है तो वह घूमते और ऐंठते हुए सूर्य के प्रकाश तक पहुँच जाता है। यह जीवन का एक विशिष्ट उदाहरण है। पौधा वातावरण द्वारा खड़ी की गई बाधाओं के विरुद्ध अपना लक्ष्य पाने का प्रयास करता है।

अमीबा में ऐसा क्या है जो यह परिवर्तन ला देता है? क्या यह आजादी का सिद्धान्त है? क्या यह उसकी स्वायत्तता का दावा है? क्या यह निष्प्राण पत्ती और मिट्टी के ढेले में अन्तर नहीं कर पाने वाले उस अन्धे कानून के नाम पर अमीबी स्वायत्तता है? अमीबा से लेकर मनुष्य तक का जीवन आजादी के इस सिद्धान्त एवं बाह्य शक्तियों की दया पर पूरी तरह निर्भर रहने की बजाय परिवेश को अपनी तरफ मोड़ने की प्रेरणा को प्रकट करता है। यह आजादी उस वातावरण के प्रति अति-संवेदनशीलता का पूर्वानुमान भी करती है जिसका जवाब सजीव प्राणी देता है। किसी निर्जीव पदार्थ, निष्प्राण पर्ण या पत्थर को उस अतिसंवेदनशीलता की आवश्यकता नहीं होती है क्योंकि इसे उस वातावरण का जवाब देना नहीं पड़ता है, यह केवल उसके अधीन रहता है। दूसरी तरफ, सजीव प्राणियों की रचना इस ढंग से हुई है कि इन्हें पर्यावरण का बोध हो तथा वे इसका जवाब उपयुक्त तरीके से दे सकें। इसमें परिवर्तनशील दशाओं के प्रति प्रजातियों की अनुकूलनशीलता का अभिप्राय भी निहित रहता है।

अमीबा को सबसे निचले स्तर पर कूटपाद होता है जो संवेदक की तरह काम करता है; कीटों के पास अनुभव करने व टटोलने के लिए शृंगिका होती है; तथा बड़े जानवरों के पास विभिन्न प्रकार के तरंगों को पकड़ने के लिए आँख और कान होते हैं जो उन्हें उन तरंगों के सुदूर स्रोतों से अवगत कराते हैं; और अन्ततः मनुष्य एक कल्पना से सम्पन्न होता है जिसका प्रक्षेपण वह दिक्काल में उन सुदूर सम्भावनाओं के बोध हेतु करता है जो प्रत्यक्ष अवलोकन के लिए उपलब्ध नहीं होती हैं। जब मनुष्य किसी समस्या से घिरा रहता है तो वह अपनी कल्पना का उपयोग करते हुए सारी सम्भावनाओं को अपने मस्तिष्क में घुसा लेता है और मस्तिष्क में उसके द्वारा अनुमोदित निराकरण के अनेक वैकल्पिक व्यवहारों में से वह केवल उसी व्यवहार का चयन करता है जो समस्या के निराकरण हेतु सबसे ज्यादा उपयुक्त होता है। सजीव प्राणियों के विभिन्न अंग और मस्तिष्क वे साधन हैं जो क्रियाशीलता के विभिन्न सम्भव रास्तों के बीच पसन्द का रास्ता चयन करने और उसका मूल्यांकन करने में उनकी मदद करते हैं। जीवन एक तरह से क्रियाशीलता के अपरिवर्तनीय और विचित्र मार्गों का अस्वीकार है। क्रियाशीलता या व्यवहार के ये विभिन्न मार्ग विभिन्न तरह के लाभों और हानियों को प्रकट करते हैं और मनुष्य को इसी तरह से दिए गए वैकल्पिक व्यवहारों के विभिन्न समुच्चयों से अपनी पसन्द का व्यवहार चयन करना पड़ता है। मनुष्य की आजादी की तलाश, अनेक विकल्पों में से अपनी पसन्द का विकल्प चयन करने की आजादी की प्रेरणा इसीलिए एक सजीव प्राणी के रूप में उसके अस्तित्व का भाग है और इसे स्थायी रूप से खत्म नहीं किया जा सकता है, ज्यादा से ज्यादा रोक लगाकर इसे कुछ समय के लिए नियंत्रित कर सकते हैं।

इस आजादी की रचना का अवबोधन उन सामाजिक परिवेशों और प्राकृतिक दशाओं पर निर्भर करता है जिनमें मनुष्य निवास करता है। यह अवबोधन स्थान परिवर्तन के साथ बदला जा सकता है। इन दशाओं द्वारा एक बाहरी सीमा निर्धारित की जाती है जिसके अन्दर मनुष्य को अपनी पसन्द का चयन करना पड़ता है क्योंकि ये पसन्द सम्भावनाओं के क्षेत्र में होती हैं। मनुष्य मानसिक रूप से विक्षिप्त नहीं हो तो उसमें अपनी सीमाओं को समझने तथा बिना मनमुटाव के इससे समझौता कर लेने की क्षमता होती है। परन्तु, जब यह महसूस होता है कि उसे अस्वीकार करनेवाली पसन्द सम्भावनाओं के क्षेत्रान्तर्गत है तो आजादी का निषेध नीरस लगने लगता है। आजादी आवश्यकता का मूल्यांकन है, इस विचार का आह्वान अक्सर स्वतंत्रता के अस्वीकार को न्यायसंगत ठहराने के लिए किया गया है। यह विचार केवल उसी स्थिति में लागू हो सकता है जब हमारा सरोकार सम्भव मानवीय व्यवहारों के लिए निर्धारित बाहरी सीमाओं से हो। इस सीमा के पास भी एक फैलने वाला घेरा हो सकता है। चूँकि मनुष्य अपनी विदग्धता के माध्यम से सक्षम होता है, इसलिए सम्भावनाओं के क्षेत्र में उन चीजों को भी लाने का प्रयास करता है

जिनका कार्यान्वयन पूर्व में असम्भव करार दिया गया था। अन्तिम विश्लेषण में हमारे संवेद और विचारशक्ति हमारी महत्त्वाकांक्षाओं की सीमाओं और कार्यक्षेत्रों का पता लगाने के लिए अन्वेषण के उपकरण मात्र हैं। इस तरह ये उपकरण अन्तिम लक्ष्यों की तरफ इसे निर्दिष्ट करने के चयन की आजादी में हमारी मदद करते हैं। आजादी अस्वीकार करने की समझदारी की अगाधता को न्यायसंगत नहीं ठहराया जा सकता है, क्योंकि मानवजाति को सुलभ होनेवाले अन्तिम सत्य की कोई सम्भावना नहीं है। इस प्रकार का अस्वीकार जीवन के सिद्धान्त का ही निषेध होगा क्योंकि ज्ञान केवल जीवन का सेवक है।

मनुष्य के पास अपनी कल्पना के उपहार के अलावा एक दूसरा उपहार भी है। वह है, अपने अंगों का विस्तार बन चुके उपकरणों का उपयोग करने की योग्यता जो हवा या जल में या जमीन पर घूमनेवाले सबसे चुस्त और सबल प्राणियों की पहुँच के अन्दर की चीजों से आगे आजादी के क्षेत्र का विस्तार करती है। उन उपकरणों का उपयोग करने के अपने कौशल और कल्पना से मनुष्य प्रकृति को वश में करता है, कृत्रिम आवासों, बस्तियों और नगरों का निर्माण करता है तथा सुविधा और विलासिता की रुचि विकसित करता है। लेकिन, उस रुचि के विकास तथा स्थिति के अपने नैसर्गिक बोध से इसके सरोकार के साथ वह मेहनत के कष्ट से बचने तथा दूसरे की मेहनत पर ऐयाशी करने के लिए अपने साथी मानव प्राणियों को भी उपकरणों की तरह उपयोग करना शुरू कर देता है। इस तरह, मनुष्य के द्वारा मनुष्य का अधीनीकरण भी शुरू हो गया। आरम्भिक काल में यह एक आकस्मिक अनुसन्धान रहा होगा जहाँ जनजातीय युद्ध के दौरान कुछ विरोधियों को बन्दी बनाया गया और फिर उनसे बन्दी बनानेवालों के लिए काम करवाया गया। लेकिन, मनुष्य के द्वारा इसके लाभ का अनुसन्धान कर लिया गया। जिन्दा रहने के लिए जिन चीजों की जितनी जरूरत थी, वह उससे ज्यादा उन चीजों का उत्पादन करने लगा और जब ऐसा होने लगा तो इस तंत्र का संस्थानीकरण हो गया। मनुष्य की सबसे बड़ी उपलब्धियों में शुमार सभ्यता भी उसके लिए महाविपत्ति बनकर ही आई, क्योंकि लूटमार के लिए इसने मनुष्यों को मनुष्यों के विरुद्ध खड़ा कर दिया। मनुष्य के दासकरण के साथ दासता से मुक्ति का संघर्ष भी शुरू हो गया, क्योंकि दासता की यह नई अवस्था उसके आजादी के नैसर्गिक बोध के विरुद्ध थी। दूसरी तरफ, दासता की शुरुआत से ही लूटमार के इस अर्जित रुझान ने मनुष्य के आजादी के आवेग को दबाने का प्रयास किया है और हम अधिकांश सभ्य इतिहास में इन दोनों के बीच के संघर्ष को छितराया हुआ देखते हैं। अभी भी हम उक्त संघर्ष के मध्य में हैं। जैसे-जैसे दासता का एक रूप समाप्त हो रहा प्रतीत होता है, वैसे-वैसे मनुष्यों को बाँधने के लिए नई बेड़ियाँ प्रकट हो जाती हैं।

प्रत्येक मानव समाज व्यक्ति के व्यवहार की आजादी पर कुछ सीमाएँ डालता

है, लेकिन जब तक वे किसी गहरे अन्धविश्वास से जुड़ नहीं जाते हैं या जब तक किसी बाह्य प्रयोजन को साधने की उनकी मंशा नहीं होती है, वे यातायात नियमों की प्रकृति की भाँति रहते हैं। वे यह सुनिश्चित करते हैं कि समूहों में रहनेवाले मनुष्यों के पास क्रियाशीलता की आजादी का उपयोग करने तथा हानिकारक टकराहटों के बिना एक-दूसरे पर प्रभाव डालने के अधिकतम अवसर प्राप्त होते हैं। हालाँकि उक्त सीमाओं पर सामूहिक सहमति होनी चाहिए और बगैर इस अनुभूति के कि सीमाएँ उनके मूल रचनात्मक आवेगों का उल्लंघन करती हैं, ये सीमाएँ सदस्यों को स्वीकार्य होनी चाहिए। चूँकि, मानव प्राणी स्खलनशील है, इसलिए इन सीमाओं का अभ्यास त्रुटियों के साथ होता है अर्थात् नियमों की बोधशीलता, व्याख्या और उसके कार्यान्वयन में अन्तर होना स्वाभाविक है। लेकिन, जिस क्षण ये सीमाएँ आजादी के केन्द्रीय निकाय में घुसपैठ करने के लिए उक्त त्रुटियों से परे आगे बढ़ती हैं, लोग इसके विरुद्ध प्रतिक्रिया करना शुरू कर देते हैं तथा वे अपने ऊपर आरोपित व्यवरोधों को तोड़कर बाहर निकल आते हैं। ऐसा करने की मनुष्यों में क्षमता आ जाती है।

अनेक देशों में तानाशाही व्यवस्था के आगमन तथा लोगों के सोच को सख्त नियंत्रण में रखने की परिष्कृत मनोवैज्ञानिक तकनीकों के उपयोग से ऐसी आशंका उत्पन्न हो गई थी कि ऐसे सख्त नियंत्रण के माध्यम से लोगों को ऐसा बना दिया जाएगा कि वे स्वतः ऐसे तानाशाही तंत्रों को स्वीकार कर लेंगे। व्यवहारवादी मनोवैज्ञानिकों का यह विचार कि अनुकूलन के जरिए मनुष्य को ऐसा बना दिया जाएगा कि वह अधिकारी को उपयुक्त तरीके से जवाब देगा। इस अनुकूलन का प्रयोजन था, वैसे लोगों के बीच निराशा के बोध को गहरा करना जिन्हें मानवीय स्वतंत्रता से लगाव था। लेकिन, आधुनिक घटनाएँ संकेत करती हैं कि स्वतंत्रता की आधारभूत प्रेरणा पहले के अनुमान से अधिक अदम्य थी तथा कार्यशील कड़े नियंत्रित तंत्र के लिए यह आवश्यक था कि वह प्रत्यक्ष बल की धमकी को स्थायी तौर पर बनाए रखे। इस धमकी में जैसे ही ढील दी जाती है, आजादी की प्रेरणा फिर से अपना दावा करने लगती है। इसका एक कारण यह हो सकता है कि अन्य जानवरों की तरह मनुष्य किसी निश्चित तरीके से संकेतों का जवाब नहीं देता है, बल्कि उन विचारों के अनुरूप संकेतों का जवाब देता है जो विभिन्न परिस्थितियों से प्रसंग के अनुसार सम्बद्ध होते हैं। इस तरह, इनसे विभिन्न तरह के प्रत्युत्तरों का निष्कर्ष निकलता है। एक कुत्ते और मनुष्य के बीच का अन्तर ज्यादा ठोस ढंग से समझ में आता है। कुत्ता भोजन के किसी संकेत पर सीधे लार टपकाने लगता है जबकि मनुष्य भोजन शब्द या इसके किसी संकेत का भिन्न-भिन्न तरीकों से जवाब देता है। मनुष्य को उसे प्राप्त करने की चिन्ता शुरू हो जा सकती है। उसे अच्छा भोजन करने का आनन्दबोध हो सकता है। यदि भोजन का भंडार ज्यादा है तो उसके निपटारे की इच्छा हो सकती है। इस तरह के अनेक विचार मनुष्य के मन में आ

सकते हैं जो प्रसंगों पर निर्भर करते हैं। साथ ही, इस तरह के प्रत्युत्तरों के पास इच्छा को पूरा करने के अनेक रास्ते होते हैं। इस तरह, प्रत्युत्तरों के वैकल्पिक ढंग हमेशा मानव मस्तिष्क के सामने उपलब्ध रहते हैं। इसलिए, आधिकारिक सच्चाइयाँ, जिन्हें मनुष्यों के गले में कूट-कूटकर भरा जाता है, हमेशा पीड़ितों के अधीन उनकी गम्भीर परीक्षा के अन्तर्गत होती हैं। तानाशाही व्यवस्था के अन्दर जब लोग स्पष्ट रूप से आधिकारिक झूठों को स्वीकार कर चुके जान पड़ने लगते हैं तो वास्तव में उन्हें पाशविक बल से डराया जाता है। जिस क्षण उन्हें यह महसूस होता है कि शारीरिक जोर-जबर्दस्ती की धमकी समाप्त हो चुकी है, वे अधिकारी को चुनौती देते हुए काम करना या अपने विचारों को अभिव्यक्त करना शुरू कर देते हैं। एक बार उनके सख्त अधिकारी को हटा दिया जाता है तो शीघ्रता से तानाशाही व्यवस्थाओं के गुप्त भेद खुल जाते हैं। वह शीघ्रता इस तंत्र के कार्यों को प्रमाणित करती है।

गुलामों ने गुलामी को कभी एक तंत्र के रूप में स्वीकार नहीं किया क्योंकि मनुष्य स्वभावत: प्रत्यक्ष अधीनता को स्वीकार करने के विरुद्ध रहा है। यद्यपि वर्तमान समय तक ज्यादातर समाज दूसरों के श्रम के फलों को बलपूर्वक माँग के कुछ अंश पर निर्भर रहा है, अधिकांश मामलों में यह कमोबेश छद्‌मवेषी है। दूसरी तरफ, गुलामी में मनुष्यों को बिलकुल प्रत्यक्ष तरीके से अधीन कर लिया गया। इसमें न केवल मानव प्राणियों की स्वतंत्रता को अस्वीकार किया जाता है बल्कि मानव सम्बन्धों के प्रत्येक रूप को अस्वीकार कर दिया जाता है। यह उनके निष्क्रिय प्रतिरोध का कारण हो सकता है। इस प्रतिरोध के बारे में एडवर्ड ओ. विल्सन लिखते हैं :

> ऐसे जैविक दुराग्रह को एक मानव संस्था के रूप में गुलामी की असफलता से समझा जाता है। हार्वर्ड विश्वविद्यालय के समाजशास्त्री ओरलैंडो पैटर्सन ने दुनियाभर के गुलाम समाजों के इतिहास का एक सिलसिलेवार अध्ययन किया है। उसने इसे सत्य पाया है, प्रत्यक्ष गुलामी लगभग उसी जीवन चक्र से बारम्बार गुजरती है जिसके अन्त में मानव प्रकृति के अड़ियल गुणों के साथ इसके मूल स्थान से फूटकर निकलनेवाली अनोखी परिस्थितियाँ इसे विध्वंस की तरफ ले जाती हैं।[1]

और वह आगे लिखते हैं :

> राज्य का क्षेत्र सीमा विस्तार दूसरे लोगों के अधीनीकरण को लाभदायक बनाकर अस्थायी रूप से आर्थिक समस्या का हल कर देता है। यदि मानव प्राणी उसके बाद नई संस्कृति में ढल गया होता तथा वे उस लाल फाइगर्स चींटी की मानिन्द बन गए होते जिसके लिए गुलामी एक स्वचालित अनुक्रिया होती है तो गुलाम समाज स्थायी बन गया होता। लेकिन वे गुण जिन्हें हम

> सबसे ज्यादा सुस्पष्ट ढंग से स्तनधारी और मानवीय मानते हैं, इस तरह के काम को असम्भव बना देते हैं...
>
> प्राचीन यूनान और रोम से लेकर मध्ययुगीन इराक और अठारहवीं सदी के जमैका तक गुलाम–समर्थित समाजों में अनेक त्रुटियाँ थीं जिनमें से कुछ घातक रही हैं। लेकिन, गुलामी की संस्था अकेले उनके जीवन चक्र की प्रदर्शनीय सफाई को व्यवस्थित करने के लिए पर्याप्त रही है। 'परिपक्वता तक का उनका आरोहण तेज होता है,' पैटर्सन लिखते हैं, 'उनके गौरव की अवधि छोटी हो जाती है तथा विस्मरणशील आडम्बरों और पराक्रम से निकलवाई गई बात का उनका अवरोहण...'[2]

उक्त गुलामी मानव प्रकृति से इतनी भिन्न होती है कि यह मानवी प्रजनन को भी प्रभावित करती है। यह तथ्य मनोवैज्ञानिक लियोन फेस्टिंगर ने प्रकट किया है। वह लिखते हैं :

> मानवीय स्वभाव को समझने का प्रयास करने के विचार से यह रोचक है कि मनुष्यों को कभी ऐसा नहीं लगा कि उन्हें गुलाम बनाने के लिए ले जाया जा रहा है। मानव दासों को गरीब कामगारों के रूप में जाना जाता था। वे भागे और विद्रोह किए। मानव स्वभाव की दृष्टि से उससे भी ज्यादा रोचक जो चीज है, वह यह है कि कैद में मनुष्यों का प्रजनन ठीक ढंग से नहीं होता था। दासों की आबादी को बनाए रखने के लिए नए बन्दियों को गुलाम बनाया जाता था। यदि कैदियों का स्रोत सूख गया तो दास आबादी भी तेजी से कम हो जाती थी। उदाहरणार्थ, वह काफी लम्बी अवधि थी जिस दौरान रोमन साम्राज्य के द्वारा (जो अपने आर्थिक और प्रशासनिक कार्य के लिए दासों पर बहुत ज्यादा निर्भर था) आकर्षक इनाम के साथ बच्चा पैदा करने के लिए दासों को सक्रियता से प्रोत्साहित करने का प्रयास किया गया। लेकिन, वह भी बहुत हलके या बगैर किसी सफलता के किया गया...
>
> (मैं जानता हूँ कि हाल ही में इस बात का दावा करनेवाले कुछ लोग हैं कि दक्षिणी संयुक्त राज्य में उन्नीसवीं सदी के गुलामों ने पर्याप्त संख्या में बच्चे पैदा किए। हालाँकि, मुझे पक्का विश्वास नहीं है कि उक्त दावा सही है। जो आँकड़े मेरी नजर से गुजरे हैं वे असाधारण रूप से अविश्वसनीय हैं।)[3]

अस्वतंत्रता का बोध एक परिवर्तनशील तत्त्व है। यह स्थान और समय के अनुसार बदलता रहता है। यह उन अवस्थाओं पर निर्भर होता है जिनके अन्तर्गत मनुष्यों को रखा जाता है, यह मनुष्यों की अपनी स्थिति के अपने मूल्यांकन पर निर्भर करता है। प्राचीन समाज में लोगों के पास भी एक वैश्विक दृष्टि थी जिससे उनकी निजी जीवनस्थिति के प्रति उनके व्यवहार का पता चलता है। मानव जाति की ही

तरह ये वैश्विक दृष्टियाँ उस पर्यावरण के प्रति भी अनुकूलनशील होती हैं जिसमें कि ये विकसित होती हैं तथा ये अक्सर उस कटु यथार्थ से समझौता करने में लोगों की मदद करती हैं। ये इतनी दृढ़ होती हैं कि इन्हें शान्त कर पाना मनुष्यों की शक्ति से बाहर होता है। लोगों पर अपने ही साथियों द्वारा अत्याचारी शर्तें लाद दी गईं और अक्सर लोग उन्हें अपना अपरिहार्य प्रारब्ध और ब्रह्मांड की अटल योजना का हिस्सा मानकर बिना किसी शिकायत के सहन कर लिए। लेकिन, ऐसा समय दुर्लभ और संक्षिप्त है। अक्सर लोग तुरन्त यह अहसास कर लेते हैं कि उनकी दशा कोई प्रकृति की योजना का हिस्सा नहीं है, बल्कि बुरे लोगों द्वारा अप्राकृतिक रूप से रची गई है और तब वे उक्त अवस्था से मुक्ति पाने के लिए एकजुट हो जाते हैं।

यह गलतफहमी है कि आजादी और व्यक्तित्व का बोध एक नया विकास है जो आधुनिक पाश्चात्य सभ्यता के आगमन के साथ घटित हुआ है। इस विचार के अनुसार एक प्राचीन समुदाय का व्यक्ति समुदाय के सम्पूर्ण नियंत्रण में रहता है तथा वह इस बात से भी अवगत नहीं रहता है कि उसका अस्तित्व एक व्यक्ति के तौर पर कायम है। यह सत्य है कि प्राचीन समाज में मनुष्य के पास समुदाय के साथ पहचान का एक बड़ा बोध होता है। इसलिए, उस समाज का व्यक्ति आत्म-विवर्धन के लिए समुदाय को लूटने के बारे में नहीं सोच सकता है। अंशत: ऐसा इसलिए है कि समुदाय के बाहर उसे जीवन का वह मजा नहीं मिला जो वह समुदाय के अन्दर पाता है। समुदाय की कीमत पर किया गया व्यक्तिगत अर्जन उसे प्राप्त नहीं हुआ। व्यक्तिगत अर्जन और सम्पत्ति को काफी मूल्यवान समझना पूँजीवादी सभ्यता की हाल की प्रकृति का हिस्सा है। कुछ प्राचीन समुदायों में इसके सदस्यगण अत्यधिक समय में अर्जित की गई सम्पत्ति के विध्वंस के माध्यम से सबसे ज्यादा आनन्द और गौरव प्राप्त करते हैं। प्राचीन समाजों ने भी आधुनिक समाजों की तरह अपने सदस्यों के कार्यों पर रोक लगा दी। लेकिन, यह रोक पृथक् क़ानून के रूप में संहिताबद्ध नहीं है, लेकिन यह रीति-रिवाजों और कर्मकांडों का हिस्सा बन जाती है। अतएव यह स्वचालित दिख सकती है। हमारे अपने समाज में जिस तरह सख्त कानूनियत से विचलन पैदा होता है, ठीक उसी तरह ऐसी संहिताओं से भी विचलन पैदा होता है। ऐसी गलतफहमी के बारे में मैक्स ग्लूकमैन लिखते हैं :

> मेलिनोवस्की न्यायालयविहीन समाज ट्रोब्रायंड्स में अध्ययन किया था। उसने अपने आँकड़े का इस्तेमाल कबायली लोगों से सम्बन्धित दो विरोधी विचारों पर आक्षेप करने के लिए किया। पहला विचार यह था कि कबायली लोग व्यक्तिगत रूप से पूरी तरह समूह के अधीन रहते हैं और समुदाय के नियंत्रण और रीति-रिवाजों का पालन वे मेलिनोवस्की के शब्दों में करते हैं—'दासोचित सम्मोहित निष्क्रिय आज्ञाकारिता।' मेलिनोवस्की के

> अनुसार, यह उस विचार का स्थान ले चुका था कि 'बर्बर मनुष्य' वास्तव में 'बर्बर मनुष्य...'
>
> मेलिनोवस्की ने हमें दूसरे लोगों के प्रति सामाजिक प्रतिबद्धता की माँग और व्यक्तिगत आत्मतोष के अभियानों के बीच एक अशान्त सन्तुलन के रूप में सामाजिक जीवन का अग्रगण्य विवरण दिया। उसने यह दिखाया कि यह सन्तोष ज्यादा मात्रा में प्रतिबद्धताओं को पूरा कर प्राप्त होता है। लेकिन, उसने मनुष्य और समाज के व्यवहार में 'अनुज्ञेय अपमार्ग के क्षेत्र' (लेवलीन और होयबेल द्वारा बाद में नामित) की तरफ भी ध्यान आकृष्ट किया।[4]

आजादी की प्रेरणा केवल मनुष्यों का नैसर्गिक अभियान नहीं है। स्थिति और आक्रामकता की इच्छा की तरह मनुष्यों के पास दूसरे अभियान भी हैं। मनुष्य इन सभी सहज प्रवृत्तियों से लदे सामाजिक संगठनों का निर्माण करने का प्रयास करता है जो उनके अति जीवन के लिए अनिवार्य है। संगठन की प्रक्रिया में अक्सर मनुष्यों या जनसमूहों के बीच झंझट शुरू हो जाता है और आजादी की प्रेरणा कभी-कभी उसकी दूसरी प्रेरणाओं में डूब जाती है जो क्रूरता से लोगों की स्वतंत्रता को नियंत्रित करती हैं। लेकिन, आजादी जीवन का वास्तविक निचोड़ होती है, इसलिए लोग अस्वतंत्रता से कभी सहमत नहीं होते हैं। आजादी का संघर्ष अक्सर चुपके से लेकिन लगातार चलता रहता है। विभिन्न परिस्थितियों में यह संघर्ष विविध रूप ग्रहण कर लेता है। वे सभी मुद्दे जिनके गिर्द आजादी की लड़ाई चलती है, बदल जाते हैं,नए मिथकों का आविष्कार आजादी के जनसंघर्ष को सहारा देने के लिए होता है; ये लक्ष्य कभी-कभी पूरी तरह छद्मवेष धारण कर लेते हैं; लेकिन संघर्ष को कभी छोड़ा नहीं जाता है। इतिहास की पुस्तकें इन संघर्षों के बारे में हमें ज्यादा कुछ बताती नहीं हैं क्योंकि इतिहासकार या लेखक गुलाम व्यक्तियों के समूह से नहीं आते थे। लेकिन, हमारे पास कुछ बिखरी हुई रपटें हैं जिन्हें जोड़कर हम एक रेखाकृति तैयार कर सकते हैं जो हजारों साल से जारी और अभी तक असमाप्त आजादी के उस अथक संघर्ष की झलक दे सकती है।

यह इतिहास की उलट-फेर के जरिए निरन्तर चलनेवाला एक साहसिक कार्य है। अवरोधों या अड़ंगों से भरी इस आजादी की लड़ाई ने अपने प्रयाण को निरन्तर जारी रखने के विमार्गों को ढूँढ़ लिया है, क्योंकि लोग उस लक्ष्य को प्राप्त करने की आशा का त्याग कभी नहीं करते हैं। वह स्थिति तभी पैदा होगी जब लोग प्रकृति द्वारा अपनी इच्छित चीजों पर आयत की गई सीमाओं का वास्तविक मूल्यांकन और अपनी प्रकृति की समझ-शक्ति प्राप्त कर लेंगे। लेकिन, वह स्थिति निश्चित रूप से आनी चाहिए क्योंकि मनुष्य जब तक दूसरे लोगों या स्वयं को गुलाम बनाकर अपनी प्रकृति के साथ हिंसा करते रहता है, वह कभी भी स्वयं के साथ का व्यक्ति नहीं बन सकता है। ऐसा कहना कोई अतिशयोक्ति नहीं है। एक तरफ, हमें अपराध के

चिरस्थायी बोध को स्वीकार्य बनाने के लिए केवल उन वैज्ञानिक व्याख्याओं, असत्यों और हिंसक कार्यों पर विचार करना है जिनका आश्रय मनुष्य दूसरे लोगों को गुलामी में रखने के लिए लेता है तथा दूसरी तरफ, ऐसे व्यवहार से उत्पन्न होने वाली चुनौती पर विचार करना है। इस तरह के कार्य निश्चित रूप से मानवीय संवेदना पर अपना दाग छोड़ जाते हैं। इन दागों के साथ वास्तव में मनुष्य स्वयं के संग कभी शान्ति से नहीं रह सकता है। कुछ लोग इन अनुभूतियों को दबाने का प्रयास करते हैं तथा बुरी अन्तरात्मा के साथ बेचैन होकर जिन्दा रहते हैं। अशोक या मार्कस ऑरेलियस जैसा व्यक्ति आन्तरिक शान्ति प्राप्त करने के लिए इस जीवन का परित्याग कर देता है। लेकिन, वास्तविक समाधान परिवर्तनशील समाज में अन्तर्निहित होता है जिसके लिए गुलाम लोगों ने हमेशा संघर्ष किया है। आगे के पृष्ठों में हम इन संघर्षों में से कुछ की संक्षिप्त समीक्षा करने का प्रयास करेंगे। हम इस बात की भी समीक्षा करेंगे कि इन संघर्षों ने कैसे आजादी के सिद्धान्त को, जैसा आज हम इसे जानते हैं) साकार होने के रास्ते तक पहुँचाया है।

सन्दर्भ

1. एडवर्ड ओ. विल्सन, ऑन ह्यूमन नेचर, हार्वर्ड यूनिवर्सिटी प्रेस, कैम्ब्रिज, मैस्साचुएट्स, 1978, पृ. 80
2. वही
3. लियोन फेस्टिंगर, 'ह्यूमन नेचर एंड ह्यूमन कम्पीटेन्स' इन सोशल रिसर्च, एन इंटरनेशनल क्वाटर्ली ऑफ दी सोशल साइंस, वॉल्यूम 48, नं. 2 समर 1981
4. मैक्स ग्लूकमैन एंड बेसिल ब्लैकमैन, पॉलिटिक्स, लव एंड रिचुअल्स इन ट्राइबल सोसायटी, ऑक्सफोर्ड 1965, पृ. 202–03

अध्याय-2

अधीनता के विरुद्ध संघर्ष निर्गमन कथा

किसी व्यक्ति या जनसमूह को अधीन में करने का प्राचीनतम रूप वही गुलामीवाला ही था या लोगों से जबरन देशी या विदेशी शासकों के लिए काम करानेवाला था। कबायली युद्ध शायद प्राचीनकाल से ही होते रहे हैं। लेकिन, प्राचीनकाल में ये युद्ध अस्थायी प्रकृति के थे तथा पराये सीमाक्षेत्र के अन्दर किसी जनजाति के विस्तार और फैलाव से उत्पन्न होते थे। इस मुद्दे का आसानी से समाधान हो जाता था तथा युद्धरत कबीले विजेताओं के हाथों कुछ क्षेत्र गँवाकर अपनी पुरानी जीवनशैली में व्यवस्थित हो जाते थे। युद्धबन्दियों को जनजाति में मिला लिया जाता था या उन्हें आसानी से मार दिया जाता था। लेकिन, हम कह चुके हैं कि सभ्यता के आगमन से ही किसी की विलासिता के लिए दूसरे लोगों से काम करवाने का धन्धा बड़े पैमाने पर गुलामी पैदा करनेवाली एक स्थायी संस्था बन गया था। ऐसा तभी सम्भव हो पाया जब संगठित राज्यों द्वारा युद्ध करने के लिए भारी संख्या में मनुष्यों को नियुक्त करना शुरू कर दिया गया। प्राचीन सभ्यता के कुछ शक्तिशाली राज्य इस वृहत् मानव गुलामी के कारण और परिणाम दोनों ही थे। व्यक्ति के इस तरह के अधीनीकरण और उक्त अधीनता से स्वयं को मुक्त करने के लिए किए गए संघर्षों की पौराणिक कथाओं से जो प्राचीन लेखा-जोखा उपलब्ध होता है, वह उसी अधीनता और मिस्र से यहूदियों के पलायन के सन्दर्भ में है।

व्यक्ति की मुक्ति एक मादक अनुभव थी। मिस्री कारावास से इजरायलियों की मुक्ति निर्गमन कथा के रूप में बाइबल के प्रसिद्ध प्रसंग की विषयवस्तु बन गई। इस तरह की प्रभावशाली पौराणिक कथाएँ मानव जीवन में केवल बड़े अनुभवों के इर्द-गिर्द ही उत्पन्न होती हैं। स्वाभाविक तौर पर इन्हें वास्तविक घटनाओं के केन्द्र के चतुर्दिक् सजाया जाता है। कुल मिलाकर ये कल्पित कथाएँ नहीं होती हैं।

इतिहासकारों में मिस्री फराओ रोमसेस-2 (1304-1237 ई.पू.) के शासन की किंवदन्ती की घटनाओं को प्रस्तुत करने का रुझान होता है। निर्गमन कथा में जिन

निर्माण गतिविधियों को उद्धृत किया जाता है, वे पिथोन और रोमसेस के नगर में घटित हुई थीं। ऐसा प्रतीत होता है कि अपनी ज़मीन पर दुर्भिक्ष के शिकार यहूदी कबायलियों में से कुछ मिस्र की सीमा के अन्दर प्रवेश कर गए। उनके प्रथम प्रवेश का मिस्रवासियों द्वारा स्वागत किया गया था। लेकिन, विदेशी लोगों के प्रति अपमान तथा अपने लोगों के प्रति सम्मान का भाव मानवता का पुराना दाग रहा है, इसलिए धीरे-धीरे समाज में यहूदी कबायलियों को पदावनत कर मातहत का स्थान दे दिया गया। अधिकांश मिस्रवासी किसी भी तरह खुश नहीं थे और न ही उनका बोझ कम था। उन्हें फराओ को खाद्यान्न और श्रम के रूप में भारी अंशदान करना पड़ता था। लेकिन, विदेशी होने के कारण यहूदियों के साथ किसी प्रकार का मानवीय व्यवहार नहीं होता था। उनसे फराओ द्वारा शुरू कराए गए निर्माण कार्यों में जबरन कमरतोड़ मेहनत करवाई जाती थी। इस तरह की जबरन कराई जानेवाली मेहनत में किसी तरह की रियायत नहीं थी। उन्हें भाग निकलने की भी आजादी नहीं थी। वे एक बन्दी आबादी थे। यद्यपि किंवदन्ती है, निर्गमन कथा में वर्णित उनकी दुर्दशा निश्चित रूप से उनके भारी दुख को प्रकट करती है। इस कथा के अनुसार, उन्हें अपने ईश्वर की आराधना करने की भी छूट नहीं थी। जब यहूदी लोगों के पैगम्बर मूसा ने फराओ से इजरायलियों को अपने ईश्वर की आराधना करने की छूट देने के लिए कहा तो फराओ का रवैया और सख्त हो गया। फराओ ने आदेश जारी किया कि ईंट बनाने के काम में लगे यहूदी कामगारों को पहले की तरह ईंट बनाने के लिए भूसा नहीं दिया जाएगा बल्कि इस काम के लिए उन्हें स्वयं भूसा का जुगाड़ करना पड़ेगा। फलस्वरूप, यहूदी कामगारों के लिए निर्धारित संख्या में ईंट तैयार कर पाना मुश्किल हो गया। वे जब निर्धारित संख्या में ईंट तैयार करने में विफल हो जाते थे तो उन्हें कड़ी सजा दी जाती थी।

यह इस पृष्ठभूमि के विरुद्ध था कि यहूदियों के बीच से यहूदी जाति के लेवी कबीला से सम्बन्ध रखनेवाले महान नेता मूसा का अभ्युदय यहूदियों को गुलामी से बाहर निकालने के लिए हुआ था। चूँकि मिस्र में यहूदियों की संख्या कम थी, इसलिए शक्तिशाली फराओ की इच्छा के विरुद्ध चलने के लिए उन्हें गहरे विश्वास की आवश्यकता थी। ऐसे में मूसा माउंट सिनाय की जलती झाड़ियों से उनके लिए ईश्वर का सन्देश लाया ताकि उन्हें इस बात का भरोसा हो सके कि ईश्वर उनके पक्ष में है। इस तरह, मूसा अपने नेतृत्व में इजरायल के भिन्न-भिन्न कबायलियों को एकजुट करने तथा मिस्र से उन्हें निकाल बाहर करने में सफल हो गया। हम इन घटनाओं का साथ देनेवाले अनेक चमत्कारों की कहानी को अनदेखा कर सकते हैं, लेकिन यह तथ्य है कि प्रभुत्व और नया घर हासिल करने के लिए यहूदी जाति के लोग मिस्र से निकलकर सिनाय पर्वत पर चले गए।

आजादी का मजा व्यक्ति को अपनी कल्पना में मिलता है और उक्त घटना की

महत्ता इस इकलौते मूल्य को प्रकाशित करने में निहित होती है। यदि यह प्रयास असफल हो गया होता जैसी कि सम्भावना थी, तो ज्यादातर कबीले और बुरी तरह की गुलामी में होते या रेगिस्तान में विनष्ट हो गए होते। लेकिन, आजादी का प्रलोभन इतना ज्यादा था कि लोग सभी तरह के दुखों का सामना करने के लिए तैयार थे। यह मूसा तथा मूसा की मुक्ति की योजना में उनके पूर्ण विश्वास को स्पष्ट करता है।

गुलामी के विरुद्ध संघर्ष

हम नहीं जानते हैं कि गुलामी कब पैदा हुई। लेकिन, हम पूर्व में ही इस बात का उल्लेख कर चुके हैं कि गुलामी कबायली युद्धों से पैदा हुई थी जिसमें दुश्मनों को कैदी बनाया जाता था। सभ्यता के आरम्भ से ही हमें दुनिया के एक बड़े हिस्से में गुलामी के कुछ रूप मिलते हैं। लेकिन, गुलामी के अनेक रूप होते थे।

अक्सर वे केवल घरेलू गुलाम, दरबारी या किसी देश के शासक वर्ग द्वारा विशेष रूप से रखे गए लड़ाका होते थे। मिस्र के श्वेत दास (मैमल्यूक्स) और तुर्की के शासकों द्वारा नियुक्त पैदल सेनानी (जैनेजरीज) इसी तरह के गुलाम थे। इनकी स्थितियों में भी भारी अन्तर था। तुर्की की राज्य व्यवस्था में पैदल सेनानी का बहुत ज्यादा प्रभाव था। श्वेत दास को मिस्र का शासक वर्ग बनने के लिए तरक्की करनी पड़ती थी। अक्सर दूसरे देशों में घरेलू गुलाम अपने स्वामियों के विश्वासी बन गए थे। लेकिन, यूनान और रोम की सभ्यताओं के गुलामों को वास्तविक दुखद स्थिति का सामना करना पड़ा था जहाँ उन्हें एक बड़े स्तर पर उत्पादनात्मक गतिविधियों में लगा दिया गया था। विशेषकर रोम में यह काम काफी क्रूरता के साथ किया जाता था। उन्हें इन सभ्यताओं के अन्तर्गत कृषि श्रमिकों, शिल्पकारों, खनिकों और चरवाहों के रूप में बहाल किया गया था। इसी तरह का भाग्य आधुनिक काल के गुलामों का था जब अफ्रीकी अश्वेत लोग एक संगठित दास व्यापार के शिकार बन गए थे। इसमें अरब और यूरोप के दास व्यापारियों की अग्रणी भूमिका थी। वे वेस्टइंडीज और अमेरिका में चीनी और कपास की खेती के निर्णायक तत्त्व बन गए थे। गुलामी के सभी रूपों में एक तत्त्व सामान्य रूप से विद्यमान था। गुलामों को अपने लोगों से अलग कर दिया गया था। उन्हें अपनी जीवन पद्धति, पूजा पद्धति और आस्था से अलग कर दिया गया था और स्थायी रूप से पराये देवताओं और स्वामियों को स्वीकार करने के लिए बाध्य कर दिया गया था।

दासों के लिए विद्रोह कर पाना एक कठिन काम था। अपने पुराने समाज से अलग कर दिए गए लोगों के पास उन परम्पराओं और संकेतों का अभाव था जो विद्रोह के मिलन बिन्दु हो सकते थे। परम्पराविहीन व्यक्ति के पास कोई स्मृति नहीं होती है, तुलना करने के लिए कोई मानक नहीं होता है, अतीत पर गर्व करने के

लिए कोई आधार नहीं रहता है तथा खोये हुए स्वर्ग को प्राप्त करने का कोई बोध नहीं होता है। एक साथ फेंके गए तत्त्वों में विजातीय एकता का भाव उत्पन्न हो, अपनी स्थिति की समग्र समझ विकसित हो तथा आजादी की अन्तःप्रेरणा को आवाज देनेवाला नेता पैदा हो, इसके लिए इन विजातीय तत्त्वों को सर्वप्रथम व्यवस्थित होना पड़ता तथा किसी न किसी तरह का एक नया बंध बनाना पड़ता जो काफी मुश्किल काम था। इसके लिए अनुकूल स्थिति का बन पाना बड़ा कठिन था क्योंकि कुछ समय के लिए गुलामों की केवल अपने स्वामियों तक प्रत्यक्ष पहुँच हो जाती और घरेलू गुलामों के मामले में यह गुलाम और स्वामी के बीच किसी न किसी तरह का व्यक्तिगत बंध बनवा देता। फिर भी, व्यक्तिगत गुलामों का आन्दोलन हुआ ही होगा जिसके बारे में हम जान नहीं सके। निस्सन्देह गुलामों ने अल्प गुणवत्ता का काम कर अपने निष्क्रिय प्रतिरोध का इजहार किया था। इसके कुछ प्रमाण उपलब्ध हैं। जहाँ गुलामी उत्पादनात्मक गतिविधियों के वृहत् हिस्से को परिवृत्त करती हुई बड़े पैमाने पर छा गई थी, वहाँ गुलामों और स्वामियों के बीच का सम्बन्ध अत्यधिक अव्यक्तिक हो गया था और इन्हीं परिस्थितियों में आन्दोलन की आधारभूमि तैयार हुई थी। सचमुच, सिसली और रोम में हुए इस तरह के अनेक आन्दोलनों के इतिहास से हम ज्ञान प्राप्त करते हैं जहाँ कि गुलामों के साथ ज्यादा निर्दयतापूर्ण व्यवहार हुआ था।

यूनानी सभ्यता मुख्य रूप से गुलामी पर आधारित थी। गुलाम वहाँ सभी तरह के उपयोगी और कठिन काम करते थे। इससे यूनानी नागरिकों को पर्याप्त फुर्सत के क्षण सुलभ हो जाते थे जिनका उपयोग वे दर्शनशास्त्र, तर्कशास्त्र और साहित्य से सम्बन्धित विषयों पर विमर्श करने में करते थे, नाटक करने और देखने में करते थे। इसके अलावा इनका उपयोग वे राजनीतिक विषयों पर असमाप्य वाद-विवाद में करते थे। 431 ई.पू. जिस समय यूनानी सभ्यता अपनी बुलंदियों पर थी, गणना के अनुसार अट्टिका में पुरुष नागरिकों (गुलामों की तरह स्त्रियों को मताधिकार प्राप्त नहीं था) की संख्या 40,999 से 45,000 थी। स्त्रियों और बच्चों को मिलाकर कुल जनसंख्या 1,70,000, विदेशी (बिना मताधिकार वाले आप्रवासी विदेशी) 20,000 से 35,000 तथा गुलामों की संख्या 80,000 से 2,00,000 का अनुमान किया गया है। इससे उन गुलाम लोगों की विशाल संख्या के बारे में एक विचार प्राप्त होता है जिनका श्रम यूनानी नागरिकों को उनके तेज और विदेशज सभ्यता में लपेटकर रखने के लिए अनिवार्य था। जैसा कि रोम के मामले में दिखाई देता है, गुलाम एक बड़े दास व्यापार से प्राप्त होते थे। व्यापारी युद्ध के मैदानों के निकट मँडराते रहते थे। तब युद्ध बारम्बार होता था और हमारे इतिहास में यह हर समय ऊँची सभ्यता का अपरिहार्य सहगामी रहा है। व्यापारीगण इन्हीं युद्धों के माध्यम से युद्धबन्दियों में से अपने गुलामों को हासिल करते थे जिन्हें बाद में सुसंगठित बाजारों के माध्यम से बेच दिया जाता था।

यद्यपि यूनानी जगत में गुलामों की संख्या बहुत अधिक थी, लेकिन हमें वहाँ के दास विद्रोह की एक भी बड़ी घटना की जानकारी नहीं है। ऐसा इसलिए है कि रोमन जगत की तुलना में यूनानी जगत में गुलामों के साथ सामान्यतः सौम्य व्यवहार होता था। हालाँकि, खनिजों का निष्कर्षण और धातुओं को गलाने का काम बेहद अमानवीय था। गुलामों को इतना अधिकार प्राप्त था कि यदि उन्हें क्रूर व्यवहार का अनुभव हो तो वे धार्मिक देवालयों में शरण ले सकते थे। लेकिन, उक्त क्रूर व्यवहार के लिए उन्हें अपने स्वामी के विरुद्ध किसी प्रकार की कानूनी कार्रवाई करने का अधिकार प्राप्त नहीं था। घरेलू दास परिवार के सदस्य की तरह हो गए थे। उनके मर जाने पर उनके शव को उक्त परिवार की जमीन में ही दफन कर दिया जाता था। उन्हें कुछ इस तरह से शादी करने की अनुमति थी कि शादी के बाद जो बच्चे होंगे वे उनके स्वामी की ही सम्पत्ति होंगे। उन्हें बुढ़ापे के दिनों के लिए पैसा जमा करने की भी अनुमति थी। वैसे दास जिनके पास किसी प्रकार के शिल्प का कौशल प्राप्त था, उन्हें अपना स्वतंत्र व्यापार करने की अनुमति थी। इसके लिए केवल वे अपनी आय का एक हिस्सा अपने स्वामी को अदा करते थे। इस अर्द्ध-स्वतंत्रता की वजह से यूनानी हस्तशिल्पों के उत्पाद अच्छी गुणवत्तावाले होते थे, जबकि वे गुलामों द्वारा ही उत्पादित किए जाते थे। प्रायः दासों को आजादी दी जाती थी, लेकिन सामाजिक और आर्थिक बाध्यता के कारण वे अपने पूर्व स्वामियों के साथ बँधे हुए रहते थे। हालाँकि, उनमें से कुछ दासों ने काफी प्रगति की। ईसा पूर्व 5वीं सदी में इसी तरह से मुक्त हुआ एक दास सौभाग्य से बहुत बड़ा साहूकार बन गया और अन्ततः वह यूनानी नागरिकता प्राप्त करने में भी सफल हो गया। इन तत्त्वों ने निश्चित रूप से कैदी होने की उस अनुभूति को जो विद्रोह या आन्दोलन का स्रोत बन सकती थी, शान्त करने में अपनी भूमिका अदा की।

रोमन जगत में गुलामी से सम्बन्धित यूनानी जगत का एक भी मोचक लक्षण विद्यमान नहीं था। इसलिए, रोमन जगत में अक्सर दास-विद्रोह होते रहते थे। स्पार्टकस के नेतृत्व में हुआ विद्रोह हमारी स्मृति में गुलामों की आजादी के युद्ध का एक बहुत बड़ा आख्यान है।

यूनान और रोम, दोनों में एक ही तरह से दासों का भारी अर्जन इनकी सैन्यशक्ति तथा साम्राज्यों के रूप में इनके फैलाव से सम्भव हुआ। इन साम्राज्यों के अन्तर्गत सम्पूर्ण भूमध्यसागरीय जगत के साथ उत्तरी अफ्रीका का एक बड़ा भाग, पश्चिमी एशिया तथा दक्षिणी, मध्य और पश्चिमी यूरोप का एक बड़ा भू-भाग शामिल था। यह विश्वास चारों तरफ व्याप्त था कि सभ्यता के विकास के लिए गुलामी एक अनिवार्य तत्त्व की रचना करती है। लेकिन, कुल मिलाकर इस विश्वास के विपरीत इस तत्त्व से मनुष्यों की खुशी में कमी आने लगी। यह कमी न केवल गुलामों की खुशी में आने लगी बल्कि गुलाम बनाने के रास्ते का अनुसरण करनेवाले व्यक्तियों

की खुशी में भी आने लगी। रोम में वहाँ के नागरिकों की यह निर्धनता साम्राज्य विस्तार और दूसरे लोगों के गुलामीकरण की प्रतिवस्तु के रूप में हाथ में हाथ डाले चलती रही। इसने रोमन राज्य व्यवस्था को गहरे प्रभावित किया।

आरम्भ में रोमन नागरिक सेना में मुख्यत: जमीन के जोतदार किसान शामिल थे। आरम्भिक काल में युद्ध बहुत कम अवधि के होते थे और केवल ग्रीष्मकाल में ही लड़े जाते थे। लेकिन, साम्राज्य स्थापित करने और युद्ध के दौरान लूटी गई सम्पत्ति को प्राप्त करने के बढ़ते लोभ के साथ जैसे-जैसे युद्धक्षेत्र का विस्तार होता गया, वैसे-वैसे किसान अपने खेतों से लम्बे समय के लिए दूर होते गए। फलस्वरूप, धीरे-धीरे खेती से ध्यान हटने लगा और किसान गरीब होने लगे। साथ ही, सेल्टिक जनजातियों तथा कार्थेजिनियनों के आक्रमण के समय बहुत सारे युद्ध इटली की ही भूमि पर लड़े गए। इसके कारण जो बर्बादी हुई, उसने कृषक भूस्वामियों की स्थिति के पतन की रफ्तार को तेज कर दिया। लेकिन, धनी लोग जो सभ्यता के आरम्भ से ही युद्ध के मुख्य लाभुक रहे हैं, इन विदेशी विजयों से काफी धन इकट्ठा कर लेने में सक्षम थे। वे किसानों की भूमि अपने अधिकार में लेकर उन बड़े कृषि फार्मों में मिला दिए जिन्हें, युद्धों से लाए गए गुलाम जोत-आबाद करते थे। वे अपने प्रभाव और संसाधनों का उपयोग करते हुए उस लोकभूमि को हड़प लेने में भी सक्षम थे जिसे पहले सार्वजनिक उपयोग के लिए अलग रखा जाता था। इस तरह, आजाद किसान वर्ग का लूटपाट पूरा हो गया। अधिकांश किसान रोम के निर्धन नागरिक बन गए। इन सबसे रोम में भ्रष्टाचार बढ़ गया तथा रोमन राज्य व्यवस्था का पतन होने लगा।

टिबेरियस ग्रैक्सस रोम के निर्धन व्यक्तियों की आवाज उठानेवाला लोकप्रिय नेता था। उसने अपने एक वक्तव्य में किसान नागरिकों की दुर्दशा को स्पष्ट करते हुए कहा था :

> इटली में घूमनेवाले जंगली जानवरों के पास छुपने के लिए अपनी माँद और बिल हैं। लेकिन, मनुष्य जो हमारे देश के लिए लड़ते और मरते हैं, वे केवल समान रूप से हवा और प्रकाश का ही उपभोग करते हैं, और किसी चीज का नहीं। यह उनका दुर्भाग्य है कि वे धरती पर अपने बच्चों और पत्नियों के साथ मारे-मारे फिर रहे हैं और रहने के लिए उनके पास घर नहीं है। हमारे सेनापति युद्ध से पहले जब अपने सिपाहियों से पूर्वजों के मकबरों और मन्दिरों की दुश्मनों से रक्षा करने की अपील करते हैं तो उनके शब्द मुझे मजाक और झूठ लगते हैं क्योंकि आप श्रोताओं में से किसी के भी पास पारिवारिक पूजागृह नहीं है और न ही आप रोमनवासियों में से किसी के पास अपने पूर्वजों का कोई मकबरा है। सच्चाई यह है कि आप दूसरों की सम्पत्ति और विलासिता की रक्षा करने के लिए लड़ते और मरते हैं। आप

> दुनिया के स्वामी कहे जाते हैं, लेकिन मिट्टी का एक ढेला भी आपके अधिकार में नहीं है जिसे आप अपना कह सकें।[1]

टिबेरियस ग्रैक्सस ने प्रयास किया था कि भूमि का न्यायसंगत वितरण तथा जोत की परिसीमा का निर्धारण (ये सब काफी आधुनिक लगते हैं) हो। लेकिन, इस प्रयास के कारण उसे खुलेआम काफी समर्थकों के साथ सिनेटरों के एक समूह द्वारा मौत के घाट उतार दिया गया। इससे यह साबित होता है कि विशेषाधिकारों और उनके लाभुकों के बारे में सच्चाई उगलना शुरू से ही खतरनाक रहा है।

यह दूसरे लोगों का गुलामीकरण तथा युद्धों का अभिमुख पक्ष है। रोम के वही गरीब और सर्वहारा लोग बाद में रोमन अखाड़े में होनेवाले मल्लयुद्ध के प्रदर्शनों का उत्सव मनाने लगे। उक्त मल्लयुद्ध में कुछ गुलाम जिन्हें मल्लयोद्धा कहा जाता था, एक-दूसरे से तब तक लड़ते थे जब तक कि सामनेवाले योद्धा की मौत न हो जाए। यह उस भ्रष्ट और पतित रोमन नागरिक वर्ग को रिश्वत देने का एक तरीका था जो युद्धों के कारण अपना सब कुछ गँवा बैठा था। युद्ध ने दूसरे लोगों को मल्लयोद्धा वाली हैसियत का घटियापन प्रदान किया था।

गुलामों की संख्या बढ़ती गई और ग्रामीण क्षेत्र के आजाद किसान विस्थापित होते चले गए। आकलन के अनुसार, ईसा पूर्व पहली सदी के अन्त तक इटली में बीस से तीस लाख गुलाम थे जो इटली की कुल जनसंख्या का पैंतीस से चालीस प्रतिशत थे। ये गुलाम लोग हर तरह की पाशविकता के शिकार थे। इसलिए, ये क्रोध में उत्तेजित होकर एक विशाल पाउडर केग का निर्माण कर लिये।

लेकिन, एक श्रमिक बल के रूप में भी गुलाम और गुलाम आधारित कृषि अत्यन्त अकुशल थे। यह अकुशलता या अयोग्यता एक तरह का निष्क्रिय प्रतिरोध था जो अस्वतंत्रता की हालत में काम करने की अनिच्छा से पैदा हुआ था। बहुत से कार्यों के लिए ऐसे समकालीनों द्वारा जिनमें दासों के उपयोग के बारे में भावप्रवणता का अभाव था तथा जो विशुद्ध उपयोगिता के विचारों से संचालित थे, दास श्रमिकों को अनुपयुक्त भी समझा जाता था। ईसा पूर्व अन्तिम सदी का एक वैर्रो कृषि कार्य का निम्नलिखित विवरण प्रस्तुत करता है :

> सभी कृषि कार्य गुलामों द्वारा या आजाद व्यक्तियों द्वारा या दोनों के द्वारा किया जाता है, आजाद व्यक्तियों द्वारा जब वे स्वयं उसी तरह खेत की जोत-आबाद करते हैं जिस तरह अनेक गरीब लोग अपने परिवारों के साथ करते हैं या जब वे फार्म के भारी कार्यों जैसे फसल भंडारण, फसल कटाई के लिए भाड़े के श्रमिक के रूप में कार्य करते हैं...मेरे विचार से अलाभप्रद जमीन पर आजाद मजदूरों के साथ काम करना गुलामों के साथ काम करने की अपेक्षा ज्यादा लाभदायक है, लाभप्रद जमीन पर भी फसल भंडारण जैसा भारी कार्य आजाद श्रमिकों के द्वारा ठीक ढंग से किया जा सकता है।[2]

इन टिप्पणियों से दो चीजें स्पष्ट रूप से प्रकट होती हैं : (1) यह कि आजाद श्रमिकों की हैसियत इतनी ज्यादा घट गई थी कि वे आसानी से अपचेय समझ लिए गए। यह अलाभप्रद जमीन में उन्हें नियुक्त करने की अनुशंसा से स्पष्ट है (स्पष्टत: गुलाम की मौत का मतलब था, उस पर निवेश की हानि) तथा (2) यह कि भारी काम के लिए गुलाम उपयुक्त नहीं समझे जाते थे, यह बतलाता है कि वे अनिच्छुक उपकरण थे इसलिए भारी काम से जी चुराते थे। उस अध्ययन से जिससे कि उपर्युक्त उद्धरण लिया गया है, यह निष्कर्ष भी निकलता है कि जब तक एक आजाद किसान को एक निर्वाह स्तर पर स्वयं को रखे रहने की आवश्यकता थी, गुलामों को दो बार काम करना पड़ता था। पुन: इससे गुलामों के स्वामियों के समक्ष जमीन बढ़ाने तथा रंग-बिरंगी फसल उगाने की अनिवार्यता उत्पन्न हो गई ताकि लम्बे समय तक अर्थात् लगातार हर मौसम में गुलामों को काम में लगाए रखा जाए और वे सम्पत्ति की अपेक्षा आर्थिक बोझ न बन पाएँ। इससे स्पष्ट होता है कि गुलामी की हालत मानवीय ऊर्जा को निचोड़ लेती है तथा कुशलता को कम कर देती है। लेकिन, निस्सन्देह जहाँ तक गुलामों का सम्बन्ध है, यह कोई विचार नहीं बन सकता था। गुलामों का विद्रोह महज गुलामी की दशा को समाप्त करने के लिए था।

रोम में दास-विद्रोह हर समय होता रहता था। लेकिन, स्पार्टकस के नेतृत्व में हुआ दास विद्रोह सबसे ज्यादा अविस्मरणीय है क्योंकि इसने रोमन समाज की नींव हिला दी थी। यह विद्रोह ई.पू. 73 में हुआ था। इसका नेतृत्व थ्रेसियन मूल के स्पार्टकस ने किया था जो खुद एक मल्लयोद्धा रह चुका था। एक मल्लयोद्धा के रूप में उसे हथियार चलाने का प्रशिक्षण मिला था। साथ ही, उसने रोमन सेना के सहायक बल में पहले भी काम किया था और इस तरह उसके पास कुछ सैन्य अनुभव था। उसने अपने जैसे उन मल्लयोद्धाओं के वर्ग का नेतृत्व किया जो केपुआ के बैरकों में कैद थे। उसने कैद से बाहर निकलकर जगह-जगह भ्रमण किया और कृषि फार्मों पर बहाल गुलामों का आजादी की लड़ाई के लिए आह्वान किया। बहुत जल्द उसके साथ विभिन्न देशों के अनेक कबायली जमातों के हजारों गुलाम जुड़ गए। दक्षिणी इटली के लैटिफंडिया में नियुक्त चरवाहे जिन्हें अपने मालिकों से पशुओं की रक्षा करने के लिए हथियार मिले थे, काफी संख्या में उसके साथ हो गए। अधिकांश गुलामों को शस्त्र चलाने का प्रशिक्षण प्राप्त नहीं था। किन्तु, वे इसकी परवाह किए बिना लड़ाई लड़े क्योंकि लड़ाई केवल वही लड़ सकते हैं जो अपनी निजी आजादी की लड़ाई लड़ते हैं। इसलिए, उन्होंने शुरू में रोमन कॉन्सुलों और प्रान्तों के गवर्नरों की नेतृत्ववाली सेनाओं को एक-एक कर परास्त किया। लेकिन, उनकी लम्बी गुलामी ने उन्हें लक्ष्य के स्पष्ट सन्दर्भ से वंचित कर दिया था। स्पार्टकस के पास विलक्षण दूरदर्शिता भी थी। उसने यह देखा कि भिन्न-भिन्न वर्गों के भगोड़े गुलामों को एक साथ लेकर जल्दबाजी में बनाई गई प्रारम्भिक सेना आगे

चलकर युद्ध कौशल में निपुण और अत्यन्त अनुशासित रोमन सेना के बराबर की नहीं हो सकती है। इसलिए, स्पार्टकस इस पक्ष में था कि गुलाम तेजी से आल्प्स पर्वत को पार कर जाएँ क्योंकि वहाँ से वे (प्रत्येक ग्रुप) आसानी से अपने नैसर्गिक स्थान पर जा सकते थे। लेकिन, शुरुआती विजय मादक साबित हुई। कैद ने गुलामों को बर्बर बना दिया था, इसलिए गुलामों को अपने पूर्व स्वामियों द्वारा उजाड़ बना दी गई देशी सम्पदाओं को लूटने में बड़ा आनन्द आया। इसलिए, अपनी लूट की भूख शान्त करने के लिए वे इटली के अन्दर चारों तरफ घूमने लगे और जमकर लूटपाट किए। इससे सैनिक अनुशासन का तलोच्छेदन होना स्वाभाविक था। इस तरह, बेपरवाह ढंग से लड़ने के उनके जोश को रोमन सेना के एक और संगठित प्रहार का सामना करने की आवश्यकता पड़ गई।

आजाद हुए दास जब अपने नेता स्पार्टकस की राय के विरुद्ध इस तरह से अपनी ऊर्जा को जाया कर रहे थे, रोमन जनरल सुल्ला का पूर्व लेफ्टिनेंट एम. क्रेसस, जिसने कुछ ही साल पहले एक दूसरे दास विद्रोह को कुचला था, एक बड़ी सेना खड़ी कर उसे सैन्य प्रशिक्षण दे रहा था ताकि दास विद्रोह की चुनौती का सामना किया जा सके। इस तरह, उसने 40,000 लोगों की एक अत्यधिक अनुशासित सेना गठित कर ली। इस सेना के साथ वह दास सेना के विरुद्ध कूच कर गया। यह एक लम्बा अभियान था जिसमें स्पार्टकस अन्ततः दक्षिणी इटली में घिर गया। उसने यह प्रयास किया कि अपनी सेना के साथ मेसिना के सीध में जलदस्युओं का जहाजी बेड़ा भाड़े पर लेकर समुद्री मार्ग से भाग निकले, लेकिन वह अपने प्रयास में विफल रहा और अन्ततः अपुलिया में घेर लिया गया। स्पार्टकस ने वहाँ बड़ी बहादुरी के साथ लड़ाई की और लड़ते-लड़ते अपनी अधिसंख्य सेनाओं के साथ मारा गया। जीवित दासों में से कुछ अपने उन मालिकों के यहाँ वापस लौट गए जो अपनी पूँजी खोना नहीं चाहते थे। लेकिन, वैसे 6000 गुलामों को जिनके मालिकों का पता नहीं चल सका, एक बड़े रोमन उच्च पथ अर्थात् एप्पियन मार्ग के किनारे मार दिया गया। ऐसा गुलामों को सबक सिखाने के उद्देश्य से किया गया। इस घटना ने एक बार फिर वही बात प्रकट की कि जब विशेषाधिकार दाँव पर आ जाता है तो सभ्य व्यक्तियों की शिष्टता बहुत बड़ी परिपक्वता में बदल जाती है। रोमनवासी किसी भी मामले में अपने विरोधियों के साथ कभी भी दयापूर्ण व्यवहार करने के लिए नहीं जाने गए।

आजादी के लिए गुलाम लोगों द्वारा किए गए इस शक्तिशाली विद्रोह को निर्दयता से कुचल दिया गया। लेकिन, इस विद्रोह का प्रभाव बना रहा। इससे रोमनवासियों को यह सबक मिला कि गुलामों के प्रति व्यवहार में नरमी बरतने की जरूरत है। लेकिन, इससे भी ज्यादा महत्त्वपूर्ण बात यह हुई कि इसने कृषि से जुड़ी गुलामी प्रथा के धीमे अन्त की घोषणा कर दी। धीरे-धीरे इस प्रथा की जगह वह

प्रथा आने लगी जिसमें कोलोनी के रूप में ज्ञात काश्तकारों को भूमि और भंडारों के उपयोग की अनुमति हो गई और बदले में उन्हें अपने मालिकों को मालगुजारी अदा करनी पड़ती थी। इस तरह, पराजित हो जाने के बाद भी आजादी के लिए गुलाम व्यक्तियों द्वारा किया गया संघर्ष पूर्णत: व्यर्थ नहीं रहा।

यदि प्राचीन विश्व में गुलामी का विकास एक घटना के तौर पर कबायली और राष्ट्रीय युद्धों से हुआ था तो ईसाई दुनिया में छठी सदी से इसका विकास अत्यधिक सचेतन रूप में हुआ। लोभ एक शक्तिशाली विलायक है जो आसानी से नैतिक मूल्यों और सदियों पुराने संकोचों का अन्त कर देता है। 15वीं सदी से जब यूरोप ने बड़े पैमाने पर समुद्रीय व्यापार शुरू किया तो विदेशी मालों से होनेवाले लाभ के लोभ की कोई सीमा नहीं रह गई। बहुत जल्द जैसे ही लोभ सर्वपरिवृत्तकारी उमंग के रूप में विकसित हुआ, व्यापार और समुद्री डकैती के बीच की सीमा खत्म हो गई। आरम्भ में व्यापारियों ने विदेशी भूमि से प्राप्त कीमती धातुओं और मसालों से काफी मुनाफा कमाया। बाद में उन्होंने मुनाफे के एक नए स्रोत की खोज कर ली। वह स्रोत था, मानव प्राणी का व्यापार। अफ्रीका का एक बड़ा हिस्सा इस नए माल को प्राप्त करने से जनशून्य बन गया। यूरोपवासियों का ईसाई धर्म उन्हें मनुष्यों को जबरन गुलाम बनाने के काम से नहीं रोक पाया। निस्सन्देह, यूरोपीय दास व्यवसायियों के पास इस व्यापार के बारे में एक असरल विवेक था, इसलिए इस व्यापार को न्यायसंगत ठहराने के लिए अनेक तरह की क्षमा-याचनाएँ प्रकट की गईं। ऐसा आरोप लगाया गया कि अफ्रीकी जंगली जानवर हैं, इसलिए उनके साथ मानवोचित व्यवहार नहीं किया जा सकता है अथवा यह कि अश्वेत लोगों के मुखिया स्वयं उन्हें श्वेत लोगों के हवाले कर दे रहे हैं। इसमें कोई सन्देह नहीं है कि कुछ स्थानीय लोग जिनके लालच को यूरोपीय व्यवसायियों ने जगा दिया था, वे श्वेत लोगों के यदृच्छ सहकर्मी बन गए। लेकिन, कुल मिलाकर गुलामों को धोखा और बल से ही हासिल किया गया। व्यापारी कभी-कभी स्थानीय युद्ध में विरोधियों में से किसी एक का पक्ष लेते थे और विजेता पक्ष से गुलामों के रूप में युद्धबन्दियों को हासिल कर लेते थे।

इस सन्दर्भ में वैसे दस्तावेज जिनमें इन कार्यों में प्रत्यक्ष रूप से लगे उन समकालीन व्यक्तियों के विचार दर्ज हैं, उक्त घटनाओं के सबूत हैं। इन सम्बन्धित दस्तावेजों से यह साफ हो जाता है कि गुलाम बनानेवाले स्वतंत्र लोग स्थानीय प्रमुखों के विरुद्ध बगावत करते थे। सन् 1526 ई. में कांगो के राजा अफोन्सो की पुर्तगाली राजा के नाम की गई अपील का निम्नलिखित सार-संक्षेप इस समूचे प्रकरण के बारे में बहुत कुछ कहता है :

> और हम गिना नहीं सकते कि कितनी ज्यादा क्षति हुई है, क्योंकि उक्त व्यापारीगण प्रतिदिन हमारे लोगों, भूमिपुत्रों और हमारे भोले एवं मातहत लोगों के पुत्रों और हमारे सम्बन्धियों को पकड़ रहे हैं, क्योंकि चोर और

कुविवेकी लोग उन्हें इस मंशा से पकड़ रहे हैं कि इस राज्य की उन वस्तुओं को हथिया लिया जाए जिन्हें प्राप्त करने की उनकी आकांक्षा है, वे उन्हें पकड़ते हैं और बेच देते हैं, और महाशय! भ्रष्टाचार और व्यभिचार इतना बढ़ गया है कि देश मनुष्यों से खाली पड़ता जा रहा है, महामहिम को इस काम से न तो सहमत होना चाहिए, न ही इसे अपनी सेवा के रूप में स्वीकार करना चाहिए...यही कारण है कि हम इस मामले में महामहिम से सहायता की भीख माँगते हैं, आप उन तत्त्वों को नियंत्रित करें कि वे यहाँ कोई व्यापारी या माल नहीं भेजें क्योंकि यह हमारी इच्छा है कि इन राज्यों में गुलामों का कोई व्यापार नहीं होना चाहिए और न ही उनकी कोई दुकान होनी चाहिए।[3]

जनशून्यता की इस सीमा को 17वीं सदी के उत्तरार्द्ध की एक यूरोपवासी की रपट से जाना जा सकता है। वोलिवेरा कैडोरनेगा सन् 1680 ई. में लिखता है :

और यदि हम यह कहते हैं कि इन राज्यों की विजय लगभग सौ साल पहले शुरू हुई थी तो इन राज्यों में रहनेवाले लोगों के काल्पनिक परिमाण का अन्दाजा लगाया जा सकता है, क्योंकि प्रत्येक दूसरे साल इस बन्दरगाह से गुलामों की लगभग आठ से दस हजार यूनिटों को रवाना किया गया है और इस हिसाब से लगभग दस लाख गुलामों को बेचा गया है।[4]

दक्षिण अफ्रीका में वर्ष 1772–76 में हॉटनटॉट जातियों के बीच पड़नेवाली दास छापामारियों के बारे में आन्द्रे स्पारमैन ने एक प्रत्यक्षदर्शी रपट तैयार की थी जो बतलाती है कि कैसे श्वेत अधिवासीगण जंगली जानवरों की तरह इन लोगों का शिकार करते थे :

मनुष्यों की इस नस्ल के बीच से गुलामों को पकड़ना किसी भी तरह मुश्किल नहीं है और यह काम निम्नलिखित तरीके से किया जाता है। बहुत से किसान जिन्हें नौकरों की जरूरत है, एक साथ होकर देश के उस हिस्से की यात्रा पर निकल जाते हैं जहाँ ये बोशी लोग रहते हैं। वे स्वयं और उनके लिगो-हॉटनटॉट्स या वैसे बोशी लोग जो कुछ समय पहले पकड़े गए हैं और अपनी सेवा में निष्ठा का प्रशिक्षण प्राप्त कर चुके हैं, सभी जंगली बोशी लोगों के बसेरे का पता लगाते हैं। आग के धुएँ से उनके बसेरे को पहचान लेते हैं। वे दस से पचास और सौ के समाजों में रहते हैं जो संख्या के हिसाब से ज्यादा हैं, लेकिन समुदाय के तौर पर छोटा है। इसके बावजूद किसान लोग अँधेरी रात में योजना बनाकर उन पर छह या आठ लोगों को लगा देने का जोखिम उठाते हैं। वे क्या करते हैं कि उक्त छह या आठ लोगों को उन पर लगा देने के बाद स्वयं कराल के नजदीक कुछ दूरी पर पहले से बैठे रहते हैं। उसके बाद एक या दो बन्दूक से गोली दागकर भय उत्पन्न

करते हैं। इस तरीके से उन जंगली मनुष्यों के पूरे शरीर में इतना भय बन जाता है कि उनमें से केवल साहसी और तेज व्यक्ति ही किसानों के इस घेरे को तोड़कर भागने की हिम्मत कर पाता है।[5]

इस विवरण से सभ्य और जंगली का अभिप्राय विपरीत जान पड़ता है। हम जब इस पूरी स्थिति को उचित परिप्रेक्ष्य में देखते हैं तो श्वेत लोगों के आत्मश्लाघी अखौड़े के बिना यह दिखाई देता है कि गुलामी कभी भी किसी समाज या अर्थव्यवस्था के स्वाभाविक विकास के अन्तर्गत उत्पन्न नहीं हुई। यह सदा से सामाजिक प्रथाओं में व्याप्त लोलुपता से अँधियाये लोगों की उस अशिष्ट संवेदनशीलता का उत्पाद रही है जो मनुष्य प्राणी सहित सभी चीजों के मुकाबले धन का गुणगान ज्यादा करती थी। स्वयं अफ्रीकी समाज में गुलामीकरण को एक संकट के रूप में देखा जाता था, जिसका वहाँ प्रतिरोध होता था। लेकिन, अफ्रीका के शान्तिप्रिय और साधारण व्यक्ति निश्चित रूप से अग्नेयास्त्रों से लैस धूर्त श्वेत व्यक्तियों की बराबरी नहीं कर सकते थे। हालाँकि बहुत से गुलाम नीग्रो सुदूर जगहों के निर्वासन को नहीं झेल पाए और अनेक लोगों का निधन रास्ते में ही हो गया। बहुत से लोग गंतव्य पर पहुँचने के बाद मर गए और जो बच गए उनकी नियुक्ति अमेरिका के कपास फार्मों और वेस्टइंडीज की गन्ना रोपाई के कार्यों में की गई।

परन्तु, आरम्भ में श्वेत लोगों को भी उक्त उद्देश्य की पूर्ति हेतु अनुबन्ध बनाने से बख्शा नहीं गया, यद्यपि यह गारंटी दी गई थी कि सेवा में एक निश्चित अवधि बिताने के बाद उन्हें गुलामी से मुक्त कर दिया जाएगा। यहाँ पुनः हम देखते हैं कि आजादी का विचार एक बार लाभ की अत्यधिक चिन्ता के साथ क्षीण होने लगता है तो यह उन वर्गों पर भी उलटा काम करने लगता है जो इसके अवमूल्यन की प्रक्रिया को शुरू करते हैं। विलियम लॉरेन काट्ज का अमेरिका के जेम्सटाउन की आरम्भिक गुलामी का निम्नलिखित विवरण यह दर्शाता है कि दास लोगों के रंग का लिहाज किए बिना ही उनकी अन्धाधुन्ध नियुक्ति की गई :

> अफ्रीकियों के नौभार को जेम्सटाउन के श्रमिकाभाव को राहत देने में मदद करने के लिए खरीदा गया था। उसी वर्ष लन्दन के एक सौ लड़कों को उसी उद्देश्य से उपनिवेश लाया गया था। श्वेत और अश्वेत दोनों स्वतंत्र थे। दोनों के बीच श्रम की एकनिश्चित अवधि के बारे में अनुबन्ध हुआ था। इसलिए, अश्वेत गुलाम नहीं थे बल्कि अनबद्ध सेवक थे...[6]

ऐसा बताया जा चुका है कि पैसे के प्रति जब लालच की शुरुआत हुई तो इस लालच ने श्वेतों और अश्वेतों के बीच कोई अन्तर नहीं किया। यह केवल श्वेत लोग ही थे कि स्थायी रूप से नीग्रो को गुलाम बनाने के लिए चमड़ी के रंग के अन्तर को दंडमुक्त कर दिया गया था। नीग्रो जाति के व्यापक गुलामीकरण के

पहले श्वेत लोग अमरीकी भारतीय आबादी पर उनसे अपना काम कराने के लिए दबाव देने का प्रयास किया था। लेकिन, श्वेत लोगों के फार्म पर दबाव में काम करते हुए भारतीय दम तोड़ने लगे। वे तुरन्त अत्यधिक श्रम की क्षीण दशा और श्वेत लोगों के रोगों से मर गए। नीग्रो और अधिक बलिष्ठ साबित हुए। उनका गुलामीकरण जारी रहा। लेकिन, उनका भी दूसरे लोगों की तरह गुलाम बनने का रुझान नहीं था। इसलिए, तुरन्त विद्रोह का भाव बाहर आ गया। वही लेखक जिसको मैंने ऊपर में उद्धृत किया है, इस तरह से उत्पन्न हुई अशान्त स्थिति के बारे में निम्नलिखित बातें लिखता है :

> गुलामों को रखनेवाले लोगों का सबसे बड़ा भय गुलाम से छुटकारा नहीं था, बल्कि सम्भावित विद्रोह था।
>
> वर्ष 1800 में गैब्रिएल प्रोसर नामक एक वर्जीनियाई गुलाम ने अपने हजारों साथी क्रीतदासों को रिचमांड पर आक्रमण करने के लिए तैयार किया, लेकिन एक भयंकर तूफान ने उस नगर को बचा लिया। इस तूफान से पुल ढह गए तथा सड़कों पर बाढ़ आ गई। गैब्रिएल दुबारा अपने लोगों को संगठित करता इसके पहले ही दो गृह गुलामों ने उसकी योजना के साथ धोखा दे दिया। नेताओं को गिरफ्तार कर लिया गया तथा उन्हें मौत की सजा दे दी गई।[7]

और आगे वह लिखता है :

> वर्ष 1831 का नाट टर्नर विद्रोह इतना जबर्दस्त था कि इसने दक्षिण को पूरी तरह से भयभीत कर दिया था और इसके भय से एक समय कम से कम गुलामी को छोड़ देने का विचार हुआ था।[8]

हालाँकि, अमेरिकी नीग्रो लोगों के लिए सबसे निर्णायक घड़ी वर्ष 1861 में शुरू हुए गृहयुद्ध के दौरान आई। इसमें स्वयं संयुक्त राष्ट्र अमेरिका की अखंडता फँसी हुई थी। उस गम्भीर घड़ी में अब्राहम लिंकन और यू.एस.ए. की एकता के समर्थकों को नीग्रो दासों की मदद की जरूरत पड़ गई। इसलिए, उनका समर्थन प्राप्त करने के लिए गुलामी की समाप्ति का निर्णय सुनाया गया। फलस्वरूप, अलगाववादी दक्षिणी राज्यों की समस्त नीग्रो आबादी में उत्तेजना फैल गई। वे लोग अपने मालिकों को छोड़ दिए तथा उन लोगों के कारण को अंगीकार कर लिए जो राष्ट्र की एकता के लिए व्याकुल थे। इससे एकतावादियों के पक्ष में सन्तुलन आ गया। हालाँकि, इस घटना से नीग्रो लोगों का सन्ताप तो नहीं मिटा, लेकिन इसने गुलामी की संस्था पर निर्णायक प्रहार जरूर कर दिया। गुलामी का खुमार आज तक जारी है। आज भी नीग्रो लोग गुलामी के दिनों की शर्मनाक याद दिलानेवाले पक्षपात

के अनेक रूपों के विरुद्ध विविध तरीके से लड़ रहे हैं।

ध्यातव्य है कि काफी दूर स्थित जगह पर भी अपने लोग तथा परम्पराओं से कटे एवं अनेक पीढ़ियों से कैद में जन्मे और पोषित नीग्रो लोगों के लिए गुलामी जीवन का स्वाभाविक मार्ग नहीं हो सकती थी। इसलिए, आजादी का भाव उनके अन्दर जीवित रहा। वे सर्वथा पट्टे पर जोर देते रहे और अवसर मिला तो वे उस गुलामी से मुक्त हो गए।

भारत में गुलामी का कोई संगठित रूप नहीं था। लेकिन यहाँ जातिप्रथा पर आधारित गुलामी का एक दूसरा रूप था। यह प्रथा कैसे शुरू हुई, यह अभी तक अनुमान का विषय है। इससे सम्बन्धित अनेक सिद्धान्त हैं। लेकिन, इसमें किसी तरह का सन्देह नहीं है कि अतीत में इस प्रथा के अन्दर कुछ जातियों की निर्योग्यताएँ एक मानव समूह का दूसरे मानव समूह को अपने अधीन करने से उत्पन्न हुई थीं। वंचित वर्गों को सामूहिक रूप से शूद्र कहा जाता था और शूद्रों को एक खास तरह का ज्ञान प्राप्त करने और पूजा करने की इजाजत नहीं थी। भूमि पर अथवा कम से कम इसके उत्पादों पर प्रमुख जातियों का नियंत्रण था। शूद्रों को सामान्यत: शारीरिक और कठिन हस्तकार्य सौंपा गया था जबकि ज्ञान केवल समाज के ऊपरी स्तर के लोगों यथा ब्राह्मण, क्षत्रिय और वैश्य वर्ग के लिए सीमित था। सिद्धान्त रूप में यह मान लिया गया था कि शूद्र इन तीन उच्च वर्णों की सेवा करने के लिए हैं।

हमारे यहाँ वस्तुनिष्ठ इतिहास की परम्परा कभी नहीं थी। अतीत की घटनाओं का एकमात्र स्रोत वे पुराण और महाकाव्य थे जिनका संकलन उन्हीं उच्च वर्णों के लोगों ने किया था जिन्हें विद्रोह की कहानियाँ सुनाने में कोई रुचि नहीं थी। अगर कहीं विद्रोह की कहानियाँ दी भी गई हैं तो बड़े निन्दात्मक अन्दाज में दी गई हैं। इस प्रकार, यह एक सामान्य विश्वास है कि भारत में शूद्रों ने चुपचाप आत्मसमर्पण के साथ अपने प्रारब्ध को स्वीकार कर लिया तथा सुदृढ़ वर्णव्यवस्था द्वारा लादी गई सीमाओं को तोड़ने का कभी प्रयास नहीं किया। हालाँकि, महाकाव्यों से हमें निश्चित प्रसंगों की जानकारी मिलती है। यद्यपि इनमें पौराणिक कल्पित कथाएँ हैं, ये महाकाव्य बतलाते हैं कि इन वंचित समूहों के बीच भी कुछ साहसी व्यक्ति थे जिन्होंने पूजा के अधिकार और ज्ञान प्राप्त करने की कामना की थी और उसे अस्वीकार कर दिया गया था। यह भी हो सकता है कि महाकाव्य के रचनाकार चारों तरफ फैली चुनौती की प्रवृत्ति को कल्पना के सहारे खत्म करने का प्रयास कर रहे थे।

'महाभारत' में एकलव्य का प्रसंग कुछ इसी तरह का है। एकलव्य निम्नवर्ण का एक युवक था, शायद जंगल में रहनेवाले जनजातीय समूह का। द्रोणाचार्य ब्राह्मण था जो सैन्य विद्या का एक प्रख्यात शिक्षक था। द्रोणाचार्य की नियुक्ति कौरवों और पांडवों को सैन्य विद्या की शिक्षा देने के लिए हुई थी। एकलव्य ने भी द्रोणाचार्य के समक्ष धनुर्विद्या सीखने की इच्छा प्रकट की थी, लेकिन द्रोणाचार्य ने

उसके निम्नवर्ण के होने के कारण उसका प्रस्ताव अस्वीकार कर दिया। लेकिन, उक्त कौशल में पारंगतता हासिल करने की एकलव्य ने अपनी इच्छा नहीं छोड़ी। उस समय ऐसी मान्यता थी कि बिना गुरु के ज्ञान हासिल नहीं किया जा सकता है। इसलिए, एकलव्य ने द्रोणाचार्य की एक मूर्ति बनाई और उसके सामने धनुर्विद्या का अभ्यास करना शुरू कर दिया। दूसरी बार जब द्रोणाचार्य एकलव्य से मिले तो उसके कौशल को देखकर आश्चर्यचकित रह गए। उन्हें यह जानकर खीज होने लगी कि एकलव्य धनुर्विद्या में उनके प्रिय शिष्य अर्जुन से भी आगे निकल गया है। द्रोणाचार्य ने एकलव्य से जब यह पूछा कि तुम्हारे गुरु कौन रहे हैं तो एकलव्य ने जवाब दिया कि मेरे गुरु आप ही हैं, मैंने आपकी मूर्ति बनाकर धनुर्विद्या सीखी है। एकलव्य ने द्रोणाचार्य से गुरुदक्षिणा माँगने के लिए जोर दिया। चूँकि एकलव्य निम्नवर्ण का था और उसने वह विद्या हासिल कर ली थी जो द्विजों का विशेषाधिकार था, यह देखकर द्रोणाचार्य का नीतिपरायण ब्राह्मणवादी बोध जाग उठा। उन्हें लगा कि एकलव्य ने नीति का उल्लंघन किया है। इसके अतिरिक्त यह देखकर भी काफी दुख हुआ कि धनुर्विद्या में एकलव्य उनके प्रिय शिष्य अर्जुन से आगे निकल चुका था। इसलिए, द्रोणाचार्य ने एकलव्य से दक्षिणा में हाथ के अँगूठे की माँग की और एकलव्य ने वैसा ही किया। इस तरह, द्रोणाचार्य ने एकलव्य को धनुर्विद्या के फलों से वंचित कर दिया। यद्यपि अपवित्रता के दाग को इस तरह से मिटाया गया, यह प्रसंग हमसे उन वंचित लोगों की आकांक्षाओं के बारे में बहुत कुछ कहता है। यह स्पष्ट रूप से दिखाता है कि वंचित लोगों ने प्राकृतिक क्रम के रूप में अपनी नियति को नहीं स्वीकारा था और वे चाहते थे कि उन पर जो प्रतिबन्ध लगाए गए थे, उनसे मुक्त हों। यह कम-से-कम इतना अवश्य बताता है कि वे सभी तरह का कौशल प्राप्त करने के अधिकारी थे।

एक दूसरा प्रसंग 'रामायण' के नायक राम के जीवन से सम्बन्धित है। राम को महान धर्मरक्षक समझा जाता था। उक्त धर्म में वर्णनीति शामिल थी जिसके अनुसार शूद्र तपस्या नहीं कर सकता था। यह काम केवल उच्च वर्ण के लोग ही कर सकते थे। राम के समकालीन शम्बूक ने, जो कि एक शूद्र था, इस तरह के प्रतिबन्ध को उचित नहीं माना। वह एक वृक्ष की डाली से उलटा लटककर तपस्या करने लगा। रामायण के अनुसार, धर्म के इस उल्लंघन से नवयुवकों की अकाल मृत्यु होने लगी। विद्वज्जन, जो निस्सन्देह ब्राह्मण थे, इस आपदा के कारणों पर विचार किया और तुरन्त इसे शम्बूक की अपवित्रता से जोड़ दिए। इसी के अनुसार राम से कहा गया कि धर्म के उल्लंघनकर्ताओं को दंड देकर धर्म की रक्षा करें। इसलिए, राम वहाँ पहुँचते हैं, जहाँ शम्बूक पेड़ की डाली से पैर बाँधकर उलटा लटका हुआ था। राम तुरन्त उसका सिर काट लेते हैं और इस तरह धर्म की रक्षा करते हैं। यह प्रसंग पुनः इस तरह की चुनौती के अस्तित्व की ओर इशारा करता है जिसका 'रामायण' की

इस कथा के माध्यम से विरोध करने का प्रयास किया जाता है।

ये सभी प्रसंग पूरी तरह काल्पनिक हो सकते हैं। लेकिन, इनकी खोज मनुष्य के नैतिक विकास के लिए की गई थी। यह तथ्य इस चीज की तरफ इशारा करता है कि वर्ण सम्बन्धी नियमों का विरोध व्यापक था और यह लोगों का ध्यान आकृष्ट कर रहा था। यह विरोध वर्ण सम्बन्धी नियमों का उन्मूलन चाहता था। इस विचार की संपुष्टि बाद के समय में भारत में विकसित होनेवाले अनेक धार्मिक आन्दोलनों, (भक्ति आन्दोलन) जिनके ऐतिहासिक साक्ष्य उपलब्ध हैं, से होती है। यह आन्दोलन बगैर किसी चुनौती की पूर्ववर्ती परम्परा के सम्भव नहीं था। ऐसी परम्परा समाज के निचले क्रम के लोगों में काफी व्यापक थी। हम दूसरी जगह इसकी विस्तार से चर्चा करेंगे।

व्यक्तिगत प्रयासों के अलावा निम्न जाति के लोगों द्वारा अपनी जाति के निम्नस्तरीय बन्धन को तोड़कर उससे निकलने का सामूहिक प्रयास भी किया गया। ऐसे साक्ष्य उपलब्ध हैं कि निम्नस्तरीय जाति या जनजाति जिसने स्वयं को काफी मजबूत समझा, किसी योग्य नेता के नेतृत्व में उसने एक स्वतंत्र राज्यक्षेत्र कायम कर लिया और पूर्ण सम्प्रभुता का लुत्फ उठाया। कालान्तर में इसके राजा और पूरे वंश ने क्षत्रिय की हैसियत हासिल कर ली और इस तरह, प्राचीन काल की उनकी अयोग्यताएँ समाप्त हो गईं। हालाँकि, मुक्ति के इस रूप की सबसे बड़ी त्रुटि यह थी कि इसने स्वयं गुलामी की प्रथा को समाप्त नहीं किया। वर्णव्यवस्था ज्यों की त्यों बनी रही, केवल एक वर्ग को उक्त वर्णव्यवस्था में उच्चस्तर प्राप्त हो गया। इस तरह, मुक्ति के क्षेत्र का सामान्य विस्तार हासिल करने की जगह इसने अनेक वर्गों के भाग्य में केवल एक बदलाव लाया, पहले से जो निम्न जाति के थे, उनका स्तर ऊँचा हो गया और जो उच्च स्तर के थे, वे निम्न स्तर के हो गए तथा उनके बहुत से अधिकार समाप्त हो गए। इस तरह के विकास में उस तथ्य को ढकने की भी प्रवृत्ति थी कि लोग स्वयं शुरू से आजादी के लिए संघर्षरत रहे हैं। इससे यह आस्था पनपी कि भारत की आबादी के दबे हुए तबके ने स्वेच्छा से अधीनता और गुलामी को स्वीकार कर लिया था।[9]

सन्दर्भ

1. कोटेड फ्रॉम प्लूवर्क्स लाइफ ऑफ तिबेरियस ग्रैचस, बाई कीथ होपकिन्स, इन कन्क्वेयर्स एंड स्लैव्स, सोशलॉजिकल स्टडीज इन रोमन हिस्ट्री, कैम्ब्रिज यूनिवर्सिटी प्लेस, लन्दन, 1978 पृ. 62
2. वही, पृ. 9–10
3. बेसिल डेविडसन, दी अफ्रीकन पास्ट : क्रोनिकल्स फ्रॉम एंटिक्विटी टू मॉडर्न टाइम्स, लांगमैन्स, 1964, पृ. 191

4. वही, पृ. 203
5. वही, पृ. 262
6. विलियम लॉरेन्ज काट्ज, आई विटनेस : दी नीग्रो इन अमेरिकन हिस्ट्री, पिटमैन पब्लिशिंग कॉरपोरेशन, न्यूयॉर्क, 1967
7. वही, पृ. 103
8. वही, पृ. 104
9. फॉर ए फुलर डिस्कशन ऑफ दिस असपेक्ट ऑफ दी कास्ट सिस्टम सी दी अथर्स कास्ट सिस्टम : मिथ्स, रियलिटी, चैलेन्ज : इंटेलेक्चुअल पब्लिशिंग हाउस, न्यू देलही, 1982

अध्याय-3

भूमि और स्वतंत्रता

सामाजिक जीवन के उषाकाल में आजादी भूमि पर लोगों की पहुँच और भूमि का उपयोग करने के अधिकार से गहरे सम्बन्धित थी। तब आजादी को एक सामूहिक अर्थ में लिया जाता था। यद्यपि भूमि का उपयोग व्यक्तिगत होता था अर्थात् दुनिया के अनेक हिस्सों में यह परिवारों के उपयोग में थी, इस पर आधिपत्य समूह का ही होता था। सभी आदिवासियों का इस पर अधिकार था तथा इसका उपयोग मुख्य तीन तरीकों में से किसी एक तरीके से हो सकता था। इसका उपयोग शिकार करने तथा समूह में रहनेवाले आदिवासी, खानाबदोश या अर्द्ध-खानाबदोश पशुचारक और कृषक आदिवासी कर सकते थे। शिकार करने तथा समूह बनानेवाले आदिवासियों के मामले में प्रादेशिक सीमाएँ स्पष्ट रूप से परिभाषित नहीं थीं। ये सीमाएँ मुख्यतः किसी क्षेत्र के पेड़-पौधों और झाड़ियों से परिभाषित होती थीं जिनके फलों और जड़ों को खेल की तरह इकट्ठा किया जाता था जिनमें अक्सर दूसरे आदिवासियों की प्रादेशिक सीमाओं के अन्दर फैल जाने की प्रवृत्ति होती थी। यह फैलाव एक वृहत् भाग में हो जाता था। स्पष्ट सीमांकन की इस कठिनाई के बावजूद आदिवासी लोग अपने निश्चित क्षेत्रों की पहचान कर लेते थे। इसी तरह की समस्या उन पशुचारकों के साथ भी थी जो सूखे की स्थिति में चारागाह की तलाश करते हुए एक नए क्षेत्र में घुस जाते थे। फिर भी, यद्यपि सीमाओं की कोई स्पष्ट पहचान नहीं थी, एक बहुत बड़े भू-भाग पर जिसके अन्दर खानाबदोश आदिवासी चारागाह की तलाश में आदतन घूमते रहते थे, अपना क्षेत्र होने का दावा कर बैठते थे। कृषक आदिवासियों के मामले में सीमाएँ स्पष्ट रूप से परिभाषित थीं क्योंकि कृषि हेतु उन्हें एक खास क्षेत्र में अधिवास करना पड़ता था। खराब खेती की स्थिति में भी एक आदिवासी कुछ वर्षों का चक्र पूरा कर अपने मूलस्थान को लौट आता था, इसलिए सीमाओं की सटीक पहचान हो जाती थी।

आदिवासी जब तक तुलनात्मक रूप से समरूपी बने रहे, जमीन पर इनकी समान रूप से पहुँच बनी रही तथा वे समान रूप से जनजातीय नियमों से बँधे रहे।

आजादी खोने की समस्या कभी उत्पन्न नहीं हुई। यद्यपि आदिवासियों के लिए अपने अधिकारी को सम्मान देना अनिवार्य था, अधिकारी आदिवासियों के लिए पराये नहीं थे। अधिकारी की भूमिका बुजुर्गों या जनजातीय सभाओं द्वारा अदा की जाती थी। अक्सर आदिवासियों के साथ अधिवास करने के खयाल से आनेवाले विदेशी कुल के लोग काफी संख्या में या जबरन घुसपैठ करनेवाले नहीं थे तो उन्हें पूरी तरह आत्मसात् कर लिया जाता था। यदि स्थानीय और बाहरी लोगों के बीच अन्तर बहुत ज्यादा था, तो बाहरी लोगों को पचा पाना बड़ा कठिन होता था। ऐसी स्थिति में दोनों के बीच विवाद शुरू हो जाता था। आदिवासी असममित या असमान सम्बन्ध के साथ अधिवास करते थे, इसलिए उनके अन्दर बाहरी लोगों के प्रति शत्रुता का भाव बना रहता था। फलस्वरूप, एक श्रेणीबद्ध सम्बन्ध कायम हो गया और संघर्ष में परास्त होनेवाले आदिवासियों को अपने कुछ अधिकारों से हाथ धोना पड़ा। यह एक तरीका बन गया जिसके माध्यम से समाज के कुछ सदस्यों के मूल जनजातीय अधिकार और आजादी खत्म कर दी गई।

हालाँकि, जनजातीय स्वतंत्रताओं के खत्म होने का एक बड़ा कारण बारम्बार जनजातीय युद्धों का होना था। ये युद्ध तब होते थे जब शोषण के कारण या जीवनरक्षक वनस्पतियों और जन्तुओं या मिट्टी के रेचन के कारण या आबादी बढ़ने के कारण आदिवासी नए क्षेत्रों की तलाश में घूमते थे। इस तरह, इनका उस नए क्षेत्र के पूर्व बाशिन्दों से झंझट होने लगा जो युद्ध में परिणत हो जाता था। चूँकि आदिवासियों में क्षेत्रीय बोध ज्यादा था, इसलिए कभी-कभी ये हिंस्र हो जाते थे। इससे जनजातीय स्वतंत्रता दो तरह से खतरे में पड़ गई। पहला यह कि जो आदिवासी परास्त हो गए उनकी हैसियत निम्न हो गई तथा जमीन पर उनकी समान पैठ समाप्त हो गई। जमीन के उपयोग की इजाजत उन्हें तभी मिलती थी जब वे विजेताओं की सेवा करने की इच्छा रखते थे या स्वेच्छा से उन्हें कुछ टैक्स का भुगतान करते थे। हम देख चुके हैं कि इस बादवाली स्थिति से पराजितों का गुलामीकरण भी होने लगा। लेकिन, बारम्बार के जनजातीय युद्धों में लड़ाई करने की योग्यता पर अधिशुल्क लगाने की भी प्रवृत्ति होती थी। एक योग्य जनरल तथा उसके लालची समर्थक बहुत जल्द अपने निजी आदिवासी समूह में विशेष हैसियत हासिल कर लेते थे। लेकिन, इससे सरदारी और बादशाहत जैसी चीजें पैदा हो गईं। कालान्तर में यह विजयमान आदिवासियों पर भी निश्चित घृणित बाध्यताएँ लगा दे सकती हैं। आदिवासियों के नैसर्गिक अधिकारों का उपयोग धीरे-धीरे राजा की मर्जी पर निर्भर हो जाता है। राजा स्वयं आदिवासी समूह का प्रतीक और प्रतिनिधि होने के चलते आदिवासियों से ऊपर होकर निरंकुश बन जाता है। साथ ही, राजा जैसे ही न केवल अपने आदिवासी समूह का बल्कि दूसरे आदिवासी समूह का भी शासक बनता है, सर्वोच्च सत्ता का उसका दावा कुछ समय बाद लोगों की समझ में आने लगता है। समय बीतने के

साथ राजा स्वयं उस हाल में जब उसके अधिकार की उत्पत्ति को लोग भूल जाते हैं, अपने आपको शासन करने के दैविक अधिकार के सिद्धान्त से भ्रमित करना शुरू कर देता है।

समाज के इस विभाजन से विलासिता और तंगहाली का विपरीत ध्रुव तैयार हो गया। अब कुछ ही लोग विलासिता तथा अत्यधिक आवश्यक वस्तुओं का उपभोग कर सकते थे और इसके लिए अन्य लोगों को कड़े परिश्रमवाले काम में लगा दिया गया जो बेहद गरीबी में जीवन यापन करने के लिए विवश थे। इस अन्यायी सम्बन्ध को केवल मेहनतकश लोगों पर कड़ा नियंत्रण रखकर ही कायम रखा जा सकता था। विशेषाधिकार-प्राप्त बने रहने के लिए एक मिथक की जरूरत पड़ी जिसे शोषितों के बीच उन्हें शान्त रखने के लिए प्रचारित करना पड़ा। लेकिन, अनुभव के सामने यह मिथक बेनकाब हो गया। उत्पीड़ित लोगों ने इन मिथकों पर सवाल करना शुरू कर दिया और एक अन्य सामाजिक व्यवस्था के सपनों के साथ अपना मिथक गढ़ने लगे। यह स्थापित व्यवस्था के लिए एक चुनौती बन गई। अतएव, सभी भ्रान्त विचारों को दबाना आवश्यक हो गया क्योंकि उनसे विशेषाधिकारों के साथ व्यवस्था की वैधता समाप्त हो रही थी। व्यवस्था के दूर से चुनौती देने की प्रवृत्ति रखनेवाले विचारों का उत्पीड़न भी प्रचलन में आ गया। यह विकास विशेषाधिकारवाली सभी प्रथाओं में साफ दिखाई देता है। अतीत में भी यह ऐसा ही रहा है और वर्तमान में भी ऐसा ही है। यद्यपि समाज में विशेषाधिकार के अनेक नए रूप और आजादी के सहगामी ह्रास पैदा हुए हैं, आजादी का आरम्भिक ह्रास जनजातीय भूमि के ह्रास के माध्यम से जनजातीय स्वायत्तता के ह्रास के रूप में उत्पन्न हुआ।

भूमि के ह्रास से आजादी के जब्त होने का मार्ग प्रशस्त हो गया और दो रूपों में इसका व्यापक प्रकटीकरण हुआ : (1) टैक्स के रूप में, जिसे राज्य पर या सामन्ती प्रथा के अन्दर जागीर पर अपने नियंत्रण के माध्यम से बलात् सत्ता का नियंत्रण करनेवाले शासक वर्ग द्वारा जबरन वसूला जाता था, और (2) राष्ट्रीय आजादी के ह्रास के रूप में, जो एक जाति से सम्बन्धित क्षेत्र पर एक विदेशी जाति द्वारा कब्जा जमा लेने के माध्यम से होता था। अतीत के सबसे ज्यादा केन्द्रीकृत राज्य जिसमें फराओ का मिस्र तथा भारत का मौर्य और मुगल साम्राज्य भी शामिल था, उक्त पहले रूप से सम्बन्धित थे। राज्यों का दावा अपने राजनीतिक नियंत्रण में आनेवाली समस्त भूमि के उत्पाद के एक हिस्से पर रहता था। इससे राज्य के लिए टैक्स का सृजन हुआ जिस पर राज्य की सभी शाखाएँ तथा उसके आश्रित निर्भर हो गए। इन सभी राज्यों में तानाशाही व्यवस्था थी तथा लोगों का जीवन और आजादी की दशा एक खास समय में शासकों की प्रकृति पर निर्भर होते थे। राज्याधिकारी जब पिलपिले और अयोग्य हो गए तो लोगों ने आपेक्षिक स्वतंत्रता का लुत्फ उठाया। साम्राज्यिक सत्ता के स्थान से काफी दूर बैठे लोगों ने भी थोड़ी आजादी का लुत्फ

उठाया क्योंकि आरम्भिक काल में राज्य के हाथों में नियंत्रण के जो माध्यम थे, वे सभी लचर संचार व यातायात के कारण बिलकुल अकुशल थे। सामन्ती प्रथा में केन्द्रीकरण का अभाव था, इसलिए वास्तविक अधिकार स्थानीय स्वामियों के पास था। इस प्रथा का श्रेष्ठ रूप यूरोप में कायम था। लेकिन, इसका परिष्कृत रूपान्तर अनेक देशों में विद्यमान था जिनमें प्राचीन चीन और जापान का नाम शामिल है।

सामन्तवाद के सम्पूर्ण विकास के पहले भी यूरोप में इस विकास का बीज वहाँ की पूर्ववर्ती अवस्थाओं में विद्यमान था। दूसरे का शोषण करने की आदत बड़ी मुश्किल से समाप्त होती है। रोमन साम्राज्य ने गुलामी पर आधारित फुर्सतवाली धन-सम्पदा का स्वाद चखा था, इसलिए वह पुराने समय के बलिष्ठ स्वामी-जोतदार की हैसियत में आसानी से वापस नहीं लौटा। हम पहले ही इस पर विचार कर चुके हैं कि किस तरह गुलामी औपनिवेशिक प्रथा को जन्म दे रही थी। वहाँ कॉलोनियाँ गुलामों या कृषि-मजदूरों का स्थान ले रही थीं। एक समय दोनों प्रथाएँ बारी-बारी से जारी रहीं। लेकिन, कालान्तर में अनेक पूर्व गुलामों को काश्तकार के रूप में जायदाद पर बसाया गया तथा इन काश्तकारों एवं पहले के मुक्त काश्तकारों के बीच का भेद मिटने लगा। इस तरह, वह समाज जो परदेसी लोगों को गुलाम बनाने से शुरू हुआ था, कुछ हद तक अपने ही नागरिकों को गुलाम बनाकर समाप्त हो गया। दासों की बँधुआ दशा रोमन जगत (इसमें यूरोप का एक बड़ा भाग शामिल था) में पहले ही काश्तकारों का नियमित टैक्स बन रही थी। यह 332 ई. के कौन्सटेनटाइन के कानून से स्पष्ट होता है, जो यह कहता है :

> जिस किसी के भी साथ किसी दूसरे स्थान से सम्बन्ध रखनेवाले कोलोनस का पता चले, तो नए संरक्षक को न केवल उन्हें उनकी जन्मभूमि (मूल) पर फिर से बसाने दें, बल्कि उन्हें अपने अनुपस्थिति-काल के लिए टैक्स का भुगतान भी करने दें। पलायन का विचार करनेवाले कोलोनी का जहाँ तक सम्बन्ध है उन्हें दासों की विधि के पीछे बेड़ियों में डाल दिया जाने दें ताकि वे एक दासोचित भर्त्सना के बल पर पूरी तरह मुक्त व्यक्तियों का कर्तव्य निर्वहन करें।[1]

इस तरह काश्तकारों को वश में करने और उनसे टैक्स वसूलने की प्रवृत्ति पहले से ही रोमन जगत में गहरे बनी हुई थी। लेकिन, इसका सम्पूर्ण प्रकटीकरण तब हुआ जब रोमन साम्राज्य टूटने लगा। 5वीं और 8वीं सदी के बीच की अवधि के नियमित युद्धों और मैरोविंजी राजाओं के कमजोर पड़ते जाने से साम्राज्य की दोनों केन्द्रीय एवं जनजातीय सत्ताएँ विनष्ट हो चुकी थीं। टैक्स उगाहना, सेना के लिए लड़ाकों को तैयार करने की बाध्यता तथा न्यायिक प्रशासन जैसी गतिविधियाँ धीरे-धीरे बड़े भू-स्वामियों के हाथों में चली गईं। यद्यपि ये भू-स्वामी कहने के

लिए राजा के अधीन थे, वास्तविक राजनीतिक शक्ति इन्हीं भू-स्वामियों के पास थी जो इसका पूरा उपयोग उन किसानों का शोषण करने के लिए करते थे जिनकी हैसियत घटकर इनके गुलाम जैसी हो गई थी। चार्लीमैन के मरणोपरान्त इस प्रक्रिया को आगे भी उत्प्रेरक मिल गया जब उसके साम्राज्य के बिखराव से यूरोप में सत्ता शून्यता की स्थिति उत्पन्न हो गई थी। भूमिवाले पादरी एवं सशस्त्र स्वामियों ने आसानी से इस शून्य में नियंत्रण का अपना छोटा-सा क्षेत्र गढ़ लिया। इंग्लैंड जैसे कुछ देशों में भूमि के नोर्मन विजय ने इस प्रथा को प्रत्यक्ष रूप से लाद दिया जो हैनिश आक्रमण द्वारा पहले ही नए पौधे के लिए तैयार किया गया था, जिसने जनजातीय सत्ता को विचारणीय रूप से कमजोर कर दिया था और लड़ाकुओं के उस वर्ग को अस्तित्व में ला दिया था जिसे सेवा करने के बदले भूमि दी गई थी।

सामन्तवाद अनेक अन्य देशों में विकसित हुआ। हम देख चुके हैं कि यह चीन और जापान में भी विकसित हुआ था। चीन में यह प्रथा उस रूप में प्रकट हुई जब कृषक सैनिकों की जगह उन कंगाल किसानों में से जो कृषि छोड़ चुके थे, को भाड़े का सैनिक बनाकर रखा जाने लगा। इससे किसानों की निष्ठा पर नियंत्रण रखनेवाले युद्ध सामन्तों का एक वर्ग अस्तित्व में आ गया। इनसे एक तरह की सामन्ती अर्थव्यवस्था का सृजन हुआ जो किसानों के टैक्स पर आधारित थी।

इन सारी प्रथाओं में एक तथ्य सामान्य था और वह तथ्य यह था कि इन समाजों में शोषण और आर्थिक विभाजन व्यापक रूप से लुटेरे मालिकों द्वारा किए गए लोगों के अधीनीकरण पर आधारित था। यह व्यापक रूप से मुट्ठी-भर लोगों द्वारा छल या बल से जमीन के अधिराजत्व पर दावा करने से सम्भव हुआ था। यही था जिसने मुक्त किसानों सहित अन्य लोगों से जबरन अनेक तरह का काम कराया और मालिकों को टैक्स अदा कराया तथा अनेक अन्य तरीकों से उनके आदेश का पालन कराया।

दास जन्मजात एक खास मालिक की सम्पत्ति होता था और यह मालिक की जायदाद के साथ अन्तरणीय था, चाहे किसी दूसरे मालिक के कब्जे में चला जाए। दासों को इजाजत नहीं थी कि वह अपने स्वामी के प्रदेश से बाहर शादी करे। उसके नि:सन्तान मर जाने की स्थिति में उसके घर और औजार पर उसके स्वामी का कब्जा हो जाता था। ऐसा माना जाता था कि ये औजार और घर उसे अपने मालिक का काम करने के लिए दिए गए थे। स्वामी या मालिक की जमीन पर काम करने के अतिरिक्त एक दास को अपने मालिक के लिए दूसरी तरह का मेहनतवाला काम भी करना पड़ता था। इसमें सड़क, पुल और गड्ढे की मरम्मती, जलावन की लकड़ी की आपूर्ति, अस्तबल एवं कुक्कुरशाला की देखभाल, लोहारी, धुलाई, कताई, बुनाई तथा मालिक के राजमहल हेतु दूसरे प्रकार के हस्तकार्य इत्यादि शामिल थे।

यद्यपि सभी देशों में एक समान स्थिति नहीं थी, अलग-अलग देशों में अलग-अलग स्थितियाँ थीं और उनके बीच व्यापक अन्तर था। लेकिन, यह यूरोपीय

सामन्तवाद की विशेष प्रथा थी जिसने स्वामित्व की सदृश प्रथाओं और दुनिया के विभिन्न भागों में बँधुआ श्रमिकों पर आधारित कृषि को अपना नाम उधार में दिया है।

शहरों का विकास जब धीरे-धीरे विशेषता और कौशल के साथ उन अनेक चीजों के उत्पादन के केन्द्र रूप में होने लगा जो पहले मालिक के प्रदेशों में स्थानीय स्तर पर मिलती थीं, तो मालिकों ने शहर के उन बेहतरीन उत्पादों को अपने उत्पादों के रूप में पसन्द करना शुरू कर दिया। इस तरह, श्रमिक सेवा से दासों द्वारा टैक्स अदायगी की तरफ बढ़ा गया। अब दास टैक्स भुगतान के लिए काम करने लगे या टैक्स अदा करने के लिए अपने उत्पादों को बाजार में बेचकर आवश्यक राशि जुटाने लगे। उदाहरणार्थ, रूस में 1861 ई. के दासवाद के उन्मूलन के पहले अनुपजाऊ मिट्टीवाले वनक्षेत्रों से आनेवाले दास मुख्यतः मास्को में या अन्यत्र पारिश्रमिक के लिए काम करते थे जिससे अपने मालिक को टैक्स का भुगतान करते थे। वे कारखाना मजदूर, बैलगाड़ी चालक या वेश्या के रूप में काम करते थे ताकि मालिक के प्रति अपने फर्ज का निर्वाह कर सके।

परन्तु, टैक्स अदा करने के इस विकल्प से कृषकों या दासों का बोझ हलका नहीं हुआ। वे जिस टैक्स का भुगतान करते थे वह काफी बेहिसाब था। अनेक प्रकार के टैक्स थे जिनमें स्वास्थ्य टैक्स, पुरोहिती हक, मालिक यदि युद्ध या किसी तरह की कैद में हो तो फिरौती की सहयोग राशि, मालिक के बेटे का सामन्तीकरण तथा बेटी की शादी की सहयोग राशि आदि शमिल थे। इसके अतिरिक्त मालिक की आटा चक्की में अनाज पिसवाने, मालिक के चूल्हे पर रोटी पकाने तथा मालिक के दरबार में विवाद सुलझाने के लिए भी भुगतान करना पड़ता था। मालिक के खेतों में काम करने से मालिक को कई तरह के लाभ मिलते थे। फसल की कटनी के समय दासों को पहले मालिक की फसल को काटना पड़ता था। अपनी फसल की कटनी करने के पहले उन्हें अपने मालिक की फसल की चिन्ता और देखभाल करनी पड़ती थी और उन्हें प्राकृतिक आपदाओं से बचाना पड़ता था।

सामन्तवाद 8वीं और 11वीं सदी के बीच यूरोप में कायम हुआ था। 15वीं सदी के आरम्भ से लोग इस गुलामी को खत्म करने के बारे में सोचने लगे थे। इस सामन्ती जकड़न से मुक्ति पाने का पहला प्रयास हिंसक रहा। यह ठीक उसी तरह का था जिस हिंसक तरीके से सामन्तवाद को आरोपित किया गया था। लेकिन, पदावनति लोगों की कल्पना को निर्धन बना देती है। कृषक इस बात को जल्दी समझ नहीं सके कि दाँव पर कौन-सी चीज है। वह अपने दुखों के स्रोत को भी ठीक से परिभाषित नहीं कर पाए थे। राजा जो सामन्ती व्यवस्था के शीर्ष पर आसीन था, वह उसकी गुलामी के प्रतीक के तौर पर कभी नहीं दिखा बल्कि वह परोपकारी पिता के रूप में दिखता था। उत्पीड़क, जो ठीक उसके ऊपर थे, स्पष्ट रूप से दिखाई दे रहे थे। इसलिए क्रोध सामान्यतः उन्हीं के विरुद्ध फूट पड़ा।

यूरोप में किसानों का प्रथम बड़ा विद्रोह 1358 ई. में फ्रांस में हुआ था जिसे जेक्वेरी के नाम से जाना जाता है। कृषकों की शिकायतें बहुत ज्यादा थीं जैसा कि यथोक्त उस बोझ की प्रकृति से जाहिर होता है जो वे उठा रहे थे। लेकिन, काफी समय से जो गुस्सा जमा हो रहा था, उसे एक वृहत अग्निकांड में बदलने के लिए बाहर से चिनगारी या संवेग की जरूरत थी। यह काम फ्रांस की मध्यवर्गीय जनता ने किया। वे एक समर्थ नेता मार्सेल के नेतृत्व में तीसरे वर्ग के निश्चित अधिकारों को प्राप्त करने के लिए राजा के विरुद्ध लड़ाई शुरू कर चुके थे। इसमें मुक्त कामगारों से लेकर बड़े व्यापारियों तक के वर्गों का वर्गीकरण शामिल था अर्थात् वे तमाम लोग जो किसान नहीं थे या अभिजात वर्ग या पुरोहत वर्ग से सम्बन्धित नहीं थे, इसमें शामिल थे। कुछ लागों की मान्यता है कि अभिजात वर्ग को कमजोर करने के उद्‌देश्य से मध्यवर्ग के लोगों ने किसानों को विद्रोह करने के लिए उकसाया क्योंकि उनका आभिजात्य ही तानाशाही का मुख्य अवलम्ब था। किन्तु, ऐसे उकसावे के बिना भी उनके अधिकारों के लिए मध्यवर्ग के लोगों की लड़ाई उनके निजी अधिकरों का विचार देने में असफल नहीं हुआ होता। यह सामान्य अनुभव की बात है कि जब समाज का एक अपेक्षाकृत सौभाग्यशाली वर्ग उन शक्तियों से जो इसके ऊपर होते हैं, अपने अधिकारों की माँग करता है तो इस प्रयास से तुरन्त आबादी के उन तबकों में जो आर्थिक और सामाजिक रूप से इसके नीचे होते हैं,जागरूकता का एक चक्र शुरू हो जाता है।

किन्तु, तात्कालिक कारण चाहे जो कुछ भी रहा हो, सेनलिस के समीप के एक गाँव में 28 मई, 1358 ई. को कृषकों के एक दल ने अपने गुस्से का इजहार करने के लिए एक सभा का आयोजन किया जिसमें उसने अभिजात वर्ग के लोगों को न केवल अपनी दुर्दशा के लिए बल्कि कुछ ही समय पहले अंग्रेजों द्वारा फ्रांसीसी राजा को कैद कर लिए जाने के लिए भी दोषी ठहराया। सौ लोगों के एक दल ने नजदीक के एक मेनर पर आक्रमण कर दिया और घर में घुसकर मालिक तथा उसके बच्चे और पत्नी की हत्या कर दी और घर को जला डाला। उक्त दल के पास डंडे और चाकू के सिवाय दूसरा कोई अस्त्र नहीं था। इसका अनुसरण दूसरी जगह के किसानों ने भी किया और शीघ्र ही फ्रांस के एक बड़े भाग में विद्रोह फैल गया। लेकिन, किसान उन अभिजात लोगों में से जो पेशेवर योद्धा थे, लड़ने के लिए न तो पूरी तरह संगठित थे और न ही हथियारों से लैस थे। साथ ही, किसानों का न तो कोई नेता था और न ही उनके पास अपने आन्दोलन का कोई स्पष्ट उद्‌देश्य था। वे इतना ही जानते या अनुभव करते थे कि उन्हें अपने उत्पीड़कों से मुक्त होना है। उन्हें यह जानकारी नहीं थी कि वर्तमान व्यवस्था की जगह कौन-सी व्यवस्था लेगी, इसलिए अन्ततः यह विद्रोह खत्म हो गया। इसके बाद किसानों का व्यापक संहार हुआ। लेकिन विद्रोह का बीज बोया जा चुका था और यह तीन

शताब्दी बाद 1789 ई. की क्रान्ति के समय पुष्पित हुआ। निस्सन्देह, इस कहानी को हम अच्छी तरह जानते हैं।

इस प्रथम कृषक विद्रोह से असम्बन्धित बाद के दशकों और शताब्दियों में यूरोप के अधिकांश भाग में कृषक विद्रोह हुए। यह पुन: आजादी हासिल करने की कोई अन्त:प्रेरणा थी जिसका ह्रास किसानों की सामाजिक और आर्थिक दुर्दशा में ठोस रूप से दिखलाई देता था। लेकिन, हर समय उन्हीं वस्तुनिष्ठ कारणों से विद्रोह को दबा दिया गया जिन कारणों से प्रथम विद्रोह को दबाया गया था।

सन् 1381 ई. के इंग्लैंड के कृषक विद्रोह के पास अपेक्षाकृत इस बात का ज्यादा स्पष्ट बोध था कि वह क्या प्राप्त करना चाहता है। ऐसा नहीं कि कृषकों के पास समाज के पुनर्निर्माण का कोई विचार था। लेकिन, मौलिक प्रेरणा की अपेक्षाकृत स्पष्ट अभिव्यक्ति थी। कृषक विद्रोह का तात्कालिक मुद्दा व्यक्ति पर लगाया गया टैक्स (परिवार के हर सदस्य पर टैक्स) था जिसकी समाप्ति की माँग के साथ वह कृषक विद्रोह हुआ था। साथ ही, कृषक पुराने बन्धों, टैक्स की सेवा को बदलने के अधिकार की समाप्ति चाहते थे—संक्षेप में, यह सामन्ती प्रथा से सम्बद्ध गुलामी की दशा को समाप्त करने की माँग थी। इसमें भूमि के सामुदायिक स्वामित्व में वापसी के विचार की भी अस्पष्ट गूँज थी। वे जॉन बॉल के सिद्धान्तों से प्रेरित और प्रभावित थे। उसने टिप्पणी की थी, ''इंग्लैंड में जब तक सभी चीजें सबके पास नहीं हो जाती हैं, समस्याएँ बनी रहेंगी; जब न कोई दास होगा, न ही कोई स्वामी होगा, जब स्वामी भी हमारी ही तरह एक सामान्य व्यक्ति होंगे। क्या हम उस विवेकी माँ-बाप 'आदम और ईव' के वंशज नहीं हैं?''[2] यह महत्त्वपूर्ण तथ्य है कि विद्रोह करनेवाले कृषकों के प्रथम कार्यों में कैन्टेनबरी के आर्चबिशप की कैद से जॉन बॉल को मुक्त कराने की बात थी, इसलिए कृषकों ने उसे घेर लिया था। लेकिन, जॉन बॉल को अनेक दूसरे किसानों के साथ फाँसी दे दी गई और यह विद्रोह समाप्त हो गया।

लन्दन के नजदीक एसेक्स के गाँवों में जब कृषकों ने व्यक्ति कर (पोल टैक्स) देने से इनकार कर दिया तो यह विद्रोह शुरू हुआ था। व्यक्ति कर के भुगतान का प्रतिरोध जैसे-जैसे फैलता गया, यह विद्रोह केंट में हिंसक रूप धारण करता चला गया। फ्रांस युद्ध से वापस लौटे सैन्य सदस्य कृषकों के साथ जुड़ गए और उन्हें जो भी पुराना और जंग खाया हथियार मिला उससे स्वयं को लैस किया। वाट टायलर के रूप में उन्हें एक सेनापति मिल गया जो काफी युद्धानुभवी था। इस तरह, संगठित और अस्त्रों से लैस होकर उन्होंने कैन्टेनबरी को चारों तरफ से घेर लिया। कृषकों के भोलापन को प्रतिबिम्बित करनेवाले इस विद्रोह के कुतूहलों में राजा रिचर्ड के प्रति निष्ठा की कसम खाने के लिए मेयर पर उनको दबाव डालना था।

कृषकों की दासता पर कानूनी मुहर लग चुकी थी। दासता के बन्धन के

अतिरिक्त उनमें सभी तरह के कानूनी और राजनीतिक अधिकारों की कमी सम्बन्धी अयोग्यता थी। वे न्यायालय में अपने मालिक के विरुद्ध कोई तर्क नहीं दे सकते थे, संसद में उनके पक्ष में कोई बोलनेवाला नहीं था। न्यायालय और वकील सभी उस प्रथा का प्रतिनिधित्व करते थे जो कृषकों का उत्पीड़न करती थी। इस तरह उनका गुस्सा उन तमाम लोगों के विरुद्ध फूट पड़ा जो कानूनी पद्धति से जुड़े हुए थे। कृषक नेताओं ने सभी वकीलों और राजा के नौकरों को जान से मार देने की कसम खाई। उक्त कानूनी पद्धति ने उन्हें सारे अधिकारों से वंचित कर दिया था, इसलिए कानूनी पद्धति के विरुद्ध उनका गुस्सा किसानों की एक अस्पष्ट जागरूकता को भी इंगित करता है कि उनकी आर्थिक स्थिति उनके राजनीतिक और कानूनी अधिकारों के अभाव के कारण सीधे प्रभावित थी।

बीस हजार कृषकों ने लन्दन के लिए कूच किया और नगर को चारों तरफ से घेर लिया। इन कृषकों ने आर्चबिशप सडबरी और चांसलर एवं खजांची सर रॉबर्ट हेल्स जो उनकी नजर में व्यक्ति कर के लिए जवाबदेह थे, के सिरों की माँग की। सरकार के पास उस क्रुद्ध भीड़ से वार्ता करने के अलावा कोई दूसरा उपाय नहीं थी। सरकार जब वार्ता कर रही थी, अन्धभक्तों ने नगर के द्वारों और पुलों को वाट टाइलर के समूह के लिए खोल दिया, जिसने लन्दन के टावर पर कब्जा जमा लिया तथा आर्चबिशप सडबरी एवं रॉबर्ट हेल्स की हत्या कर दी। लेकिन, वार्ता में किसानों के साथ धोखेबाजी हुई। रिचर्ड-2 जो अभी एक लड़का था, कृषकों की माँगों को सुनकर अपने सामन्तों के साथ इस संकट से सुरक्षित बच निकला। माँगों को तुरन्त स्वीकार कर लिया गया। उन माँगों में शामिल था—व्यक्ति कर एवं दासता के सभी बन्धनों का उन्मूलन, प्रति एकड़ चार पेन्स की दर में परिवर्तन, जंगलों का मुफ्त उपयोग इत्यादि। हालाँकि, वार्ता के दौरान वाट टायलर झगड़ पड़ा और इस क्रम में उसकी हत्या कर दी गई। फलस्वरूप, कृषक काफी क्रुद्ध हो गए और वह लड़ाई शुरू करनेवाले ही थे कि राजा उनके सीधेपन का लाभ लेते हुए उन्हें शान्त करने में सफल हो गया। राजा जब कृषकों से बात कर रहे थे, उसी समय सशस्त्र बलों ने नेताविहीन कृषकों को घेर लिया। कृषकों को आत्मसमर्पण करना पड़ा। बाद में जब एसेक्स के किसानों का एक शिष्टमंडल राजा से मिला और उसे अपने संकल्प की याद दिलाया तो राजा ने जवाब दिया, 'तुम लोग कृषि दास हो और कृषि दास ही बने रहोगे।' इस तरह राजा ने कुछ समय के लिए वादाखिलाफी कर सामन्ती व्यवस्था को बचा लिया।

जर्मनी में कृषकों का विद्रोह 1524-25 ई. में उस वक्त हुआ था, जब प्रोटेस्टेंटवाद एक मजबूत शक्ति बन चुका था। यहाँ भी कृषकों की शिकायतें लगभग उसी तरह की थीं जिस तरह की दूसरे यूरोपीय देशों में थीं। लकड़ियों पर घेरा था और कृषकों पर इनका उपयोग करने की रोक थी। सार्वजनिक भूमि छीन ली गईं। उनके मछली

मारने के अधिकार को छीन लिया गया और उन पर यह आदेश लाद दिया गया कि वे मालिक की जमीन पर काम करेंगे तथा शिकार करने में मालिक की मदद करेंगे। पहला विद्रोह 1524 ई. में स्टुबिलिन्जेन में हुआ था। यह विद्रोह उस क्षेत्र के किसानों ने जमीन पर अपना दशांश टैक्स जलाकर शुरू किया था। लेकिन, किसानों के साथ झूठा वादा कर धोखा किया गया और इस तरह विद्रोह को तेजी से दबा दिया गया। इसके बाद 1524 ई. के अक्टूबर और नवम्बर माह में और ज्यादा व्यापक विद्रोह हुआ जिसमें शहरी लोगों ने भी शिरकत की। लेकिन, यह जागरूकता धीरे-धीरे सामन्ती प्रथा को खत्म कर दासता को खत्म करने की तरफ बढ़ रही थी। 1525 ई. की फरवरी में सॉन्थोफेन में जमा हुए विद्रोही किसानों ने यह घोषणा की कि उनके अब कोई स्वामी नहीं होंगे। किसानों की इस घोषणा के साथ अनेक धार्मिक विचारों का मेल होना शुरू हो गया। इसमें किसानों ने समान और मुक्त हैसियत सम्बन्धी अपनी आकांक्षा के साथ न्याय करने की माँग की थी। उन्होंने कहा था कि अब वे कृषिदास बने नहीं रहेंगे क्योंकि ईसामसीह ने सभी मनुष्यों को आजाद बनाया है। कैम्ब्रिज इतिहास इसे निम्न प्रकार से कहता है :

> सामन्ती अधिकारों के उन्मूलन की स्थानीय माँग ने स्वतंत्रता, बन्धुत्व और समानता के सार्वभौमिक विचारों को जगह दी, और यह कहना अतिशयोक्ति नहीं होगी कि 1525 ई. में जर्मन कृषकों ने 1789 ई. के फ्रांसीसी विचारों में से अधिकांश का पूर्वानुमान कर लिया था। एल्सास कृषकों की बारह चीजें न केवल पादरियों का, बल्कि सभी पदाधिकारियों का लोकप्रिय चुनाव कराने तथा राजसी सत्ता को स्वीकार या अस्वीकार करने के जनाधिकार की माँग करने में मूल मेम्यूगेन से बाहर थीं। इसलिए, टाइरोल के मैरो में किसानों की संसद ने इस बात पर बल दिया कि सभी तरह के अधिकार क्षेत्रों का प्रयोग समूह द्वरा चयनित व्यक्ति ही करेंगे।[3]

किन्तु, जैसा कि घटनाओं ने प्रदर्शित किया, कृषक फिर भी अपने विचार में समय से काफी आगे थे। उनके विरुद्ध लगाए गए बल काफी शक्तिशाली थे। लूथर ने भी उनका त्याग कर दिया और अन्ततः वे पराजित हो गए। इसमें लगभग एक लाख कृषकों ने अपने प्राणों की आहुति दी।

अत्यन्त बर्बर ढंग से उन सभी उनसठ शहरी लोगों की आँखें निकाल ली गईं जिन्होंने कित्जिनजेन में विद्रोहियों का समर्थन किया था। दूसरे लोगों को चिकित्सकीय या अन्य प्रकार की सहायता करने से रोक दिया गया था।

रूस में प्रथम बड़ा कृषक विद्रोह 1670 ई. में हुआ था। इसमें कृषक हिंसाचार पर उतारू हो गए थे। वे वैसे भूपतियों और अधिकारियों की हत्या करने लगे जो सीधे उनके उत्पीड़न से जुड़े हुए थे। लेकिन, जार की सत्ता पर उन्होंने कोई सवाल नहीं उठाया। उनके द्वारा रियासतों में आग लगा दी गई और सम्पत्तियों को जब्त

कर लिया गया। इससे लगभग एक शताब्दी बाद 1773–75 ई. में विद्रोह हुआ, जिसका नेतृत्व पुग्चेव ने किया था। पुग्चेव ने असली जार होने का स्वाँग रचा था। 19वीं सदी में कोई कृषक विद्रोह नहीं हुआ, लेकिन 1861 ई. में जार द्वारा दासता को खत्म कर दिया गया। हालाँकि, इससे किसानों की मूल समस्याओं का समाधान नहीं हुआ। 1905 ई. और 1917 ई. में बहुत बड़ा कृषक विद्रोह हुआ और बोल्शेविक इससे रूस के विकास के महत्त्वपूर्ण परिणामों के साथ सत्ता में आए, जो सर्वविदित है।

परन्तु, यूरोप के बाहर भी कृषकों का ठीक वैसा ही उत्पीड़न हो रहा था। इसके बावजूद उन जगहों पर कोई कृषक विद्रोह नहीं हुआ। यद्यपि हम उस विद्रोह की संचालन नीति और पृष्ठभूमि से उतना वाकिफ नहीं हैं जितना कि यूरोप के बारे में विस्तार से जानते हैं। चीन में कृषक विद्रोह धड़ल्ले से हुआ। जब कभी गम्भीर आर्थिक तंगी हुई, कृषक लूटपाट मचा देते थे और अक्सर ये लुटेरे व्यापक कृषक विप्लव के नेता बन जाते थे। इन विद्रोहों के उपरान्त किसानों के बीच जमीन के न्यायोचित बँटवारे के साथ अक्सर एक नए राजवंश का उदय हो जाता था।

प्राचीन काल से ही चीनी किसानों को अक्सर दोहरे बोझ के तहत काम करना पड़ता था। सामन्ती शैली के तहत भू-स्वामियों की अवैध माँग के बोझ के साथ-साथ कृषकों पर शक्तिशाली सम्राटों को भी टैक्स अदा करने का बोझ डाल दिया गया। अक्सर सम्राट के विद्वान् प्रशासक स्वयं भूस्वामी होते थे जो अपने अधिकार का उपयोग या तो किसानों को ठगने या उनकी जमीन को कोने लगा देने में करते थे। कभी-कभी शासक सुधारात्मक उपाय सोचते भी थे तो उसको नाकाम कर दिया जाता था क्योंकि उससे प्रशासक भूपतियों को क्षति पहुँचनेवाली थी। ईसाई युग के प्रारम्भ होने के पहले हणवंश काल में कृषकों की यही दशा थी।

कृषकों के लिए यह अनिवार्य था कि साल में वह एक माह की श्रमिक सेवा दें। सेना में वे दो साल की अनिवार्य सेवा दें। अक्सर यह सेवा उन्हें महादीवार की रक्षा में एक रक्षक सेना के रूप में कार्य करते हुए लम्बी दूरी तय करा देती थी। इधर उनकी अनुपस्थिति में स्थानीय भूस्वामी उनकी जमीन हड़प लेते थे। इसके अतिरिक्त लोहे और नमक के खदानों में उनसे जबरन काम कराया जाता था, यातायात को कायम रखने के लिए सड़कों और नहरों का निर्माण कार्य कराया जाता था एवं दूरस्थ रक्षक सेनाओं या राजधानी को भोजन मुहैया कराने के लिए उन्हें अनाज के हालिया भारों के विरुद्ध रुक जाना पड़ता था।

कभी-कभी कृषक विद्रोह कर देते थे। लेकिन, अक्सर जैसे ही कृषक एकीकृत बोझ तले कमर कसकर तैयार होते थे कि उनके साथ शासनकाल भी समाप्त हो जाता था। ईसा पूर्व छह में हण सम्राट ने एक आदेश जारी करते हुए जमीन का परिसीमन कर दिया था कि एक व्यक्ति के पास कितनी जमीन हो सकती है।

लेकिन, यह आदेश प्रशासकों के हित के विरुद्ध था, इसलिए वे इसको कार्यान्वित नहीं किए और ईसा पूर्व 9वें वर्ष में पश्चिमी हणवंश का पतन हो गया।

इसके बाद सम्राट वांगमंग का शासन शुरू हो गया। इसने कृषकों की समस्या का समाधान करने की जिम्मेवारी उठाई। लेकिन, पुनः कन्फ्यूशीवादी नौकरशाही ने इसका ऐसा इन्तजाम किया कि वांगमंग असफल हो गए। इस तरह, 18 ई. में एक कृषक विद्रोह हुआ। लेकिन, नया शासन लाने में वह विद्रोह असफल रहा। फलतः अन्ततोगत्वा हण की वापसी हुई और तमाम पुराने आदेश फिर से बहाल हो गए।

दूसरी सदी के अन्त में फिर से कृषक विद्रोह हुआ। लेकिन, यह विद्रोह केवल योद्धाओं को सत्ता में लाने में ही सफल हुआ। केवल पाँचवीं सदी में ही जाकर किसानों की समस्याओं का अस्थायी तौर पर कुछ समाधान हुआ जिसमें योग्य किसानों को एक निर्धारित न्यूनतम रकबे की भूमि प्रदान की गई। अधिकतम रकबे की कोई सीमा निर्धारित नहीं थी। इसलिए, असमानता के बीज कायम रहे और शताब्दियों तक यह समस्या किसानों को तबाह करती रही। कभी यह थोड़ी शान्त होती थी तो कभी तेज हो जाती थी। 1857 ई. का ताईपिंग विद्रोह काफी महत्त्वपूर्ण था जिसका अनुसरण 1903 ई. के अन्तिम विद्रोह ने किया जिससे वर्तमान कम्युनिस्ट पार्टी का उदय हुआ। लेकिन, स्वतंत्रता की अन्तःप्रेरणा का खुलना अभी भी रह गया क्योंकि सदाशयी कम्युनिस्ट शासकों ने एक दूसरे तरह की गुलामी लादने का प्रयास किया जिसमें किसानों के जीवन को प्रायः उनकी निजी इच्छा को नजरअन्दाज करते हुए एक पूर्वविचारित प्रणाली के रूप में व्यवस्थित करने का प्रयास किया गया।

ये कुछ उदाहरण हैं जो केवल निदर्शी और अतीत से सम्बन्धित हैं। 20वीं सदी कृषक विद्रोहों से भरी हुई थी। इस सदी में दुनिया के लगभग सभी भागों में विभिन्न प्रकार की गुलामियों और करद अर्थव्यवस्थाओं के विरुद्ध कृषक विद्रोह हुए। करद अर्थव्यवस्थाएँ कृषकों पर राजनीतिक और आर्थिक गुलामी लादती थीं। हालाँकि यह संघर्ष अभी भी जारी है—कुछ जगहों पर राष्ट्रीय मुक्ति संग्राम से जुड़कर तो कुछ जगहों पर नस्लीय भेदभाव के विरुद्ध चलनेवाले संघर्षों से जुड़कर, तो कुछ जगहों पर स्थानीय और विदेशी पूँजीपतियों के शोषण के विरुद्ध चलनेवाले संघर्षों से जुड़कर।

राष्ट्रीय मुक्ति संग्राम भी एक व्यापक अर्थ में जमीन पर नियंत्रण से ही सम्बन्धित है। यह नियंत्रण मनुष्य की आजादी के स्तर का निर्णय करता है। वास्तव में सामन्तवाद के पहले विभिन्न जनजातियों के भूमि पर के नियंत्रण में ह्रास आवश्यक रूप से किसी समूह की राष्ट्रीय आजादी के ह्रास से भिन्न नहीं है। अनेक उदाहरणों में जनजातियाँ और राष्ट्रीयताएँ गहरे जुड़ी हुई हैं तथा जनजातीय क्षेत्रों पर नियंत्रण में ह्रास के समतुल्य है। स्वतंत्रता ह्रास के इस भाव में अनेक पशुओं में व्याप्त क्षेत्रीय आसक्ति के भाव की तरह मनुष्यों में भी व्याप्त क्षेत्रीय आसक्ति के मनोवैज्ञानिक

तत्त्व से अभिवृद्धि हुई। उनकी पहचान एक निश्चित क्षेत्र से जुड़ी होती है और उस क्षेत्र की सीमा वहाँ की परम्परा, लोगों की मिलनसारिता और आर्थिक तथा राजनीतिक अखंडता से परिभाषित होती है। चूँकि यह पहचान गहरे अन्तर्निहित होती है, इसलिए क्षेत्र का उल्लंघन शीघ्र ही व्यक्ति की पहचान का उल्लंघन बन जाता है। इस पहचान का अर्थ यह भी होता है कि पहचान पूरी तरह स्थानीय मूल्यों और प्रतीकों पर केन्द्रित हो। ज्यों ही किसी क्षेत्र पर विदेशियों का नियंत्रण हो जाता है, जीवन पद्धति इन बाहरी तत्त्वों की घुसपैठ के कारण विनष्ट होने लगती है। वह भी, अक्सर विदेशियों की इस माँग से विनष्ट होना शुरू होती है कि स्थानीय लोगों को इन तत्त्वों की आवश्यकताओं के अनुरूप होना चाहिए। फलस्वरूप, उन क्षेत्रों के लोगों की आजादी में ह्रास हुआ जो उनके निजी क्षेत्र थे। यह कोई आश्चर्य का विषय नहीं है कि राष्ट्रीय मुक्ति के संघर्षों ने अक्सर निष्ठा और समर्पण के उत्कृष्ट रूप की माँग की है।

राष्ट्रीय स्वतंत्रता के सिद्धान्त को अब इतनी ज्यादा स्वीकृति मिल चुकी है कि इस विषय के विस्तार में जाने की जरूरत नहीं है। प्रथम विश्वयुद्ध से ही ज्यादातर लोगों ने राष्ट्र और राष्ट्रीय आजादी की माँग की है और द्वितीय विश्वयुद्ध के बाद से राष्ट्रीय मुक्ति संग्राम रोजाना का काम बन चुका है। आज दुनिया में वैसे बहुत कम लोग हैं जिन्हें अभी तक राष्ट्रीय आजादी नहीं मिली है। सचमुच में इस विचार को इतनी सार्वभौमिक स्वीकृति मिल चुकी है कि वैसे राष्ट्र भी जो दूसरे राष्ट्रों की आजादी का बार-बार उल्लंघन करते हैं, इस तथ्य को विभिन्न उपकरणों के माध्यम से छिपाने का प्रयास करते हैं।

राष्ट्रीय मुक्ति संग्रामों के अनेक रूप रहे हैं। आजादी प्राप्त करने के लिए अक्सर सशस्त्र विद्रोह व संगठित युद्ध हुए हैं। कभी-कभी यह राष्ट्रीय मुक्ति संग्राम अपने राष्ट्र और जमीन पर नियंत्रण प्राप्त करने के लिए कृषक संघर्षों के साथ मिल गया है। लेकिन, इस तरह के अधिकांश संघर्षों में छोटे या बड़े पैमाने पर शस्त्रों का उपयोग आजादी का उद्देश्य प्राप्त करने के लिए किया गया है।

किन्तु, भारत की आजादी का संघर्ष उक्त सभी संघर्षों से भिन्न रहा है। यह मुख्यत: अहिंसक रहा है क्योंकि सत्याग्रह या सविनय अवज्ञा की विधि अपनाई गई थी। हालाँकि, जहाँ तक आजादी के लक्ष्य का सवाल था, इस विधि से कोई ज्यादा अन्तर नहीं आया। लेकिन, आजादी की अन्त:प्रेरणा की शक्ति और सम्भावनाओं को इसने रेखांकित कर दिया। अहिंसक प्रतिरोध व्यक्ति की आजादी की अनुल्लंघनीयता का अपेक्षाकृत ज्यादा ठोस प्रकटीकरण है जो आजादी के संघर्ष के अन्य रूपों में केवल अस्पष्ट रूप से प्रकट होता है। संघर्ष के दूसरे रूपों में यह अन्त:प्रेरणा बाहरी वस्तुओं के तहत छद्मावरण चढ़ा लेती है जिस पर संघर्ष केन्द्रित होता है। साथ ही, अन्ततोगत्वा शक्तिशाली का अधिकार ही स्थापित होता है।

हिंसक संघर्ष में किसी विरोधी की जीत कदापि यह साबित नहीं कर सकती है कि न्याय उसके पक्ष में था। अक्सर विजेता का बर्बर और निर्दयी होना अन्यायपूर्ण होता है। इसके विपरीत, सविनय अवज्ञा में किसी भी चीज से ज्यादा संघर्ष में शामिल लोगों की आजादी होती है जिसका कि दावा किया जाता है। सत्याग्रही राज्य की सभी शक्तियों के विरुद्ध खड़ा होनेवाला एक साधारण व्यक्ति हो सकता है। वह संघर्ष में मारा जा सकता है या उत्पीड़ित हो सकता है। लेकिन, वह सर्वोच्च सत्ता के आगे झुकना स्वीकार नहीं करता है। वह इस काम से अपनी आजादी का दावा करता है जिसे कोई भी सत्ता छीन नहीं सकती है क्योंकि मौत भी इसे वैयक्तिक सत्याग्रही से अलग नहीं कर सकती है। इसलिए, एक सच्चे सत्याग्रही के समक्ष सबसे शक्तिशाली राज्य भी नपुंसक होता है क्योंकि वह अपनी मर्जी से उसे झुका नहीं सकता है, जबकि राज्यसत्ता के पास अपनी इच्छा से किसी को भी अपने समक्ष झुका लेने का एकमात्र सिद्धान्त रहता है। राज्यादेश को लागू नहीं होने देना ही अच्छा रहता है ? यह इस तथ्य को स्पष्ट रूप से रेखांकित करता है कि प्रत्येक राज्य की सत्ता को अपने नागरिकों की सहमति पर ही आधारित होना चाहिए क्योंकि सत्ता उसी क्षण गायब हो जाती है जब नागरिक इसके आदेश की अवज्ञा करने लगते हैं। यह सिद्धान्त जिसे एक सत्याग्रही अवज्ञा की मार्फत स्थापित करता है, विभिन्न मुद्दों को लेकर सदियों से चल रहे संघर्षों के माध्यम से समाज में साकार हुआ है। दास विद्रोह या कृषक विद्रोह तब ठीक ऐसी चुनौती का अनगढ़ प्रकटीकरण था जब उन लोगों ने उत्पीड़क प्रथा के समक्ष झुकना अस्वीकार कर दिया। लेकिन, यह तरीका बिलकुल पारम्परिक था क्योंकि पीड़ितों की स्वतंत्रता कायम करने के प्रयास के साथ ही इसने पुलिस बल को ही मध्यस्थ के रूप में वैध बना दिया। लेकिन, जब तक पुलिस बल मध्यस्थ बना रहता है, यह अन्याय और अस्वतंत्रता को भी वैध बना देता है। यह फिर से उस सार्वकालिक विचार का ही अभिकथन है कि सद्गुण शक्तिशाली का हित होता है। अहिंसक संघर्ष अकेले आजादी के इस संघर्ष को ऐसी सभी असंदिग्धताओं से वंचित कर देता है।

सन्दर्भ

1. कोटेड इन सोशल एंड इकोनॉमिक कन्डीशन ऑफ दी रोमन इम्पायर इन दी फोर्थ सेन्चुरी, दी कैम्ब्रिज मेडाइवल हिस्ट्री, वॉल्यूम-1, कैम्ब्रिज यूनिवर्सिटी प्रेस, 1975, पृ. 58
2. कोटेड इन ए डिस्टेंट मिरर : दी कालामिशस फोर्टींथ सेंचुरी, बाई-बरबारा डब्ल्यू. टचमैन, बैलेंटाइन बुक्स, न्यूयॉर्क, 1978, पृ. 374
3. दी कैम्ब्रिज मॉडर्न हिस्ट्री वॉल्यूम-2, दी रिफॉर्मेशन, कैम्ब्रिज, 1903, पृ. 184

अध्याय-4

मिथक से आजादी के यथार्थ तक

समस्त नैसर्गिक अभियानों की तरह परिस्थितियाँ जब मानवीय स्वतंत्रता पर प्रतिबन्ध लगा देती हैं, तो आजादी की अन्त:प्रेरणा की भी अनुभूति केवल अस्पष्ट ढंग से होती है। यह केवल इन प्रतिबन्धों से धीरे-धीरे मुक्त होने के लिए उपायों के एक समूह के तौर पर मुखर होती है। अन्तत: इसकी संकल्पना एक अमूर्त विचार के रूप में की जाती है। इसके सार्वभौमिक होने के कारण विभिन्न वर्ग, आयु और लिंग से सम्बन्ध रखनेवाले सभी मनुष्यों द्वारा इसकी आवश्यकता महसूस की जाती है। लेकिन, वे इसे अलग-अलग महसूस करते हैं क्योंकि प्रत्येक व्यक्ति या समूह उन परिस्थितियों के भिन्न-भिन्न समुच्चय का सामना करता है जो उसकी आजादी पर प्रतिबन्ध लगाती हैं। प्रत्येक व्यक्ति या समूह अपनी संस्कृति से प्राप्त होनेवाले सबसे सुविधाजनक मिथकों तथा इस आजादी से उसे वंचित करनेवालों के विरुद्ध संघर्ष करने के अपने अस्तित्व की परिस्थितियों की तलाश करता है। हितों की इन टकराहटों में कहीं कोई चिनगारी मिल जाती है जिसे वह थामे रखता है और आग के एक अमिट स्रोत के रूप में उसे वह भावी पीढ़ियों और विभिन्न जातियों के हवाले कर देता है। वह चिनगारी कैसे प्राप्त हुई, यह सवाल अप्रासंगिक हो जाता है। यह आग अपनी उत्पत्ति के स्रोत से मुक्त होकर एक आत्मनिर्भर अस्तित्व बन जाती है। केवल इसका वह सार्वभौमिक चरित्र ही बचा रहता है जो प्रकाश और ऊष्मा प्रदान करता है, जिसकी सर्वत्र तलाश रहती है।

हम यह पहले ही देख चुके हैं कि भू-स्वामियों द्वारा लादी गई सामन्ती गुलामी के प्रति किसानों में कैसी प्रतिक्रिया हुई थी। लेकिन, जैसा कि हमें ब्रितानी इतिहास से मालूम होता है, भूस्वामियों को भी राजा के स्वच्छन्द दावों में से निचोड़ लेने की आजादी थी। एक निश्चित अर्थ में राजा से अपने अधिकारों को प्राप्त करने के इंग्लैंड के सामन्तों के प्रयासों का उन कृषकों के प्रयासों की अपेक्षा लोकतांत्रिक अधिकारों के भावी विकास पर कहीं ज्यादा प्रभाव था, क्योंकि कृषकों की तुलना में ज्यादा परिष्कृत होने के कारण भूस्वामी अपेक्षाकृत ज्यादा परिष्कृत और सामान्यीकृत

मिथकों का प्रयोग अपने दावे को सहारा देने के लिए करते थे। ये मिथक अपेक्षाकृत सार्वभौमिक पदों में भाषाबद्ध थे, इसलिए ये विभिन्न परिस्थितियों के अन्दर विभिन्न जनसमूहों के लिए लाभप्रद होते थे। ऐसा ही मिथक उन अंग्रेजों के अधिकारों के बारे में था जो भू-स्वामियों द्वारा प्राप्त किए गए अधिकारों का चार्टर, मैग्नाकार्टा से सम्बद्ध थे।

मैग्नाकार्टा सामन्ती भूस्वामियों के अधिकारों की रक्षा के इरादे से ही तैयार किया गया एक अनिवार्य दस्तावेज था। उस आदर्शीकृत अतीत के नाम पर ये माँगें न्यायोचित थीं जब उनके पूर्वजों ने विजेता एडवर्ड और हेनरी-1 के अधीन पूर्ण स्वतंत्रता का लुत्फ उठाया था। इंग्लैंड के इन सामन्ती भू-स्वामियों ने 1215 ई. में मैग्नाकार्टा पर हस्ताक्षर करने के लिए राजा जॉन पर दबाव डाला था। मैग्नाकार्टा स्पष्ट रूप से यह स्वेच्छाचारिता प्रदान करता था। मूलतः सामन्ती होने के बावजूद अधिकारों की भी इस तरह व्याख्या की जाती थी कि ये सभी अंग्रेजों के अधिकारों की गारंटी देते हों। उदाहरणस्वरूप, इसका एक अनुच्छेद (अनु. XXXVII) यथा निम्नलिखित है :

> आर्चबिशपों, बिशपों, मठाधीशों, पादरियों, मठ के सदस्यों, सामन्तों और सभी व्यक्तियों, सांसारिक जैसा आध्यात्मिक भी, के पास अतीत में जितनी मुक्त स्वेच्छाचारिता और मुक्त प्रथा सुलभ थी उसे उसी तरह सुरक्षित रखते हुए जिस प्रकार राजा हेनरी के समय में हमारे दादा बन जाने की आदत थी, पलायन को अब से उसी तरह से देखा जाएगा। और, उक्त सभी प्रथाएँ और स्वतंत्रताएँ जिन्हें हमने इसके अन्दर अपना क्षेत्र देखने के लिए प्रदान की हैं, ज्यादातर हमसे और हमारे उत्तराधिकारियों से सम्बन्धित हैं, हम देखेंगे तथा हमारे क्षेत्र के सभी लोग, सांसारिक जैसा आध्यात्मिक भी (उनमें जितना अधिक है) सभी मनुष्यों के विरुद्ध वही चीज उसी तरह से देखेंगे। और इन स्वतंत्रताओं के हमारे दान और उपहार के लिए तथा हमारे जंगल की स्वतंत्रताओं के चार्टर में शामिल दूसरी चीजों के लिए आर्चबिशपों, बिशपों, मठाधीशों, महंतों, सामन्तों, शूरवीरों, माफीदारों तथा हमारे अन्य लोगों ने अपनी चल सम्पत्ति का पन्द्रहवाँ हिस्सा हमें दे दिया है। और हमने उन्हें अपने और अपने उत्तराधिकारियों के लिए यह प्रदान किया है कि न तो हम या हमारे उत्तराधिकारी वैसा कुछ करेंगे जिससे चार्टर में वर्णित स्वतंत्रताओं का उल्लंघन हो, यदि चार्टर के विपरीत कुछ भी किया जाता है तो उसका कोई असर या प्रभाव नहीं होगा।[1]

और अनु. XXIX में निम्नलिखित दिया हुआ है :

> बिना विचारण के किसी की भी भर्त्सना नहीं की जाएगी। न्याय को न तो बेचा जाएगा, न ही टाला जाएगा।

> किसी भी आजाद व्यक्ति को न तो पकड़ा जाएगा, न ही कैद किया जाएगा, न ही मुक्त प्रथाओं या स्वतंत्रताओं या पूर्ण स्वामित्व से वंचित किया जाएगा, न ही विधि-बहिष्कृत या निर्वासित किया जाएगा, न ही किसी तरह से बर्बाद किया जाएगा, न ही किसी तरह की सजा दी जाएगी और न ही उसकी भर्त्सना होगी। लेकिन, पीयर्स के कानूनसम्मत निर्णय या भू-कानून को मानने के लिए वह बाध्य होगा। (2) हम किसी भी व्यक्ति को नहीं बेचेंगे, हम किसी भी व्यक्ति के न्याय या अधिकार को अस्वीकार नहीं करेंगे।[2]

राजा द्वारा दिए गए अधिकार स्पष्टत: भू-स्वामियों के अधिकारों से बहुत परे होते हैं। राजा जॉन और उसके उत्तराधिकारियों के क्षेत्र में आनेवाले सभी विषयों के लिए इन अधिकारों का दावा करना एक तर्कसंगत व्याख्या होती थी। हमें पहले से ही यहाँ कारावास के पूर्व भूमि सम्बन्धित कानून, चाहे वह जैसा भी हो, के तहत विचारण के अधिकार का अस्पष्ट रूप से बोध होता है। यह सत्ता के उस अधिकार की एक स्पष्ट मर्यादा है जिसके तहत वह किसी व्यक्ति को निर्वासित या कैद करती है। यह अधिकार और न्याय की गारंटी की भी माँग करता है, यद्यपि वे अधिकार और न्याय अपरिभाषित होते हैं। लेकिन, यथार्थ रूप में यह परिभाषा का अभाव ही है जो लोगों तक उन्हें अधिकार और न्याय के विभिन्न सिद्धान्तों के साथ सुलभ कराती है।

हम यहाँ जिस आजादी के सिद्धान्त के विकास की कल्पना करते हैं, वह अधिकार सम्बन्धी मार्क्सवादी सिद्धान्त के अनुरूप है। हालाँकि, मार्क्स ने इसकी स्पष्ट चर्चा नहीं की है, लेकिन उसने आजादी की सार्वभौमिक अपील की कल्पना जरूर की है, यद्यपि इस आजादी पर आबादी के एक सीमित वर्ग का ही दावा होता था या एक सीमित वर्ग ही इसे प्राप्त कर पाता था। अधिकार सम्बन्धी हेगेल-दर्शन की निम्नलिखित पंक्तियाँ इसे स्पष्ट रूप से प्रकट करती हैं :

> जर्मनी के आदर्शवादी स्वप्न जैसी यह कोई मौलिक क्रान्ति नहीं है, न ही यह सार्वभौमिक मानवीय मुक्ति ही है, यही वह अंशस्वर है अर्थात् वह विशुद्ध राजनीतिक क्रान्ति, जिसके कारण घर के पाये अभी भी खड़े हैं। एक अंशस्वर अर्थात् विशुद्ध राजनीतिक क्रान्ति का आधार क्या होता है? यह आधार होता है—नागरिक समाज का एक हिस्सा स्वयं मुक्त हो जाता है तथा वह सार्वभौमिक प्रभुत्व प्राप्त कर लेता है—एक खास वर्ग समाज की एक खास स्थिति से सामान्य मुक्ति की जिम्मेवारी ले लेता है। यह वर्ग सम्पूर्ण समाज को मुक्त करता है, लेकिन ऐसा उस पूर्वधारणा के तहत होता है कि समूचा समाज ठीक उस वर्ग की स्थिति सरीखी स्थिति में रहता है, जहाँ, उदाहरणार्थ, इस वर्ग के पास पैसा और शिक्षा होते हैं या वह इन्हें आसानी से हासिल कर ले सकता है।

नागरिक समाज में कोई भी वर्ग स्वयं में और लोगों में उत्साह का क्षण जगाए बगैर यह भूमिका अदा नहीं कर सकता है। एक क्षण होता है जब यह वर्ग सामान्य समाज के साथ भाईचारा कायम करता है तथा समाज में स्वयं को विघटित कर देता है तथा समाज के सामान्य प्रतिनिधि के रूप में मान्य और अनुभूत होता है।[3]

परन्तु, यह छल स्पष्ट हो जाता है क्योंकि स्वतंत्रता सीमित रहती है तथा सामाजिक पैमाने पर निम्न तबके के नए दावेदार आजादी के अपने निजी रूप की माँग के साथ जाग उठते हैं। समय के साथ आजादी का यह विचार जैसे-जैसे फैलता जाता है, पुराने मिथक भी अपर्याप्त या उन नए सामाजिक वर्गों के आत्म-सम्मान के विपरीत हो जाते हैं जिन्हें अपने आजादी के दावों को न्यायसंगत ठहराने के लिए नए मिथक की आवश्यकता होती है।

अपने अधिकारों की रक्षा करने के लिए एक लम्बे समय तक अंग्रेजों द्वारा मैग्नाकार्टा की कंडिकाओं का उपयोग किया गया। लेकिन, उसके बाद धीरे-धीरे राजा की सत्ता को स्वयं कानून के स्रोत के रूप में चुनौती मिलनी शुरू हो गई। ऐसा अनुभव किया गया कि जो अधिकार राजा द्वारा दिए जाते हैं, वे उसके द्वारा वापस भी लिए जा सकते हैं। इसलिए, लोग एक दूसरे स्रोत की खोज करने की योजना बनाने लगे जिसके माध्यम से वे अपनी आजादी का पता लगा सके। 17वीं सदी के मध्य में पुराने सिद्धान्त की स्पष्ट टूट का अवसर उस वक्त आया जब राजा और संसद अपने अधिकारों को लेकर भयानक युद्ध में उलझे हुए थे। इस युद्ध में संसदीय दल जीत गया तथा संसद की तथाकथित सम्प्रभुता सम्बन्धी इस मिथक को स्थापित करने में सफल रहा कि सभी अधिकार और कानून उस संसद से उद्भूत होते हैं जिसने लोगों की इच्छा का प्रतिनिधित्व किया था।

यद्यपि कानूनी कल्पना के क्षेत्र में यह एक महान प्रगति थी, लेकिन जनाधिकार आन्दोलन को शुरुआती क्षति यहाँ तक पहुँची कि विवाद इस प्रश्न पर आ गया कि कानून बनाने या लोगों को अधिकार देने का अधिकार किसके पास है। यह विचार भी आया कि वैसा कोई बड़ा अधिकारी नहीं होगा जो सरकार के कानून बनाने के अधिकारों पर रोक लगाए। संसदीय दल के एक प्रत्यक्ष वंशज क्रॉमवेल के अधीन राष्ट्रमंडल ने आस्था और विचार की स्वतंत्रता पर ज्यादा ध्यान नहीं दिया। एन्नी पालिस्टर इस अन्तरण की तरफ निम्नलिखित शब्दों में इशारा करते हैं :

तब भी राजा के विरुद्ध युद्ध लड़ने की स्थिति का सामना करते हुए संसदीय दल स्वयं को उन सीमाओं से जो कानून द्वारा उनकी गतिविधियों पर लगाई गई थीं, मुक्त होने के लिए बाध्य था, अब संसद राजवंश के उन मौलिक कानूनों की व्याख्या करने के उस अधिकार का दावा करने लगी जिस पर पहले इसने केवल बचाव करने हेतु दावा किया था। 1649 ई. में चार्ल्स हर्ले

> ने घोषणा की थी कि संसद के पास सर्वोच्च न्यायालय के रूप में अन्तिम निर्णय करने की शक्ति होनी चाहिए जिसके विरुद्ध कहीं कोई अपील नहीं हो। व्याख्या का यह अधिकार संसद की मर्जी से कानून को बनाने या रद्द करने के अधिकार को शामिल करने हेतु आसानी से विस्तारणीय था और यह संवैधानिक सिद्धान्त की संसद भूमि के मौलिक कानूनों की अन्तिम व्याख्याकार थी, लम्बी संसद को इस योग्य बना दिया कि वह कानून की सर्वोच्चता में कोक के विश्वास से निकलकर संसद की सम्प्रभुता के नए विचार की तरफ जा सके।[4]

लेकिन, संसदीय दल की अधिकांश शक्ति राजभक्तों की मनमानी सत्ता के दावों के विरुद्ध लोगों की भावना से प्राप्त हुई थी। इस भावना के पीछे एक व्यापक मोर्चे पर धार्मिक और धर्मनिरपेक्ष स्वतंत्रता से सम्बन्धित विषयों को समेटनेवाला आन्दोलन भी चल रहा था। इसी आन्दोलन के दौरान मनुष्यों के प्राकृतिक अधिकारों का विचार पैदा हुआ जिसे अनन्य समझा गया। यह आन्दोलन महत्त्वपूर्ण है क्योंकि यह तानाशाही प्रणाली के समर्थन में साम्यवादियों द्वारा दिए गए विचारों से उत्पन्न उस सम्भ्रम को साफ करता है कि आजादी का विचार एक 'बुर्जुआ' विचार है तथा गरीबों, वंचितों या किसी भी मामले में सर्वहाराओं को 'बुर्जुआ' स्वतंत्रताओं की जरूरत नहीं होती है या केवल अस्थायी रूप से तब जरूरत पड़ती है जब इसे बुर्जुआ शासन के तहत उक्त शासन के विरुद्ध लड़ना पड़ता है।

वास्तव में, विश्वास और विचार की स्वतंत्रता आबादी के वंचित समूहों और गरीबों के लिए स्वतंत्रता का अन्तिम अभयारण्य है। उनके पास नाम लायक कोई सांसारिक वस्तु नहीं होती है। उनके पास जो थोड़ा कुछ होता है उस पर हर समय समाज के प्रभुत्वशाली व्यक्तियों द्वारा ले लिए जाने का खतरा बना रहता है। उनके पास अपनी बाहरी चीजों की रक्षा करने की शक्ति नहीं होती है। अक्सर उनका अपना शरीर भी शासकों की मर्जी पर निर्भर होता है तथा वे अपने जीवन से वंचित भी हो सकते हैं। लेकिन, एक क्षेत्र है जहाँ वे सुरक्षित रहते हैं। वह उनके विचारों और विश्वासों का क्षेत्र है। यह उनका पहचान-चिह्न है, जिसे वे पूरी दृढ़ता के साथ पकड़े रहते हैं। यही कारण है कि सभी लोगों में केवल गरीब ही ऐसे होते हैं जो हर समय विश्वास की आजादी के कारणों का बचाव करते हैं तथा इसके लिए वे किसी भी तरह का दुख सहने के लिए तैयार रहते हैं। पैगन (मूर्तिपूजक) रोमन साम्राज्य के दौरान पहले के लगभग सभी ईसाई आबादी के वंचित समूहों से ही आते थे। वे ही लोग थे जिन्होंने सभी ईसाई शहीदों की व्यवस्था की जिनसे रोमन कब्रिस्तानों को भरा जाना था। उनका उदाहरण ईसाइयों की उस उत्तरवर्ती पीढ़ी के लिए प्रेरणास्पद बन गया जिसने बार-बार स्थापित चर्च के उत्पीड़न के विरुद्ध अन्तरात्मावाली आजादी की माँग को उसी दृढ़ता से उठाया। इस तरह के ईसाई

मतविरोधी थे जिनका पश्चिमी जगत विचार, विवेक और विश्वास की आजादी के अपने उस आधुनिक सिद्धान्त के लिए ऋणी है, जो अब मानवाधिकारों के संयुक्त राष्ट्र चार्टर का हिस्सा बन गए हैं।

1581 ई. में रॉबर्ट ब्राउनी और रॉबर्ट हैरिसन के नेतृत्व में विरोधियों ने इंग्लैंड में एक अलगाववादी गिरजाघर खड़ा करने का बड़ा प्रयास किया था। उनका विश्वास था कि ईश्वर और राजा के बीच तथा राजा और प्रजा के बीच दुहरा प्रसंविदा होता है। उनके अनुसार लोक दंडाधिकारियों को ईश्वर अधिकृत करते हैं, लेकिन उन्हें प्रजा के करार एवं सहमति से बुलाया और ग्रहण किया जाता है। यहाँ हम देखते हैं कि उपासना की आजादी को लेकर चलनेवाला धार्मिक आन्दोलन किस तरह अपने तरीके से उस राजनीतिक आजादी की अन्त:प्रेरणा को भी प्रतिबिम्बित करता है जो सबके द्वारा मान्य होती है। खासकर, जब एक उत्तरदायी सरकार की माँग की जाती है। वस्तुत: ये दोनों अन्त:प्रेरणाएँ अवियोज्य रूप से एकबद्ध थीं। किन्तु स्वतंत्रता के सिद्धात के विकास के आरम्भिक चरण में जब जनता को अपनी धर्मनिरपेक्ष शक्ति का पूरी तरह से अहसास करना पड़ता है तो यह अन्त:प्रेरणा उपासना की स्वतंत्रता से सम्बन्धित विषयों के इर्द-गिर्द घूमती है। जहाँ भी लोगों के भौतिक और राजनीतिक अधिकारों अर्थात् उनके जीवन के बाह्य तरीकों पर पाबन्दी लगी होती है, यह मानवीय व्यक्तित्व के अन्तरंग हिस्से से सम्बन्ध रखती है। इनकी आजादी की अन्त:प्रेरणा विश्वास के क्षेत्र में अभिव्यक्त होना चाहती है जहाँ वह एक मानव समुदाय की पुनर्रचना करना भी चाहती है। सत्ता जब अपने सामाजिक सम्बन्धों के निजी ढाँचे को लादना चाहती है तो इसे दबा दिया जाता है। यह फासीवादी और साम्यवादी राज्यों में धर्म के पुनरुत्थान तथा इसे अपनी निजी सत्ता के प्रति एक प्रभावी धमकी के तौर पर देखने की इन राज्यों के शासकों की मनोवृत्ति को भी स्पष्ट करता है।

ब्राउनवाद इसी तरह के प्राचीनतम सम्प्रदायों में से एक था। 1582 ई. में ब्राउनवादियों को इंग्लैंड से बाहर कर दिया गया था और उन लोगों ने हॉलैंड में शरण ली थी। आगे चलकर ब्राउन ने अपनी बात वापस ले ली। लेकिन, इससे अलगाववादी गिरजाघर का विचार मरा नहीं। ब्राउन के बाद लन्दन के हेनरी बैरो ने एक पार्थक्यवादी समूह को गठित किया। उसे गिरफ्तार कर लिया गया, लेकिन जेल से ही उसने अलगाववादी समूहों को सक्रियता से संगठित किया। वह सात वर्षों तक जेल में रहा और 1594 ई. में उसे राजद्रोह के आरोप में फाँसी दे दी गई।

इन अलगाववादी आन्दोलनों के बारे में सबसे महत्त्वपूर्ण एवं उल्लेखनीय बात यह है कि इन्हें निर्धन वर्गों का पूरा-पूरा समर्थन प्राप्त था। माईकेल आर. वट्ट उनकी संविरचना का निम्नलिखित शब्दों में वर्णन करते हैं :

> जून 1591 ई. में जॉन टेलर ने वैसे मतावलम्बियों और पंथ-समर्थकों के

झुंड का पता लगा लेने का दावा किया जो मोची, ठठेरा, पैकार, बुनकर, बधियाकर्ता और चिमनी सफाईकर्मी का काम कर अपनी जीविका चलाते थे।[5]

और आगे वह इस समकालीन पद्य को उद्धृत करते हैं जिसमें उनकी तिरस्कारपूर्ण स्थिति का वर्णन मिलता है :

ये पीड़क जन्तुएँ अनुत्पादक उपभोक्ताओं की तरह
झुंड में घूमते हैं
और शस्यागारों एवं तलगृहों में गुप्त बैठकें करते हैं
इनमें से कुछ प्रवचन देते हैं या बक-बक करते हैं
लकड़ियों में, खेतों में, अस्तबलों में,
खोखले वृक्षों में, नादों में और टेबुलों के ऊपर।[6]

और आगे वह लिखते हैं :

> अक्टूबर में ब्राउनिस्ट सिनेगॉग नामक पुस्तिका के लेखक ने लन्दन के सत्रह अलगाववादी उपदेशकों का नाम दिया जिनमें प्रमुख थे—नमदा बनानेवाला ग्रीन, बटन बनानेवाला मार्टर, बैलगाड़ी चलानेवाला स्पेन्स तथा दस्ताना बनानेवाला रिचर्ड रोजर्स, नवम्बर में 'धार्मिक दुश्मन' के लेखक ने यह शिकायत की कि इंग्लैंड के अधिकांश स्थान विभिन्न तरह के विचारों से बहुत ज्यादा एम्स्टरडैम्नीकृत हो गए हैं; कि धर्म प्रत्येक मधुशाला और मदिरालय की सामान्य बातचीत एवं टेबुल गप का विषय बन चुका है; और दिसम्बर में बिशप हॉल ने हाउस ऑफ लॉर्ड्स से कह दिया कि लन्दन और नगरांचलों में मोची, दर्जी, नमदा बनानेवाले जैसे टुटपुंजिया लोग रहते हैं और मार्गदर्शकों द्वारा उनके लिए उपयुक्त आजादी जो विभिन्न मतावलम्बियों की चार कोड़ी मंडली से कमतर नहीं हो, सुझाई गई है।[7]

यद्यपि इन विरोधियों का बहुत ज्यादा राजनीतिक प्रभाव नहीं बन पाया और शीघ्र ही वे अपनी विरासत को इंडिपेंडेंट्स और उनकी सबसे मौलिक शाखा लेवलर्स और डिगर्स पर आगे बढ़ाने के लिए छोड़ दिए। अगली सदी के दौरान जब इंग्लैंड में संसदीय प्रभुसत्ता के समर्थकों ने अंग्रेज राजा की सत्ता को चुनौती दी, तो लेवलर्स और डिगर्स ने वहाँ के राजनीतिक जीवन को बदलने में महती भूमिका अदा की।

राजा के साथ 1647 ई. की अपनी लड़ाई में पादरी संघ सत्तावादी जिन्हें संसद में बहुमत प्राप्त था, राजा को विचारण के दायरे में लाने के सवाल पर डगमगाने लगे। लेकिन, इंडिपेंडेंट्स जिनकी संख्या सेना में अधिकथी, राजा को विचारण के दायरे में लाने के पक्षधर थे। इसके लिए वे दबाव बना पाने में पूरी तरह सक्षम थे। साथ ही, उपासना पद्धति के सवाल पर भी विवाद था। पादरी संघ सत्तावादी

उपासना पद्धति को बदलने के समय पूरे देश में समान रूप से अपनी निजी उपासना पद्धति को आरोपित कर देना चाहते थे। इंडिपेंडेंट्स ने इसका विरोध किया। वस्तुतः वे उपासना की स्वतंत्रता से सम्बन्धित विचार के समर्थक थे। इस विषय पर आजादी के सबसे बड़े समर्थक वे लेवलर्स और डिगर्स थे जिन्होंने इंडिपेंडेंट्स की मौलिक शाखा का निर्माण किया था। अपने पूर्ववर्ती ब्राउनवादियों और बैरोवादियों की तरह इन मजदूरों ने भी आबादी के निर्धनतम स्तर का प्रतिनिधित्व किया। उन्होंने उन कारीगरों और छोटे उस्तादों का प्रतिनिधित्व किया जिनकी आर्थिक स्थिति एकाधिकारों के विकास से संकट में थी। उन्होंने उन निस्सहाय सिपाहियों का प्रतिनिधित्व किया जिनके बकाये वेतन का संसद भुगतान करना नहीं चाहती थी। किन्तु, सबसे महत्त्वपूर्ण यह है कि मतावलम्बियों को ऐसी आशंका थी कि गृहयुद्ध के दौरान स्वतंत्रता का आनन्द उठाने के बाद संसद धार्मिक स्वतंत्रताओं में कटौती कर देगी। चूँकि ये आबादी के निर्धनतम वर्ग का प्रतिनिधित्व करते थे, इसलिए समता से सम्बन्धित धार्मिक स्वतंत्रता की माँग के पक्षधर हो गए। इसमें इस तरह का विचार शामिल था कि सार्वजनिक भूमि सबों की है। डिगर्स ने भी इस तरह की भूमि को जोतने और कब्जा करने का प्रयास किया था, इसीलिए उन्हें डिगर्स की संज्ञा दी गई। उनकी अत्यन्त महत्त्वपूर्ण राजनीतिक माँगें थीं—कम से कम उन लोगों के लिए मताधिकार का विस्तार जो नौकर नहीं थे, दैनिक मजदूर नहीं थे या जिन्हें हल्की राहत भी नहीं मिलती थी, संसदीय क्षेत्रों का अत्यधिक न्यायसंगत विभाजन, संसद के क्षेत्राधिकार से लोगों के धर्म को मजबूर करने या सैन्यबलों में सेवा देने के लिए उन पर दबाव डालने की शक्ति को हटाना, सम्पत्ति पर आनुपातिक कर के बदले उत्पादन शुल्क लगाना, एकाधिपत्यों एवं स्वत्वों का उन्मूलन, ऋण के लिए कारावास या हत्या को छोड़कर अन्य आपराधिक मामलों में मृत्युदंड की सजा को खत्म करना। वस्तुतः इंडिपेंडेंट्स के विचार इन माँगों से बहुत परे थे तथा सरल ईसाई मत के समर्थन की माँग करते हुए उन्होंने उन विचारों को अभिव्यक्त किया जो समाजवाद और लोकतंत्र के सबसे मौलिक रूप का पूर्वगामी प्रतीत होते थे। उदाहरणार्थ, उनके एक प्रचारक थॉमस एडवर्ड ने लिखा था :

> यह देखकर कि सभी मनुष्य प्राकृतिक रूप से आदम के पुत्र हैं तथा आदम से ही वैध तरीके से स्वामित्वाधिकार और स्वतंत्रता प्राप्त किए हैं, इसलिए कानून और सरकार, पद और दर्जा में अन्तर के बावजूद इंग्लैंड और सभी अन्य देशों तथा हर देश के सभी खास व्यक्तियों को स्वतंत्र एवं प्राकृतिक स्वच्छंदता के संग एक समान ढंग से रहना चाहिए, तथा न्यायोचित अधिकारों एवं मनुष्य के विशेषाधिकारों, जिनका वह वारिस है, का उपभोग करना चाहिए, और इस तरह अधिकारों में समान एवं जमींदारों के बराबर होना चाहिए। चूँकि सभी मनुष्य स्वतंत्रता, स्वच्छंदता और स्वामित्व पसन्द करने

> के प्राकृतिक अधिकारों के साथ एक समान ढंग से जन्म लेते हैं तथा जैसे हम प्रकृति के हाथों ईश्वर से तमाम नैसर्गिक आजादी और स्वामित्व के साथ पैदा हुए हैं, इसलिए हमें अपने जन्मसिद्ध अधिकारों और विशेषाधिकारों का उपभोग करते हुए जिन्दा रहना है।[7]

यद्यपि उन लोगों ने अनुदार संसद से संघर्ष के दौरान क्रॉमवेल का समर्थन किया था, लेकिन क्रॉमवेल को उनका समतावादी और स्वतंत्रतावादी विचार स्वीकार्य नहीं था। अन्ततः क्रॉमवेल ने अपनी तानाशाही में उसे दबा दिया। लेकिन, मिल्टन के रूप में उनके पास एक महान विजेता था। मिल्टन ने पादरियों की बढ़ती अनुदारता पर इन शब्दों में दुख व्यक्त किया था—'दी न्यू प्रेस्बीटर इज ए प्रिस्ट रिट लार्ज।' उसने अपनी 'एरोपैजिटिका' के रूप में अभिव्यक्ति की आजादी पर प्रथम महानिबन्ध भी लिखा था। इन विषयों पर मिल्टन और समतावादियों के विचार समय से इतना आगे थे कि उन पर आज भी तारीख नहीं दी जाती है और इसे एक उदाहरण के रूप में उन असंख्य लोगों के समक्ष जिनके पास अभी राजनीतिक सत्ता है, रखा जा सकता है।

पुनर्स्थापना के बावजूद ये विचार हवा में ज्यादा फैले हुए थे। अंग्रेज अब पुरानी स्वेच्छाचारी सत्ता को स्वीकार करने के लिए तैयार नहीं थे। फलस्वरूप, राजा जेम्स-2 और आबादी के विभिन्न वर्गों के बीच एक सार्वभौमिक संघर्ष चला जिसके कारण राजा जेम्स-2 का निर्वासन हुआ तथा जनता की सहमति से विलियम और मैरी ने सत्ता सँभाली। इससे 1688 ई. की क्रान्ति की आधारभूमि तैयार हुई तथा एक सांविधानिक राजतंत्र के साथ अंग्रेजी लोकतांत्रिक प्रणाली के वृहत् ढाँचे का मार्ग प्रशस्त हुआ। विचार के इस वातावरण ने जॉन लॉक के राजनीतिक स्वतंत्रता के सबसे स्थायी सिद्धान्त को भी अस्तित्व में लाया। करीब एक सदी बाद हुई अमेरिकी क्रान्ति नेताओं के विचारों को बदलनेवाले सबसे महत्त्वपूर्ण प्रभावों में एक साबित हुई।

लॉक के विचार में इंडिपेंडेंट्स का वह विचार मौजूद था कि मनुष्य स्वतंत्र और समान होता है। लेकिन, इस आजादी के स्रोत में हलका बदलाव हुआ। इंडिपेंडेंट्स उत्साही धार्मिक व्यक्ति तथा सुदृढ़ धार्मिक परम्परा के उत्तराधिकारी थे। उन्होंने इन स्वतंत्रताओं की कल्पना आदम और ईव से जुड़ी मनुष्य की सामान्य वंश-परम्परा के रूप में की। लेकिन, लॉक एक तर्कबुद्धिवादी थे और वह अपने समय की उभरती वैज्ञानिक मनोदशा के अनुरूप चलनेवाले व्यक्ति थे। इसलिए, प्रकृति उनमें ईश्वर का स्थान ग्रहण करती है और मनुष्य के जन्मजात अधिकार ईश्वर का वरदान होने की जगह प्रकृति प्रदत्त अधिकार बन जाते हैं। इस तरह उन्होंने लिखा :

> मनुष्य प्राणी जैसा कि कहा गया है, स्वभावतः पूरी तरह स्वच्छंद, समान और स्वतंत्र होता है, इस स्थिति से किसी को वंचित नहीं किया जा सकता है और न ही बिना सहमति के किसी को दूसरे की राजनीतिक सत्ता के अधीन किया जा सकता है। एक ही तरीका है जिसके द्वारा किसी को उसकी इस प्राकृतिक आजादी से वंचित किया जाता है और उस पर नागरिक समाज का बन्धन डाल दिया जाता है। वह तरीका है, किसी का दूसरे व्यक्ति के साथ समुदाय में रहने के लिए सहमत होना, यह सहमति आराम, सुरक्षा और शान्तिप्रिय जीवन जीने के लिए, अपनी सम्पत्ति के निरभ्र उपभोग तथा जो इस समुदाय के नहीं हैं उनसे बचाव के खयाल से होती है। यह काम मनुष्य किसी भी संख्या में कर सकता है क्योंकि यह बाकियों की स्वतंत्रता को किसी तरह की क्षति नहीं पहुँचाता है; उन्हें छोड़ दिया जाता है क्योंकि वे प्रकृति की दशा की आजादी में थे। जब मनुष्य किसी भी संख्या में कोई इस तरह का समुदाय या सरकार बनाने के लिए सहमत होता है तो तत्काल उन्हें मिला लिया जाता है और एक राजनीतिक निकाय गढ़ लिया जाता है जहाँ बहुमत के पास काम करने और शेष का अन्त करने का अधिकार होता है।[8]

वह प्रत्येक व्यक्ति के अहस्तांतरणीय अधिकार के सिद्धान्त पर आधारित राज्य का एक पूर्ण सिद्धान्त विकसित करते हैं। राजा और जनता के बीच के करार के पुराने विचार को जनता के बीच के अपने समझौते के विचार से बदल दिया जाता है। इस तरह, शासक की वैधता का पता पूरी तरह उन लोगों से लगता है जिनके अधिकार सदा अनुल्लंघित होते हैं। वह बाद के अपने विचार में इंडिपेंडेंट्स के विचारों से साझा करते हैं।

समझौते की आवश्यकता का वर्णन करते हुए वह लिखते हैं :

> यदि प्रकृति की अवस्था में मनुष्य इतना मुक्त हो जैसा कि कहा गया है, यदि वह अपने व्यक्तित्व और स्वामित्व का परमस्वामी हो, बड़े लोगों के बराबर हो तथा किसी के अधीन नहीं हो, तो वह क्यों अपनी आजादी का पक्ष लेगा ? वह क्यों अपने साम्राज्य का त्याग करेगा तथा वह क्यों स्वयं को किसी दूसरी सत्ता के नियंत्रण और प्रभुत्व के अधीन करेगा ? इसका जवाब साफ है कि प्रकृति की अवस्था में यद्यपि उसके पास ऐसा अधिकार प्राप्त है, लेकिन अभी भी इसका उपभोग कर पाना अनिश्चित है और हमेशा इस पर दूसरों के आक्रमण का खतरा बना रहता है। चूँकि सभी उसके जितने बड़े राजा हैं, उसकी बराबरी के हैं तथा दूर-दूर तक न्याय का कोई सख्त पर्यवेक्षक नहीं है, इसलिए राज्य के अन्दर उसके पास जो सम्पत्ति है उसका उपभोग काफी असुरक्षित है। फलस्वरूप, वह एक ऐसी स्थिति छोड़ जाने की इच्छा करने लगता है जो चाहे कितना भी स्वतंत्र हो, भय और खतरे से

भरी होती है। यह अकारण नहीं है कि वह इसकी तलाश करता है तथा उस तरह के दूसरे लोगों से जुड़ने की इच्छा रखता है जो पहले से एकबद्ध हैं एवं अपने उन जीवनों, स्वतंत्रताओं और सम्पत्तियों के आपसी परिरक्षण हेतु एक होने का मानस रखते हैं, जिन्हें मैं सम्पत्ति की सामान्य संज्ञा देता हूँ।[9]

ऐसा न हो कि इसका यह अर्थ लगाया जाए कि राजनीतिक अवस्था और इसकी स्वतंत्रताएँ उस अर्थ में सम्पत्ति की रक्षा करने के लिए ही होती हैं जैसा कि आज लगाया जाता है। लॉक ने सम्पत्ति को जिस तरह परिभाषित किया है, उस पर ध्यान देना यहाँ जरूरी है। सम्पत्ति के बारे में लॉक के विचार को हेराल्ड जे. लास्की ने निम्नलिखित शब्दों में व्याख्या की है :

लॉक सम्पत्ति के मूल को आदिम साम्यवाद में देखते हैं। मनुष्य जब भी किसी वस्तु से अपने श्रम को मिला देता है तो यह सम्पत्ति व्यक्तिगत स्वामित्व में अन्तरित हो जाती है। स्वामित्व का यह श्रम सिद्धान्त आधुनिक समाजवाद के माँ-बाप हॉग्सकिन और थॉम्पसन के हाथों में रहा।[10]

निस्सन्देह, लॉक द्वारा प्रस्तावित करार के भेद की ऐतिहासिकता को किसी नागरिक समाज या राज्य के आधार के रूप में गम्भीरता से नहीं लिया गया। लेकिन, इसी से एक गहरे अनुभूत विचार को ऐसे जोड़ा जाता है कि वह इसके संयोजन के खास समय के लायक बने।

व्यक्तिगत आजादी और राजनीतिक संस्थाओं के बारे में लॉक के विचार एक अर्थ में लोकतांत्रिक संविधान के सभी उत्तरवर्ती राजनीतिक आन्दोलनों पर छा गए। 1789 ई.में फ्रांस की नेशनल असेम्बली द्वारा बनाए गए व्यक्ति के अधिकारों की घोषणा में खासकर उसके प्रथम दो अनुच्छेदों में लॉक के ही विचार प्रतिगुंजित होते हैं। यह निम्न प्रकार है :

1. मनुष्य जन्मना स्वतंत्र और समान है तथा अपने अधिकारों के सन्दर्भ में वह हमेशा स्वतंत्र और समान बना रहता है। इसलिए, नागरिक भेद केवल लोकोपयोगिता के आधार पर ही किया जा सकता है।
2. सभी राजनीतिक संगठनों का अन्त मनुष्य के प्राकृतिक और अहार्य अधिकारों का संरक्षण है, और ये अधिकार हैं—स्वतंत्रता, सम्पत्ति, सुरक्षा का अधिकार और उत्पीड़न के प्रतिरोध का अधिकार।

उसी तरह के बुनियादी विचार अमेरिकी क्रान्ति के बाद अधिकारों की वर्जीनिया घोषणा में प्रतिगुंजित हुए जिसने घोषणा की :

हम यह कहते हैं कि ये सत्य स्वयंसिद्ध है कि सभी मनुष्य जन्मना समान होते हैं, कि उन्हें अपने सर्जक द्वारा निश्चित अहस्तांतरणीय अधिकार उपहार में मिले हुए हैं, कि इन उपहारों में शामिल है जीवन, आजादी और

> खुशी की तलाश। यह कि इन अधिकारों की सुरक्षा करने के लिए मनुष्यों के बीच सरकारों की नियुक्ति होती है जिसके पास शासितों की सहमति से उपयुक्त शक्ति प्राप्त होती है...

इन सांविधानिक विकासों के पीछे दूसरे प्रभाव भी काम कर रहे थे जैसे रूसो और मांटेस्क्यू के वैचारिक प्रभाव। मांटेस्क्यू पर, हालाँकि, 1729–31 ई. के बीच वहाँ पर उनके ठहराव के दौरान इंग्लैंड के रिवाजों और विचार की परिव्याप्त आबोहवा का गहरा प्रभाव पड़ा था। किसी भी मामले में व्यक्ति के अहस्तांतरणीय अधिकार का विचार ज्यादातर लॉक का ही था जो इंडिपेंडेंट्स और मतविरोधियों के पूर्ववर्ती आन्दोलनों से निकला था।

उसी तरह के विचार थॉमस पैने के लेखों में प्रतिध्वनित होते हैं। थॉमस पैने अमेरिकी और फ्रांसीसी क्रान्तियों के आदर्शों के महान विजेता और प्रचारक बन गए थे। प्राकृतिक और नागरिक अधिकारों पर उन्होंने लिखा :

> प्राकृतिक अधिकार वे होते हैं जो मनुष्य से उसके अस्तित्व की निगाह में सम्बन्धित होते हैं। इस प्रकार के अधिकारों में सभी बौद्धिक अधिकार शामिल हैं या दिमाग से सम्बन्धित अधिकार शामिल हैं और अपने निजी आराम और खुशी के लिए व्यक्तिगत रूप से काम करने के वे अधिकार भी शामिल हैं जो दूसरों के प्राकृतिक अधिकारों के लिए हानिकारक नहीं होते हैं। नागरिक अधिकार वे होते हैं, जो मनुष्य से उसके समाज का सदस्य होने के कारण सम्बन्ध रखते हैं। प्रत्येक नागरिक अधिकार में इसकी नींव हेतु व्यक्ति में पहले से मौजूद कुछ प्राकृतिक अधिकार होते हैं लेकिन उसके उपभोग के लिए उसकी व्यक्तिगत सत्ता सभी मामलों में पर्याप्त रूप से सक्षम नहीं होती है।[11]

यह देखा गया है कि आरम्भ में रोम के ईसाई शहीदों को प्रेरित करनेवाले विचार और उपासना पद्धति की स्वतंत्रता के वही विचार सोलहवीं सदी में इंग्लैंड के विरोधियों के बीच फिर से प्रकट होते हैं और इंडिपेंडेंट्स के माध्यम से मध्य सत्रहवीं सदी के दौरान लॉक तथा अमेरिकी और फ्रांसीसी क्रान्तियों तक बने रहते हैं। अमेरिका में उपनिवेशियों को प्रेरित करनेवाला आरम्भिक विचार था, 'अंग्रेजों का अधिकार'। इस बारे में यह कहा गया है कि अंग्रेज जहाँ भी जाएँ अधिकार उनके साथ रहता है। इससे 'प्रतिनिधित्व नहीं तो कर नहीं' का विचार उत्पन्न हुआ और अन्ततः 'स्वतंत्रता की अमेरिकी घोषणा' का विचार प्रकट हुआ। 'अंग्रेजों के अधिकार' से 'मनुष्यों के अधिकार' तक पहुँचना महज कुछ कदमों का फासला था क्योंकि यही एक विषय था जिस पर हर जगह लोगों के विचार एक समान थे। पहले–पहल अंग्रेजों के अधिकार के अन्तर्गत किस तरह से अमेरिकावासियों को

लाने का प्रयास किया गया, यह एक इतिहासकार के निम्नलिखित शब्दों से मालूम पड़ता है :

> न्यूयार्क में अक्टूबर 1765 ई. में सम्पन्न हुए स्टाम्प एक्ट महासम्मेलन का बड़ा ऐतिहासिक महत्त्व था। इसमें लोगों की भीड़ स्वत:स्फूर्त थी। प्रथम औपनिवेशिक सम्मेलन के रूप में यह स्वतंत्रता के लिए मील का पत्थर था। उपनिवेशों पर सम्राट की सर्वोच्च सत्ता को स्वीकार करते हुए भी इसने उपनिवेशों के मामले को पूरी तरह अंग्रेजों के मौलिक अधिकारों पर डाल दिया, और इन अधिकारों में सबसे पहले इसने 'प्रतिनिधित्व नहीं तो कर नहीं' के सिद्धान्त को रखा।[12]

आगे चलकर ये ब्रितानी, अमेरिकी और फ्रांसीसी विकास यूरोप और दुनिया के अन्य हिस्सों में लोकतांत्रिक विकास के मॉडल बन गए।

अमेरिका और यूरोप में जिस तरह से आजादी के विचार ने ठोस और राजनीतिक संस्थागत रूप धारण किया, उस तरह से गैर-यूरोपीय मुल्कों में नहीं हो सका क्योंकि परिस्थितियों में अन्तर था। दूसरी जगहों पर आजादी की यह अन्त:प्रेरणा दूसरे रूप में प्रकट हुई। उदाहरण के तौर पर, भारत में इंग्लैंड के मतविरोधियों के आन्दोलन के समानान्तर भक्ति आन्दोलन था जो भिन्न रूप में आजादी का एक बड़ा आन्दोलन था।

भारत में वर्णव्यवस्था और जाति-विभाजन के कारण धर्म समाज के आर्थिक और सामाजिक संगठन से गहरे रूप से जुड़ा हुआ था। वस्तुत: धर्म का मतलब अनेक तरह की अनुष्ठानिक रस्मों से था जहाँ ब्राह्मण पुजारियों की प्रधानता थी। उपनयन जैसे कुछ खास तरह के कर्मकांड थे जिन्हें शूद्र नहीं कर सकते थे। शूद्र वर्ण व्यवस्था के अन्दर सबसे निचले पायदान पर थे। फलस्वरूप, वे बहुत से धार्मिक कर्मकांडों और गुणों से वंचित थे। साथ ही, उन्हें सैद्धान्तिक शिक्षा ग्रहण करने के आजादी नहीं थी। बहुत से ऐसे अछूत थे जन्हें मन्दिर में अथवा सार्वजनिक पूजा-स्थलों पर जाने की आजादी नहीं थी क्योंकि ऐसा माना जाता था कि उनकी उपस्थिति से न केवल ऊँची जाति के लोग बल्कि ब्राह्मण देवता भी प्रदूषित हो जाते हैं। अनेक मामलों में शूद्र और अछूत स्थायी रूप से वैसे निर्धनतम व्यक्ति थे जो अपमानजक धन्धों से जुड़े हुए थे जिनसे तुच्छ आय प्राप्त होती थी। यह सब उपनिषद् सम्बन्धी इस ज्ञान के बावजूद होता रहा कि एक ही सर्वोच्च शक्ति है जो समूचे ब्रह्मांड में ऊपर या नीचे एक समान व्याप्त रहती है। निम्न क्रम का निम्न स्तर कर्म के संस्थापित नियम के अनुसार न्यायोचित था। उक्त नियम के अनुसार, पूर्वजन्म में किए गए बुरे कार्यों के कारण व्यक्ति को इस जन्म में अपरिहार्य रूप से कष्ट काटना पड़ता है। मुक्ति उन कार्यों को करने से मिलती है जो वर्णाश्रम धर्म के अनुसार हमें करने को मिले हुए हैं। ब्राह्मणों के इन आधार वाक्यों को एक बार

स्वीकार कर लेने पर ये आधार वाक्य एक सुस्पष्ट तार्किक व्यवस्था बन जाते थे जिनसे छुटकारा पाना मुश्किल था। इस तरह, इस दुनिया में निम्न जाति के लोग न केवल शालीन जीवन जीने से वंचित थे बल्कि इसके बाद मुक्ति से भी वंचित थे, क्योंकि वे उन गुणों से वंचित थे जो उनके जीवन को शालीन बना सकते थे।

चौदहवीं सदी से पूरे देश में स्वत:स्फूर्त ढंग से होनेवाला भक्ति आन्दोलन मुख्यत: निम्न जातियों का पुरोहितीय व्यवस्था के चंगुल से बाहर निकलने का एक प्रयास था। इस व्यवस्था ने उन्हें शारीरिक और आध्यात्मिक दोनों रूप से अपमानित किया था। जैसा कि ऊपर कहा गया है, शूद्र और अछूत ब्राह्मणों से सम्बन्धित कर्मकांड नहीं कर सकते थे। वे मन्दिर में प्रवेश नहीं कर सकते थे। शूद्रों के लिए संस्कृत के प्रयोग पर रोक थी क्योंकि यह ब्राह्मणों की पूजाभाषा थी। ब्राह्मणों की आवाज को लगभग भगवान की आवाज माना जाता था। ब्राह्मणों द्वारा धर्मग्रन्थों की की जानेवाली व्याख्या को अन्तिम शब्द माना जाता था और हमेशा यह व्याख्या शूद्रों और अंत्यजों के विरुद्ध होती थी। लेकिन 'नाम' पर भक्ति आन्दोलन के जोर से ये सारी चीजें एकबारगी बेमानी हो गईं। 'नाम' का मतलब था, भजन-कीर्तन के माध्यम से व्यक्तिगत और सामूहिक रूप से ईश्वर के नाम का पुनरुच्चार करना। इसके लिए किसी मन्दिर में जाने की जरूरत नहीं थी, दूर स्थित तीर्थस्थल पर जाने की जरूरत नहीं थी और न ही ब्राह्मण की सहायता से उत्पीड़क और खर्चीला कर्मकांड करने की जरूरत थी। इसके लिए केवल राम, कृष्ण या गोविन्द जैसे देवताओं, जिन्हें ईश्वर का अवतार माना जाता था, के प्रति व्यक्तिगत भक्ति की जरूरत थी। ज्ञान और योग के माध्यम से ईश्वर को प्राप्त करने के आरम्भिक वेदान्त सम्बन्धी लक्ष्य के समानान्तर यह भक्ति के माध्यम से ईश्वर से व्यक्तिगत रूप से जुड़ने का लक्ष्य था। ईसाई मतविरोधियों के मामले की तरह भक्ति आन्दोलन में भी व्यक्तिगत स्वतंत्रता पर ही जोर था : ईसाई मतविरोधियों में अपनी अन्तरात्मा की आवाज पर विश्वास करते हुए, जिसके माध्यम से ईश्वर बोलते थे; भक्ति आन्दोलन के मामले में भक्ति के माध्यम से, जो ईश्वर और भक्त के बीच का एक अटूट बन्धन था। इसने भगवान और आत्मा की एकरूपता के वेदान्त दर्शनशास्त्र के सिद्धान्त तथा जातियों में समाज के तीक्ष्ण विभाजन जिसकी इसने अनदेखी की थी, के बीच के प्रतिवाद को समाप्त करने का प्रयास किया। भक्ति आन्दोलन ने सही में समूचे ब्रह्मांड के ऐक्य पर जोर दिया तथा सामाजिक विभाजनों द्वारा डाले गए प्राणी और स्रष्टा के बीच के अलगाव को अस्वीकार किया।

भक्ति आन्दोलन की सबसे बड़ी उपलब्धियों में एक यह थी कि इसने मनुष्य के सोच को आजाद किया, इसे उस संस्कृत भाषा के बन्धन से मुक्त किया जो उस समय तक धार्मिक और धर्मनिरपेक्ष, दोनों तरह के ज्ञान की एकमात्र भाषा थी। संस्कृत भाषा ने समस्त ज्ञान को गूढ़ तथा विचार को निष्फल बना दिया था। उसके

बन्धन से निकलते ही मनुष्य की अनुभूतियाँ सहसा महान कविता में प्रकट होने लगीं। भक्ति आन्दोलन के प्रतिपादक संत कवियों में से कुछेक का भारत के उन महान कवियों में शुमार है जिन्होंने अनेक लोक भाषाओं को आकार दिया।

इतना कुछ इसलिए सम्भव हो पाया क्योंकि अत्यन्त महत्त्वपूर्ण संत कवियों में से कुछ संत कवि शूद्र वर्ण के थे या अन्त्यज थे। कबीर इस आन्दोलन के एक बड़े कवि थे। वह जुलाहा जाति के थे। जुलाहा मुसलमान बुनकरों की एक निम्न जाति थी। यह आश्चर्यजनक नहीं है कि उन्होंने अपनी साखी (उपदेशात्मक काव्य-रूप) में न केवल हिन्दुओं और मुसलमानों की पूजा पद्धति के बाह्य रूप की विडम्बना का चित्रण किया है बल्कि उनकी सामाजिक संस्थाओं की विडम्बना का भी चित्रण किया है। उदाहरणस्वरूप, कबीर उन हिन्दू संन्यासियों का उपहास करते हैं जो अपने मन को रंगे बिना कपड़े को रँग लेते हैं या अपने मन को बदलने की माला फेरे बिना हाथ की माला फेरते हैं। इसी प्रकार, वह जोर से चिल्लानेवाले उन मुल्लाओं से भी सवाल करते हैं कि क्या खुदा बहरे हो गए हैं जो इतना जोर से चिल्लाने की जरूरत पड़ गई है। वह मूर्तिपूजा के भी आलोचक थे। मूर्तिपूजा का उन्होंने उपहास किया। उन्होंने ऊँची जाति, खासकर ब्राह्मणों के ऊँचे जन्म मिथ्याभिमान पर भी करारा प्रहार किया। अपनी एक व्यंग्यात्मक कविता के माध्यम से उन्होंने पूछा कि ऊँचे जन्म का दावा करनेवाले ब्राह्मण क्या इस दुनिया में दूसरों से भिन्न तरीके से (औरत के गर्भ से पैदा होने की तरफ इशारा करते हुए) पैदा हुए हैं।

भक्ति आन्दोलन के दो महत्त्वपूर्ण व्यक्तित्व थे—एक बनारस की चमार जाति के रैदास और दूसरा, महाराष्ट्र की महार जाति के कोखामेला। महार और चमार दोनों गन्दगी फैलानेवाली अछूत जातियाँ थीं और इन दोनों ही जातियों के पारम्परिक धन्धों में एक धन्धा यह भी था कि ये गाँव से मृत जानवरों के शव को हटाते थे। रैदास का उद्‌भव पन्द्रहवीं सदी में कबीर के थोड़ा बाद हुआ था। को'ग्रामेला सम्भवतः महाराष्ट्र के एक महत्त्वपूर्ण संत कवि नामदेव से पहले पैदा हुए थे। नामदेव स्वयं दरजी जाति के थे और कोखामेला के बारे में उन्होंने बहुत सी कविताएँ लिखी थीं। रैदास की कविताओं में नामदेव का जिक्र आता है, इसलिए कहा जा सकता है कि रैदास का जन्म नामदेव के बाद हुआ होगा। रैदास यद्यपि गोविन्द के भक्त थे, लेकिन अन्य भक्त कवियों की तरह उनके प्रसंग में भी यह नाम उस सर्वव्यापी ईश्वर के अनेक नामों में से एक है। उनकी कविताओं की निम्नलिखित पंक्तियाँ इस तथ्य को स्पष्ट करती हैं कि रैदास की समझ के अनुसार भक्ति जाति और धर्म की सारी सीमाओं से परे है तथा ईश्वर तक सभी प्राणियों की पहुँच हो सकती है :

> दुनिया जानती है कि मैं जाति का चमार हूँ
> लेकिन गोविन्द बसते हैं हृदय में जो सारे गुणों के सार हैं
> मेरी जाति के लोग रोज ढोते हैं बनारस में कूड़ा-कर्कट

लेकिन मैं हूँ (रैदास) जो आपका (ईश्वर का) दास हूँ तथा जिन्दा हूँ
आपके नाम की दया पर और अब
ब्राह्मण और नामी-गिरामी लोग भी
उसके समक्ष सादर सिर नवाते हैं।

एक दूसरी जगह लिखते हैं :

ओ, अज्ञानी से बन गया ज्ञानी
सोचो जरा वाल्मीकि के बारे में
निम्न जन्म से पवित्र स्थान पर बैठाया गया उसे
राम की भक्ति से अजामिल, पिंगुला, लुभ्रु, कंचारू
को हरि मिल गए जब इतने बुरे लोगों को मुक्ति मिल गई
तो रैदास को क्यों नहीं मिल सकती है।

एक दूसरी कविता में वह लिखते हैं :

मेरे गोविन्द ही निम्न को ऊपर उठाते हैं
वह किसी से डरता नहीं
नामदेव, कबीर, तिरलोचन, साधना, सामू
सभी का उद्धार हुआ
कहे रैदास कि हरि हेतु सब कुछ सम्भव है।

आगे लिखते हैं :

उनके यहाँ अमीर या गरीब में भेद नहीं होता
ब्राह्मण, वैश्य, शूद्र और खत्री
डोम, चांडाल, म्लेच्छ कोई भी हो
सभी अपने परिवार के साथ भगवत भजन से पवित्र हो जाते हैं।[13]

महार संत कोखामेला पन्धारपुर के विट्ठल (कृष्ण का दूसरा नाम) के भक्त थे। संत कवियों की परम्परा में होने के कारण उसने भी ईश्वर की प्राप्ति हेतु नाम की कुंजी का सहारा लिया। वह इस विचार के भी थे कि भक्त का शारीरिक स्पर्श ईश्वर के लिए बड़ा सुखद होता है। एक परम्परा के अनुसार, चूँकि वह अछूत थे, उनके मन्दिर प्रवेश पर रोक थी, इसलिए वह मन्दिर से कुछ दूर खड़े होकर विट्ठल की पूजा करते थे। एक दिन विट्ठल स्वयं उन्हें मन्दिर के अन्दर लिए चले गए। मन्दिर के पुजारी संयोग से भगवान और कोखामेला की बातचीत को सुन लिया था, इसलिए वह इस अपवित्रीकरण से घोर अपमानित हुआ। फलस्वरूप, कोखामेला को एक नदी के उस पार निष्कासित कर दिया गया ताकि विट्ठल से वह दूर हो जाए। परन्तु, विट्ठल को यह विलगाव सहन नहीं हुआ। वह कोखामेला की कुटिया में गए

और उसके साथ भोजन करने बैठ गए। थोड़ा-सा दही विट्ठल के पीले वस्त्र पर गिर गया। कोखामेला के साथ विट्ठल को भोजन करते देखकर उस ब्राह्मण पुजारी को आश्चर्य हुआ। वह गुस्से से लाल हो गया तथा कोखामेला के गाल पर एक थप्पड़ जड़ दिया। पुजारी जब मन्दिर वापस लौटा तो देखा कि विट्ठल के पीताम्बर पर अभी दही के दाग हैं तथा साथ ही चेहरे पर उस थप्पड़ का दाग है जो उसने कोखामेला के गाल पर जड़ा था। इससे पुजारी को अहसास हो गया कि विट्ठल कोखामेला को बहुत चाहते हैं। इस परम्परा में सच्चाई जो कुछ भी हो, यह भक्ति आन्दोलन की जातिविरोधी और समतावादी नीति को प्रकट करती है।

कोखामेला अपने मरने के दिन तक दूसरे महारों की तरह एक साधारण मजदूर ही थे और उनका निधन उस ईंट की दीवाल गिरने से हुआ जिस दीवाल को खड़ा करने में वह काम कर रहे थे। अन्य मजदूरों के साथ कोखामेला को भी वहीं दफन कर दिया गया। भक्ति आन्दोलन का यह उल्लेखनीय पहलू है कि कबीर, रैदास, कोखामेला वगैरह संत कवियों में ज्यादातर निम्न जाति के थे, लेकिन वे ईश्वर की भक्ति या धार्मिक ज्ञान के अभ्यास से ब्राह्मणों द्वारा वंचित किए जाने की नीति का खंडन करते हुए अपने पुश्तैनी धन्धों से जुड़े रहे। रैदास की तरह कोखामेला ने भी शुद्धता और अशुद्धता तथा ब्राह्मणों तक सीमित वैदिक ज्ञान के सवाल को उठाया है। उदाहरणस्वरूप, वह अपनी एक कविता में कहते हैं :

> समस्त पंचतत्त्व समान रूप से अशुद्ध हैं
> और यह अशुद्धि पूरी दुनिया में व्याप्त है,
> ऐसा है यदि तो शुद्ध या अशुद्ध किसे कहना ?
> शरीर स्वयं गन्दगी का स्रोत है :
> वह कौन है जो शुद्ध हो पाया है ?
> मैं नहीं जानता :
> कहे कोखा मैं खुद दंग हूँ :
> कैसे किसी ने अशुद्धि से मुक्ति ले ली ?[14]

दूसरी कविता में :

> न हम विज्ञान जानते हैं, न पुराण
> वेद का एक शब्द भी हमें नहीं मालूम
> आगम की उलझनों तथा निगम के रहस्यों
> शास्त्रों में वर्णित समस्त सच्चाइयों को मैं नहीं जानता :
> योग, त्याग, अष्टधर्म पथ
> भिक्षा, नियम व अनुशासन मैं नहीं जानता :
> कहे कोखा, हे भगवान अपनी निष्कपट भक्ति में
> केवल अपका नाम गाऊँगा, ओ केशव :[15]

आगे एक कविता में पारम्परिक पुजारियों के मार्ग की तीक्ष्ण भर्त्सना में वह कहते हैं :

अभिशप्त हों उनके कर्म, अभिशप्त हों उनके सोच
अभिशप्त हों उनका जन्म, अभिशप्त हों उनका जीवन
अभिशप्त हों उनका परमात्म ज्ञान, सभी बेकार की बातें हैं,
उनके हृदय में न दया, न क्षमा, न शान्ति :
अभिशप्त हों वे हावभाव, अभिशप्त हों वे जटें
व्यर्थ का है उनका वैरागी पहनावा
कहे कोखा, अभिशप्त हो ऐसे लोगों का जन्म
अन्त में उन्हें नरक की यातनाएँ मिलेंगी :[16]

और अपनी जाति के बारे में वह कहते हैं :

अपनी दशा मैं तुम्हारे चरणों में कहूँगा
हालाँकि, हो तुम सर्वोच्च और अच्छी तरह जानते हो
मेरी जाति सबसे निम्न है
हर समय देखकर हमें, लोग चिल्लाते हैं : 'प्रदूषण-प्रदूषण' :
मेरा स्वागत करने वाला कोई नहीं
वे केवल चिल्लाते हैं : 'दूर रहो : दूर रहो' :
कहे कोखा, ढाढ़स तभी बँधेगा जब मुझे
तुम अपनी पोशाक के ढीले छोर में जमा करोगे :[17]

महाराष्ट्र के एक और महत्त्वपूर्ण संत कवि थे, तुकाराम। हालाँकि वह अछूत नहीं थे लेकिन बनिया जाति (निम्न जाति) के थे और उनके पूर्वज महाजनी (पैसा सूद पर देना) का काम करते थे। वह ईश्वर और दुनिया के सभी जीवों के ऐक्य का उपदेश देते हैं जैसा कि निम्नलिखित पंक्तियों से स्पष्ट है—

बीज के पेट से वृक्ष पैदा होता है
और वृक्ष के अन्त में बीज पुनः आ जाता है
इसी तरह हैं हम, आप और मैं :
प्रत्येक में दूसरे की उपस्थिति होती है
पानी पर तरंग पानी का शरीरांश है
कहे तुका, वस्तु और इसके प्रतिबिम्ब
दोनों मूल स्थान में विघटित हो जाते हैं।[18]

उत्तर प्रदेश में लालबेग नामक एक भंगी संत भी था। इसके अलावा छोटे-छोटे संतों की भी संख्या काफी थी। उनमें से भी ज्यादातर निम्न जाति से आते थे एवं कुछ मुसलमान थे।

ईसाई मतविरोध और भक्ति आन्दोलन, दोनों का जोर संस्थागत धर्म के बदले व्यक्तिगत धर्म पर होता है। दोनों अत्यन्त विधर्मी बन जाते हैं क्योंकि प्रत्येक व्यक्ति को धार्मिक विषयों के बारे में सोचने का अधिकार प्राप्त हो जाता है। फलस्वरूप, यह अधिकार हर चीज के बारे में अपने ढंग से सोचने का अधिकार हो जाता है। इसलिए, इस अधिकार ने एक प्राकृतिक उपसिद्धान्त का रूप ग्रहण कर लिया क्योंकि धर्म और रहस्य के क्षेत्र में सत्ता को चुनौती देने का अधिकार प्राप्त करनेवाला व्यक्ति स्वाभाविक रूप से इस अधिकार को उस धर्मनिरपेक्षता पर क्षेत्र में विस्तारित करना चाहता था जहाँ उसके व्यक्तिगत निर्णय के गलत होने की उम्मीद काफी कम थी। यूरोप में हम देख चुके हैं कि इसका वहाँ काफी गहरा राजनीतिक निहितार्थ था।

परन्तु, विधर्मी परम्परा भारत की एक प्राचीन परम्परा थी। आरम्भ में भी परम्परानिष्ठता को चुनौती देनेवाले चार्वाक सरीखे सुधारवादी प्रकृति के लोग मौजूद थे। उन लोगों ने एक साथ भगवान और वेदों तथा अन्य धर्मशास्त्रों की सत्ता को नकारा था। लेकिन, भारत में उस तरह के उत्पीड़न या अत्याचार की कोई परम्परा या साक्ष्य उपलब्ध नहीं है जैसा कि यूरोप के ईसाई मतविरोधियों को झेलना पड़ा था। निस्सन्देह, अपने विश्वासपात्रों से उन्हें अपमानित होना पड़ा, लेकिन उन्हें कारावास या फाँसी की सजा नहीं मिली। कबीर के बारे में एक किंवदन्ती है कि उन्हें अपसिद्धान्तों के लिए गिरफ्तार कर सम्राट सिकंदर लोदी के समक्ष लाया गया तथा सम्राट ने उन्हें आदेश दिया कि इस संत को हाथी के पाँव तले कुचलवा दिया जाए। लेकिन, संत कबीर की तरफ बढ़ने की जगह हाथी भयभीत होकर पीछे हट गया। सम्राट ने जब खुद हाथी को कबीर की तरफ बढ़ाने का प्रयास किया तो उसने देखा कि कबीर की जगह एक शेर घुटना मोड़कर बैठा है। तब सम्राट ने अफसोस जाहिर किया। इस तरह, इस मामले में भी उत्पीड़न की कोई वास्तविक घटना घटित नहीं हुई। इस घटना की सत्यता चाहे जो भी हो, कम से कम यह उस उच्च सम्मान की तरफ इशारा अवश्य करती है जो लोगों द्वारा उन विधर्मी संतों को दिया जाता था।

हालाँकि, भारत में भक्ति आन्दोलन मनुष्य की धार्मिक अन्त:प्रेरणाओं की मुक्ति एवं लोगों की उन भाषाओं तक ही सीमित रहा जिनके अभाव ने विचार और अभिव्यक्ति को शिकंजे में जकड़ रखा था। इसने राजनीतिक तंत्र को प्रभावित नहीं किया। इसका आंशिक कारण यह है कि इंग्लैंड में धर्म और राजनीति गहरे अन्तर्ग्रथित थे। वस्तुत: इंग्लैंड में 1640 ई. से लेकर सत्रहवीं सदी के अन्त तक के राजनीतिक नाटक का ज्यादातर हिस्सा राजाओं एवं उन अनेक लोकप्रिय समूहों के धार्मिक विश्वास पर खेला गया जो संसदीय पार्टी के आगे-पीछे जमा होते थे। दूसरी तरफ, भारत में तेरहवीं सदी से जिसके बाद भक्ति आन्दोलन की शुरुआत

होती है, राजनीतिक सत्ता उन मुसलमान शासकों के हाथ में रही जिन्हें अपनी प्रजा के धार्मिक विश्वास से कोई मतलब नहीं था। शायद यह शासकों की शुद्ध स्वार्थपरता थी कि वे काफी बड़ी तादाद वाले अपने उन गैर-मुसलमान नागरिकों की धार्मिक आस्थाओं में दखल देने के बारे में सोच भी नहीं सकते थे। लेकिन, यह उस तथ्य का भी परिणाम हो सकता है कि अरब जगत और इस्लाम, जिनसे इसका परिचय दसवीं सदी से पन्द्रहवीं सदी तक जुड़ा हुआ था, उदार विचारों, विज्ञान और शिक्षा का अग्रदूत बन गया था तथा आज के मुसलमान शासकों की रूढ़िवादी मतान्धता उनके अन्दर नहीं थी। इस तरह, मुसलमान शासकों में इस बात के लिए एक स्वाभाविक झुकाव था कि सभी क्षेत्रों में स्वतंत्र विचार को स्वीकृति दी जाए।

राजनीतिक नरेशों और संगठित जनसमूहों के बीच विवाद उत्पन्न होने का कोई अवसर भी नहीं था। यूरोप में सामन्ती प्रथा ने अपेक्षाकृत एक कमजोर शाही सत्ता का निर्माण किया था, लेकिन भारत में राजनीतिक सत्ता हमेशा से काफी केन्द्रीकृत और सुदृढ़ थी। इस तरह यूरोप और भारत के राजनीतिक ढाँचे में अन्तर था। भारत में वैसा कोई नगर नहीं था जिस पर कुछ खास मामले में राजाओं से स्थानीय स्वायत्तता का चार्टर प्राप्त करनेवाले नागरिकों का आधिपत्य हो। अन्ततः यह यूरोप में संसदीय प्रभुता के सिद्धान्त की पराकाष्ठा पर पहुँच रहा था, क्योंकि हम देख चुके हैं कि वहाँ सामन्तों और बाद में शहरी लोगों ने अपनी निजी माँगों को लेकर राजाओं से दो-दो हाथ किए, फलस्वरूप लोगों के सत्ताधिकार का विस्तार हुआ। दूसरी तरफ, भारत में सम्राटों का नियंत्रण इतना पूर्ण था कि किसी तरह का विद्रोह यदि कहीं हुआ, तो वह ज्यादातर खुद सम्राटों के स्थानीय गवर्नरों का काम होता था।

स्वतंत्रता की अन्तःप्रेरणा को आस्था और विचार के क्षेत्र तक सीमित रखने में एक दूसरा कारक काम किया होगा। यद्यपि इस तरह के नगर, जहाँ राजा या सम्राट निवास करते थे, सीधे सम्राट के अधीन होते थे। लेकिन, सर्वोच्च सत्ता ग्रामीण लोगों के जीवन में हस्तक्षेप नहीं करती थी। इसके बदले ग्रामीण लोगों को कर के रूप में अपने उत्पाद का कुछ अंश राजा को देना पड़ता था और राजा के लिए यह अनिवार्य था कि वह नहरों और सड़कों का विस्तार करे तथा उसे ठीक-ठाक रखे एवं प्रजा को लूटमार से बचाने की न्यूनतम सुरक्षा मुहैया करे। अधिकांशतः लोगों का जीवन पारम्परिक नियमों और स्थानीय संस्थाओं से संचालित होता था। इस तरह, राजा और प्रजा के बीच स्वार्थ की लड़ाई का अवसर लगभग नहीं के बराबर था। यह भी एक कारण था कि शासकों या शासक वंशों के बदलाव के बाद भी प्रजा के जीवन पर कोई व्यापक प्रभाव नहीं पड़ा। इन्हीं कारकों के चलते भक्ति आन्दोलन का प्रभाव धर्मनिरपेक्षता वाले प्रभाव क्षेत्र में नहीं फैला तथा राजनीतिक सम्बन्ध संयमी और असंयमी राजसी सत्ता के पारम्परिक ढाँचे में बना रहा।

विज्ञान का युग और विचार की स्वतंत्रता

यूरोप में विचार स्वातंत्र्य के आन्दोलन से एक दूसरा कारक भी शक्तिशाली ढंग से जुड़ गया था। वह कारक था, वैज्ञानिक सोच में आया उफान जो पन्द्रहवीं सदी के आरम्भ से ही जारी था। ईसाई यूरोप के लिए यूनानियों, खासकर अरस्तू ने भौतिक दुनिया की प्रकृति पर अन्तिम शब्दोच्चारण किया था। टालेमी खगोल विज्ञान जिसने धरती को केन्द्र में लाया तथा खगोलीय पिंडों की अवलोकित गतियों की गणना करने के लिए चक्रों एवं अधिचक्रों की एक जटिल प्रणाली विकसित की, ईसाई-जगत के धार्मिक मनुष्यों के लिए एक पवित्र हठमत बन गया था। अरस्तू के लगभग समकालीन सामोस के अरिस्टार्कस, जिसने एक सूर्यकेन्द्री विचार प्रकट किया था, अज्ञात ही रह गए। मान्य धर्म सिद्धान्तों को चुनौती देने का जिस किसी ने भी साहस किया, उसने धार्मिक मनुष्यों के हाथों मौत के घाट उतार दिए जाने या उत्पीड़ित होने का जोखिम उठाया। मानवीय सोच की इस शान्तचित्तता में निकोलस कोपरनिकस (1473-1543), जो पोलैंडवासी होने के साथ-साथ एक ईसाई भी था, ने एक विस्फोटक बारूद रख दिया। उसने यह विचार प्रकट किया कि सूर्य केन्द्र में रहता है तथा धरती और अन्य ग्रह इसके चारों तरफ चक्कर लगाते हैं। इस विचार के जरिए तमाम खगोलीय पिंडों की गतियों को पहले के सिद्धान्तों की तुलना में ज्यादा आसानी और शानदार तरीके से स्पष्ट किया जा सकता है। किन्तु, उसने इतना ध्यान रखा कि अपने विचारों में वास्तविक भौतिक घटनाओं के जिक्र न कर केवल गणना करने के एक सरल तरीके को उद्धृत किया। साथ ही, उसका यह लेख स्वयं पोप को समर्पित था। किसी तरह उक्त लेख के प्रकाशित होने के तुरन्त बाद ही उसका निधन हो गया। इस तरह वह धर्म न्यायाधिकरण के क्रोध से बच गया।

परन्तु, इस विचार से वैज्ञानिकों की कल्पना में बिजली कौंध गई। तुरन्त सभी जगह उनके विचारों की जाँच होने लगी तथा उन पर विमर्श होने लगा। एक दूसरा दार्शनिक जियोर्दानो ब्रूनो (1548-1600) के रूप में पैदा हुआ। वह इटली का था एवं उत्साह से भरा हुआ था। वह समझौतावादी नहीं था, इसलिए उसका अन्त बड़ा दर्दनाक हुआ। उसने भी यही विचार प्रकट किया कि धरती नाचती है। इसके अलावा इन विचारों को प्रकट किया कि अन्तरिक्ष अनंत है तथा दूसरी दुनिया निवास करने योग्य नहीं है, इत्यादि। ये सभी विचार चर्च के धर्मसिद्धान्त के विपरीत थे। 1592 ई. में धर्म न्यायाधिकरण ने उसे वेनिस में गिरफ्तार कर लिया तथा उस पर अपसिद्धान्त का आरोप लगाया। अन्त तक ब्रूनो अपने विचार पर डटा रहा। अन्ततः सत्य की विजय होती है, इस बात पर ब्रूनो को इतना विश्वास था कि उसने अपने न्यायाधीशों से यहाँ तक कह दिया कि मैं आपसे जितना भयभीत नहीं हूँ उससे

ज्यादा आप लोग मुझसे भयभीत हैं। सात वर्षों के विचारणोपरान्त उसे खम्भे से बाँधकर जिन्दा जला दिया गया।

लेकिन, इस घटना से नए ज्ञान की वह लहर रुक नहीं पाई जो लोगों के दिमाग को जकड़े हुई थी। पुन: एक दूसरे इटलीवासी गैलीलियो (1564–1642) ने पुराने विश्वासों के विरुद्ध अपने प्रयोगों के साथ आगे के प्रमाणों को पूरा किया। उसने अपने नए आविष्कृत दूरबीन को खगोलीय पिंडों की तरफ किया तथा चन्द्रमा के मसूरिका चिह्नवाले तल तथा सूर्य–धब्बों का पता लगाया। इस खोज से खगोलीय पिंडों की पूर्णता में जो पुराना विश्वास था, उसकी जड़ कट गई। गैलीलियो ने यह बतलाया कि किसी पिंड पर यदि दो बल लग रहे हों तो भी उन बलों के अधीन पिंड एक साथ घूम सकता है और यही कारण है कि सभी भौतिक पिंडों पर समान रूप से काम करनेवाली धरती के घूर्णन से वस्तुओं की अपनी सामान्य गति में किसी तरह का व्यवधान नहीं होता है। इससे कोपरनिकस के धरती के घूमने सम्बन्धी विचार के गम्भीरतम विरोधों में से एक का निपटारा भी हो गया। गैलीलियो काफी हट्टा–कट्टा तो थे ही, एक प्रभावशाली वक्ता और लेखक भी थे। अन्तत: उन पर शाश्वत सत्यों के अभिभावकों का क्रोध जग गया। उन्हें धर्म न्यायाधिकरण द्वारा गिरफ्तार किया गया तथा काफी उत्पीड़ित किया गया। वह सत्तर साल के हो गए थे तथा चेतावनी के रूप में ब्रूनो की घटना सामने थी, इसलिए उन्होंने निर्णय किया कि खगोलीय पिंडों की प्रकृति और पृथ्वी की गति के बारे में जो कुछ कहा है, उसे छोड़ दें। लेकिन एक किंवदन्ती के अनुसार जब वह इस विचार का परित्याग कर अपने घुटनों के बल खड़े हुए तो उनके मुँह से धीमे स्वर में निकल गया—'एप्पर सि मूवे' (अभी भी यह घूमती है अर्थात् पृथ्वी)। उनकी यह वास्तविक या काल्पनिक बुदबुदाहट न केवल उनके समय के बल्कि भविष्य के भी धर्म न्यायाधिकरण का सबसे प्रभाव अभ्यारोपण थी। यह इस साधारण सत्य का अभिकथन था कि एक वस्तुपरक वैध विचार या सत्य का आधार सत्ता के इशारे पर कराए गए बलात् मतत्याग या संस्वीकृति के बदले बना रहता है।

यद्यपि वैज्ञानिकों के विचार से सहमत होने में चर्च को कई सदियाँ लग गईं, अन्तिम विश्लेषण में यह अकेले हानि में रहा। वैज्ञानिक समुद्घय तथा सामान्य जन वैज्ञानिक विचारों की प्रामाणिकता को समझते हुए विज्ञान के पक्ष में चर्च को नजरअन्दाज कर दिया। अब एक नया क्रोधावेश जगा जिसके अन्तर्गत विचारों की जाँच उनकी प्रासंगिकता या अवलोकित तथ्यों से उनकी अनुरूपता के आधार पर करने का प्रयास हुआ। इससे भी उन अन्तिम सच्चाइयों के दावे के बारे में संशय उत्पन्न हो गया। चूँकि प्रत्येक सिद्धान्त को स्वीकार करने के पहले उसकी जाँच होती थी तथा नए तथ्यों से हमेशा एक पुराना विचार बदला जा सकता था, इसलिए सार्वभौमिक सच्चाइयों की उस पुरानी धारणा से जो लोगों के मात्र चुनिन्दा वर्ग में

ही व्याप्त थी, लोगों का विश्वास पूरी तरह उठ गया। इसका एक स्पष्ट निष्कर्ष निकला। यदि कोई विचार परम प्रामाणिकता का दावा नहीं कर सकता है और आज जिसे सत्य समझा जाता है कल वह गलत साबित हो जा सकता है, तो सभी विचारों को बने रहने का अधिकार प्राप्त है क्योंकि आज जो विचार गलत लगता है वह कालान्तर में नए अनुभवों के साथ प्रामाणिक सिद्ध हो सकता है। इसने स्वाभाविक रूप से विचार-स्वातंत्र्य के विचार को सुदृढ़ किया।

यद्यपि इस विचार को सिद्धान्त रूप में स्वीकारा जा चुका था, लेकिन इसे अक्सर उन्माद की दशा में या स्वार्थ के प्रबल प्रयोजन के तहत भुला दिया जाता था। इस तरह की एक अत्यन्त शर्मनाक घटना 1789 ई. की फ्रांस की क्रान्ति के दरमियान घटी थी। यद्यपि फ्रांसीसी स्वतंत्रता की देवी की पूजा करते थे, लेकिन महाक्रान्ति के उन्माद में क्रान्तिकारी घटनाएँ भीड़ शासन में तब्दील हो गईं। आधुनिक रसायनशास्त्र के जनक लावेजियर (1743-1794) भी टैक्स फार्मिंग के लाभुक बन गए थे जो कि प्राचीन शासन के अन्तर्गत फ्रांस की एक घृणित संस्था थी। इस तथ्य को मरात ने कब्जे में कर लिया। मरात एक आन्दोलनकारी नेता था जिसे कभी लावेजियर ने मान्य वैज्ञानिक कारणों से विज्ञान अकादमी में घुसने से मना कर दिया था। मरात लोगों को उस वैज्ञानिक के विरुद्ध आसानी से खड़ा कर दे सकता था, इसलिए वैज्ञानिक की निन्दा की गई। लेकिन, लावेजियर ने जब यह कहकर इसका विरोध किया कि वह केवल एक वैज्ञानिक हैं तो उन्हें दो-टूक जवाब मिला—'इस गणराज्य को वैज्ञानिकों की जरूरत नहीं है।' इस तरह 1794 ई. में लावेजियर का सिर काट लिया गया। लेकिन, फ्रांसीसियों को तुरन्त इस बात का अहसास हो गया कि उन्होंने बहुत घृणित काम किया है। तब दो वर्षों के भीतर ही पूरे फ्रांस में वे उनकी प्रतिमाएँ खड़ी करने लगे। फिर भी, यह एक अपूरणीय क्षति थी।

पुनः इस घटना ने यह साबित कर दिया कि सारे लोगों की अनुमति ले ली भी जाए तो भी निर्णय में त्रुटि रह जा सकती है तथा किसी विचार का निषेध या विचार के लिए किसी का निन्दन करने से समाज को असाध्य क्षति पहुँच सकती है।

सत्रहवीं सदी से विज्ञान मानवीय सक्रियता का सबसे सम्मानित क्षेत्र बन गया। उन्नीसवीं सदी से लोगों के जीवन में आधुनिक तकनीक के आगमन के साथ परिवर्तन का एक उत्तोलक भी लग गया। इसकी मौलिक आधारिका, जिसे विचार और पूछताछ की स्वतंत्रता की जरूरत होती है, को आसानी से अनदेखा नहीं किया जा सकता है। वैज्ञानिक जोश जैसे-जैसे बढ़ता गया, इसने अनेक युग-सम्मानित मतों की पकड़ को अलग से महत्त्व देना शुरू कर दिया। उत्तरवर्ती पीढ़ियों में यह निश्चित रूप से आजादी के अन्दोलन का बड़ा मददगार साबित हुआ।

सन्दर्भ

1. अन्ने पालिस्टर, मैग्नाकार्टा हेरिटेज ऑफ लिबर्टी, ऑक्सफोर्ड यूनिवर्सिटी प्रेस, 1971, पृ. 120
2. वही
3. कार्ल मार्क्स, टुआर्ड ए क्रिटिक ऑफ हेगेल्स फिलॉसफी ऑफ राइट ऐन इंट्रोडक्शन, सेलेक्टेड राइटिंग्स, एडिटेड बाई डेविड मैकमिलन (ऑक्सफोर्ड यूनिवर्सिटी प्रेस 1977), पृ. 71
4. अन्ने पालिस्टर, मैग्नाकार्टा हेरिटेज ऑफ लिबर्टी, पृ. 11
5. माइकेल आर. वट्ट, दी डिसेंटर्स, क्लेरेन्डेन प्रेस, ऑक्सफोर्ड, 1976, पृ. 79-80
6. वही, पृ. 80
7. कोटेड बाई गॉडफ्रे डेविज, इन दी ऑक्सफॉर्ड हिस्ट्री ऑफ इंग्लैंड, दी अर्ली स्टुअर्ट्स (ऑक्सफोर्ड, 1979), पृ. 197
8. लॉक्स टू, ट्रिटाइज ऑफ गवर्नमेंट : एक क्रिटिकल एडिशन विद इंट्रोडक्शन एंड नोट्स बाई पिटर लासलेट, सेकेंड ट्रिटाइल, कैम्ब्रिज 1970, पृ. 348
9. वही, पृ. 368
10. लास्की, हेराल्ड जे., पॉलिटिकल थॉट इंग्लैंड फ्रॉम लॉक टू बेन्थन, ग्रीनवूड प्रेस, कनेक्टिकट, 1977, ओरिजनली 1920, पृ. 41
11. थॉमस पैने, दी राइट्स ऑफ मैन, इंट्रोड्यूस्ड बाई आर्थर सेल्डन, जे.एम. डेंट्स एंड संस लि., लन्दन, एवरीमैन्स लाइब्रेरी 1966, पृ. 49
12. डेक्स्टर पार्किन्स एंड ग्लिन्डॉन जी. वान डेसेन, दी यूनाइटेड स्टेट्स ऑफ अमेरिका : ए हिस्ट्री टू 1876, वॉल्यूम-1, मैकमिलन, न्यूयॉर्क, 1968
13. गुरुग्रंथ साहिब में उद्धृत कविताओं का नजदीकी अनुवाद
14. कोटेड बाई चार्लोट वॉडेविले फ्रॉम दी सकल संत गाथा इन भक्ति इन साउथ एशियन रिजनल लिटरेचर, साउथ एशियन डायजेस्ट ऑफ रिजनल राइटिंग, एडिटर गुन्थर डी. सॉन्थेइमर, साउथ एशिया इंस्टीच्यूट, हिडेलबर्ग, वॉल्यूम-6, 1977, पृ. 67
15. वही, पृ. 69
16. वही, पृ. 68
17. वही, पृ. 68
18. ट्रांसलेटेड बाई दिलीप चित्रे, साउथ एशियन डायजेस्ट ऑफ रिजनल राइटिंग, वॉल्यूम-6, 1977, एडिटर गुन्थर डी. सॉन्थेइमर, साउथ एशिया इंस्टीच्यूट, हिडेलबर्ग।

अध्याय-5

सुरक्षा का संस्थानीकरण न्यायपालिका की स्वतंत्रता

आजादी का अभिप्राय विचारों की आजादी के अलावा कार्य करने की आजादी भी होता है। लेकिन मानव समाज में जहाँ तक कार्य का सम्बन्ध है, सभी तरह के कार्य की आजादी के बारे में नहीं सोचा जा सकता है। प्रकृति की अवस्था जिसे सामाजिक संविदा के अनेक सिद्धान्तों के तहत इस संविदा का पूर्ववर्ती होना समझा जाता था, अब निश्चित मान्यताओं की एक उपयोगी कथा से अधिक कुछ नहीं है। अधिकांश आरम्भिक सम्प्रदायों के पास भी सत्ता के निश्चित संकेत और प्रणालियाँ हैं जो अपने सदस्यों के आचरण पर रोक लगाते हैं। इसलिए, वास्तविक व्यवहार में स्वतंत्रता का अभिप्राय हमेशा स्वेच्छाचारी सत्ता से स्वतंत्रता ही रहा है। नागरिक समाज में स्वतंत्रता का मतलब होता है, राजनीतिक सत्ता पर मनमाना आचरण करने की रोक और उन स्वीकार्य कायदे और कानूनों को मानने की जनता की इच्छा जिन्हें वह खुद मिल-जुलकर तैयार की होती है।

तब, आजादी एक अर्थ में कानून का शासन बन जाती है। लेकिन, वह कानून व्यक्ति की अभिव्यक्ति की आजादी और उसके मर्यादाबोध का उल्लंघन नहीं करता है। वह कानून जो आजादी और मर्यादा का उल्लंघन करता हो, कानून हो ही नहीं सकता है क्योंकि उसमें एक स्वाभाविक स्वेच्छाचारिता होती है जिसे केवल उन व्यक्तियों या समूहों की मंजूरी मिली होती है जो अपनी इच्छा दूसरों पर आरोपित करते हैं। सेंसरशिप की चर्चा करते हुए मार्क्स ने इस सम्बन्ध में एक प्रभावशाली वक्तव्य दिया। उसने लिखा :

> अतएव, प्रेस से सम्बन्धित कानून प्रेस की आजादी की विधिक पहचान है। यह कानून है क्योंकि यही आजादी का सकारात्मक अस्तित्व है। इस तरह, इसे निश्चित रूप से हर समय मौजूद रहना चाहिए, जहाँ यह सेंसरशिप के दौरान लागू नहीं है जैसा कि उत्तरी अमेरिका में है, गुलामी की तरह यह विधिक नहीं हो सकता है यद्यपि कानून के रूप में हजारों बार मौजूद रहा हो।

> वर्तमान समय में कोई निरोधात्मक कानून नहीं है। कानून केवल मनाही कर रोकता है और ज्यों ही इसका उल्लंघन होता है यह सक्रिय कानून बन जाता है। इसमें जब स्वतंत्रता का अचेतन प्राकृतिक कानून राज्य का सचेतन कानून बन जाता है तो यही केवल सच्चा कानून होता है; जहाँ सच्चा कानून होता है अर्थात् जहाँ स्वतंत्रता का अस्तित्व होता है, वहीं यह व्यक्ति की आजादी का सच्चा अस्तित्व होता है...[1]

परन्तु इस तथ्य से यह समस्या जटिल बन जाती है कि लोगों का सामूहिक निर्णय भी मनमाना, पक्षपातपूर्ण या उत्तेजना के भय से दूषित हो जाता है। हमने पूर्व में फ्रांसीसियों के ऐसे सनकी व्यवहार के उदाहरण को उद्धृत किया है जिन्होंने लावेजियर का गला घोंट दिया। हमारे पास खुद उस यूनानी जगत के दो महत्त्वपूर्ण उदाहरण हैं जिसने हमें 'प्रजातंत्र' शब्द दिया था। एक उदाहरण इफेसस के लोगों का है जिन्होंने प्रसिद्ध दार्शनिक हिरक्लिटस के समकालीन हर्मोडोरस को निर्वासित कर दिया था। हर्मोडोरस को इफेसस का सबसे बुद्धिमान व्यक्ति समझा जाता था। इसलिए, पेरिसवासियों की तरह इफेसस के लोगों ने इस तर्क पर उन्हें निर्वासित कर दिया कि उन्हें किसी सबसे ज्यादा बुद्धिमान व्यक्ति की जरूरत नहीं थी, तथा यह कि हर्मोडोरस को यदि अन्य लोगों से ज्यादा बुद्धिमान बनना ही था, तो वह ऐसा दूसरे लोगों के बीच करता। इस निर्णय पर उस दार्शनिक को इतना गुस्सा आया कि उसने इफेसस के लोगों को सलाह दी कि नगर की कमान बच्चों को सौंपकर सामूहिक रूप से आत्महत्या कर लें। दूसरा उदाहरण सुप्रसिद्ध सुकरात का है जिन्हें एथेन्स के लोगों ने अपमानित किया था। एथेन्सवासी क्रोधित थे क्योंकि सुकरात असुविधाजनक सवाल करते थे, और वे सवाल उनके आत्मतोष में विघ्न डालते थे। हालाँकि, उनके गिर्द युवा जिज्ञासुओं की भीड़ जमा रहती थी। इसलिए, उन पर युवाओं को भ्रष्ट बनाने का आरोप लगाया गया। इसके लिए उनकी भर्त्सना की गई। सजा के तौर पर उन्हें दो विकल्प दिए गए। पहला यह कि वह देश छोड़कर चले जाएँ और दूसरा यह कि विषगर्जर निगलकर प्राण त्याग दें। सुकरात ने दूसरे विकल्प को पसन्द किया। इस घटना से उनके शिष्य प्लेटो इतना उत्तेजित हो गए कि वह प्रजातंत्र के दुश्मन बन गए। उन्होंने अपनी सारी प्रतिभा प्रजातंत्र को नीचा दिखाने में लगा दी।

किन्तु, यह केवल गलत कर रहे लोगों के स्वाभाविक व्यवहार का प्रश्न नहीं है। हर युग में कुछ महत्त्वाकांक्षी लोग रहे हैं जो अपने राजनीतिक लाभ के लिए लोगों का दिमाग घुमा देने का प्रयास करते हैं। आधुनिक तानाशाहों में से अधिकांश ने सत्ता प्राप्त करने के लिए इस उपकरण का इस्तेमाल किया है और सत्ता प्राप्त कर लेने के बाद सत्ता का मनमाने ढंग से इस्तेमाल किया है। लेकिन, यह कुल मिलाकर आधुनिक तानाशाहों द्वारा रखी गई कोई नई बात नहीं है। पुनः यह चालाकी यूनानवासियों को मालूम थी। हमें 'निरंकुश' शब्द उन्हीं से मिला है। प्राचीन निरंकुश

शासक आधुनिक तानाशाहों के समतुल्य थे। अपने गणतंत्र में प्लेटो हमें एक जननेता की मोहक सत्ता का स्पष्ट चित्र प्रदान करते हैं जो निस्सन्देह यूनानी जगत के उनके निजी अनुभव पर आधारित है। प्लेटो लिखते हैं :

> एक लोकप्रिय नेता के साथ ठीक वही चीज घटित होती है। वह जो कहता है, जनता वही काम करती है। उसमें भाई का खून बहाने की लिप्सा बहुत ज्यादा होती है। वह उसके विरुद्ध सामान्य अन्यायिक आरोप लगाता है, उसे कचहरी तक घसीटता है तथा उसकी हत्या कर देता है। इस तरह, वह एक मानवीय जीवन को बर्बाद कर अपने भाइयों के रक्त का स्वाद चखता है। उनको उकसाने वाला जब तक घातक रूप से दुश्मनों द्वारा विनष्ट कर दिए जाने या आदमी से भेड़िया बन जाने तथा स्वयं को अत्याचारी बनाये रखने के लिए बाध्य रहता है, निर्वासन, फाँसी, ऋणमाफी के संकेत तथा भूमि के पुनर्वितरण का काम चलता रहता है।

'ऋणमाफी के संकेत और भूमि का पुनर्वितरण', इसके पास आधुनिक तानाशाहों के वचनों पर दृष्टिपात करनेवाली एक मारक आधुनिक अँगूठी है। प्लेटो के शिष्य अरस्तू आगे अपनी 'पॉलिटिक्स' में एक जननेता का वर्णन करते हुए हमारे अपने समय का पूर्वस्वाद कुछ यूँ बताते हैं :

> लोग कानून को लाँघ जाते हैं और जननेता अपने पक्ष में निर्णय देता है। वह प्रत्येक मामले को लोकप्रिय सदन में रखता है। इसलिए वह महान बन जाता है क्योंकि सभी चीजें जनता के हाथ में होती हैं और उसके हाथ में जनता का वोट होता है। जनता उसे खूब सुनना चहती है। किसी दंडाधिकारी के विरुद्ध कोई शिकायत हो तो कहा जाता है, 'जनता को ही न्यायाधीश होना चाहिए', जनता इस तरह की बात पर गद्‌गद हो जाती है; इस तरह हर कार्यालय के अधिकार को खत्म कर दिया जाता है।

अरस्तू यह भी कहते हैं कि सभी निरंकुश शासक मूलतः जननेता ही थे। वह एक घटना की तरफ इशारा करते हैं जो वर्तमान समय में अक्सर घटित होती है। वह कहते हैं कि मतदाताओं से अपील कर न्यायिक सत्ता और कानून को लाँघने का प्रयास किया जाता है।

लोकभावन सम्प्रभुता के विचार को रूसो के 'सोशल कॉन्ट्रैक्ट' में उल्लेखित सामान्य इच्छा के सिद्धान्त से जायज ठहराया गया है। इस विचार पर किसी तरह की रोक नहीं रहती है। फ्रांस की क्रान्ति के दौरान इस तरह के विचार का अच्छा प्रभाव था। वर्तमान समय में भी कुछ अतिवादी दक्षिणपंथी और वामपंथी समूहों में यह काफी लोकप्रिय है।

सामाजिक संविदा (सोशल कॉन्ट्रैक्ट) को यदि इसके तत्त्वों में अनावृत्त

किया जाए तो आप देखेंगे कि इसे निम्नलिखित शब्दों में संक्षिप्त किया जा सकता है : हममें से हर कोई अपना साझे का व्यक्ति देता है और उसका सारा अधिकार उस सामान्य इच्छा के सर्वोच्च निर्देश के अधीन रहता है : और हम अपनी कॉरपोरेट क्षमता से प्रत्येक सदस्य को समूचे के एक अविभाज्य अंश के रूप में प्राप्त करते हैं।

यहाँ हम देखते हैं कि संविदा के बाद जब सामान्य इच्छा बनती है तो हम व्यक्ति की स्वतंत्रता के आधारवाक्य से शुरू होकर एक वैसी अवस्था में पहुँच जाते हैं जहाँ व्यक्ति समूह में अपनी स्वतंत्रता खो देता है। लेकिन हम देख चुके हैं कि यह समूह किसी स्वेच्छाचारी शासक की तरह निरंकुश और अविवेकी हो जा सकता है। यह प्रजातंत्र की इस तरह की चुनौती से सामना करने के लिए था कि उपकरणों का निर्माण सत्ता के हर तरह के मनमाने इस्तेमाल पर अंकुश लगाने के लिए किया जाए।

इंग्लैंड में मैग्नाकार्टा के दिनों से ही इस दिशा में कुछ विकास होता आ रहा था। उस समय केवल राजा के पास ही राजनीतिक अधिकार होता था, इसलिए स्वाभाविक तौर पर सुरक्षा का इस्तेमाल राजाओं के मनमाने क्रियाकलाप के विरुद्ध किया जाता था। लेकिन, चार्टर में 'जमीन का कानून' उल्लेखित था और राजा इस चार्टर का उल्लंघन नहीं कर सकते थे। इस कानून के उद्धरण से राजा पर इस तरह की सीमा आयत की जाती थी। चार्टर के उक्त कानून की अवधारणा पूर्व में ही की जा चुकी थी। इस तरह, इंग्लैंड में एक 'सामान्य कानून' की परम्परा विकसित हुई जिसके अनुसार अंग्रेजों की आजादी की रक्षा करनेवाला एक सामान्य कानून बहुत दिनों से रहता चला आ रहा था। वस्तुतः सामान्य कानून निश्चित रीति-रिवाजों की तरह ही था। प्राचीन काल में यायावर न्यायाधीश होते थे जो घूम-घूमकर राजा के नाम से मुकदमों का निष्पादन करते थे। जहाँ कोई कानून लागू नहीं होता था, ऐसे मामले में वहाँ के स्थानीय रिवाज का अनुसरण किया जाता था। लोग स्मृति के आधार पर उक्त फैसले की जाँच करते थे कि क्या पहले भी इस तरह के मामले में ऐसा ही निर्णय सुनाया गया था। इन रिवाजों की जड़ें लोगों के अनुभव में थीं जिनके अनुसार राज अदालत और न्याय की सम्बद्धता ने धीरे-धीरे लोगों को कानून का एक ओहदा दे दिया। इस तरह, कानूनी व्यवहार का एक स्वरूप खड़ा हो गया और इसने एक प्रकार की अपरिवर्तनशीलता हासिल कर ली। यद्यपि एक समय इसे नई वास्तविकताओं पर आजमाने में इसका एक प्रतिक्रियावादी प्रभाव होता था, लेकिन एक खास समय पर इसने स्वेच्छाचारी सत्ता के विरुद्ध एक शक्तिशाली सुरक्षा के रूप में भी काम किया और लोग इस नाम पर अपनी चिर-सम्मानित आजादी की रक्षा हेतु उसका जहाँ भी उल्लंघन होता उन्हें दिखा, प्रदर्शन करने लगे। लन्दन नगर कांड में 1610 ई. में न्यायालय ने अपने निर्णय में यह स्पष्ट कहा कि शाही एकस्व भी किसी शून्य

अध्यादेश को वैध नहीं कर सकता है तथा सामान्य अधिकारों के विरुद्ध किसी भी तरह के शाही अधिकार-दान शून्य हैं। सचमुच, जब सभी विधायी और न्यायिक मामलों में शाही सत्ता सर्वोच्च थी, उस वक्त यह निर्णय एक साहसिक वक्तव्य के रूप में आया।

सोलहवीं सदी के अन्त तक एडवर्ड कोक के रूप में सामान्य कानून परम्परा का एक बड़ा ध्वजधारक मिल गया जिसने सामान्य कानून की रक्षा में अनेक कानूनी लड़ाइयाँ लड़ी। उसने यह स्थापित कर दिया कि संसद का कोई कार्य यदि 'सामान्य अधिकार और तर्क' के विरुद्ध है तो सामान्य कानून उसे शून्य घोषित कर सकता है। बाद में इसकी व्याख्या न्यायालय के उस चिर-सम्मानित अधिकार के रूप में की गई कि संसद के कार्य से यदि नैसर्गिक अधिकारों का उल्लंघन होता है तो न्यायालय को उसे शून्य घोषित करने का अधिकार होगा। आगे चलकर इस नैसर्गिक अधिकार की जगह राष्ट्र का संविधान आ गया।

ऐसी सीमाएँ न केवल राजाओं के अधिकार पर बल्कि संसद के अधिकार पर भी लगाए जाने की जरूरत थी। सत्रहवीं सदी के मध्य का अनुभव बताता है कि उस वक्त अनेक बार सत्ता एक हाथ से दूसरे हाथ में गई, पहले यह राजा से संसद के पास गई, फिर तानाशाह क्रॉमवेल के पास गई और इस तरह पुनः राजाओं के पास वापस आ गई। यद्यपि 1688 ई. से विलियम और मैरी ने राजसी युग्म की तरह शासन किया, लेकिन जनता और संसद के शासन के अधिकार को पूरी तरह स्वीकार किया गया था। पूर्व के अनुभव से जनता को अनेक अधिकार प्राप्त हुए। इससे सत्ता के दुरुपयोग पर पहले से ही रोक लगा दी गई। 1688 ई. के बाद विभिन्न कानूनों के माध्यम से, बन्दी प्रत्यक्षीकरण का अधिकार, सावधिक संसद, एक महत्त्वपूर्ण सीमा तक धार्मिक सहिष्णुता, प्रेस की आजादी, न्यायपालिका की स्वतंत्रता और सरकार की विधायी शाखा द्वारा वित्त नियंत्रण, सभी चीजें एक सार्थक सीमा तक स्थापित हो गईं। मांटेस्क्यू 1729 ई. से 1731 ई. तक इंग्लैंड में था। वह इन घटनाओं से बेहद प्रभावित हुआ। उसने देखा कि राजनीतिक संस्थाओं के नियंत्रक सत्ता का दुरुपयोग करते हैं तथा सत्ता के विभाजन और न्यायपालिका की स्वतंत्रता पर प्रभाव डालते हैं। उसके पास सामान्य कानून परम्परा में गूँथित पूर्व की न्यायपालिका की स्वतंत्रता की किंवदन्ती थी। इन्हीं प्रभावों की वजह से उसने कार्यपालिका, विधायिका और न्यायपालिका के अधिकारों के विभाजन की वकालत की। उसने कानून की भावना से लिखा :

> विधायिका और कार्यपालिका सम्बन्धी अधिकार जब एक ही व्यक्ति या मजिस्ट्रेट में निहित हो जाएँ तो स्वतंत्रता नहीं रह सकती है क्योंकि ऐसी आशंका हो जा सकती है कि ऐसा न हो कि वही राजा या राज्य परिषद् उन अधिकारों को निरंकुश तरीके से कार्यान्वित करने के लिए निरंकुश कानून बनाने लगे।

> पुनः यदि न्यायिक शक्ति विधायिका एवं कार्यपालिका से अलग नहीं है तो वहाँ कोई आजादी नहीं है। यदि यह विधायिका से जुड़ी होती तो जीवन और विषय की आजादी स्वेच्छाचारी नियंत्रण में चली गई होती; तब न्यायाधीश को विधायक होना पड़ता। यदि यह कार्यपालक शक्ति से जुड़ी होती तो न्यायाधीश हिंसा और उत्पीड़न का व्यवहार करता।
>
> विनीत लोगों का निकाय हो या जनता का, यदि एक ही निकाय को इन तीनों शक्तियों का प्रयोग करना हो अर्थात् कानून बनाने, लोक प्रस्ताव को क्रियान्वित करने और व्यक्तिगत लोगों के अधिकारों का विचारण करने का काम...तो प्रत्येक चीज का अन्त हो गया होता।[2]

यह विचार बदले में संयुक्त राष्ट्र के संविधान के सर्जकों को गहरे प्रभावित किया जहाँ प्रथम लिखित संविधान स्पष्ट रूप से प्रभावित अधिकारों के साथ अस्तित्व में आया। इस संविधान के सर्जक न्यायपालिका के क्षेत्र का अतिक्रमण करनेवाली विधायिका के खतरे से उतना ही ज्यादा वास्ता रखते थे जितना विधायी अधिकारों की चेष्टा करनेवाली न्यायपालिका से था। इस सम्बन्ध की बाबत जुलियस गोएबेल जूनियर लिखता है :

> यदि स्वतंत्रता के पूर्वग्रह की कुछ प्रत्यक्ष अभिव्यक्ति थी तो न्यायपीठ की अतिरिक्त न्यायिक नियुक्ति के विरुद्ध संविधान सभा (1286-87 की संविधान सभा) के गैर-समझौतावादी रुख का मांटेस्क्यू की उस चेतावनी के लिए सम्मान किया जाना चाहिए कि जब तक न्याय करने के अधिकार को कार्यपालिका एवं विधायिका से अलग नहीं किया जाता, 'आजादी नहीं आ सकती है'।[3]

हालाँकि, अलगाव की इस दृढ़ रेखा को सदा कायम नहीं रखा जा सकता है क्योंकि विधान की व्याख्या के कार्य में कभी-कभी गूढ़ार्थ भी निहित होते हैं जो क़ानून के मूलभाव से कहीं ज्यादा मालूम पड़ते हैं, यद्यपि यह कानून के कुछ अक्षरों का उल्लंघन करता हुआ भी प्रतीत हो सकता है। न्यायालय का यह कार्य निश्चित रूप से उस दृढ़ता में एक सुधार है जिस पर कि पारम्परिक कानून लागू किए जाने का प्रयास किया गया था। जब तक इस प्रकार की उदार व्याख्या को स्वीकृति नहीं मिली, वर्तमान जनविचार को प्रतिबिम्बित करनेवाले निर्वाचित विधायकों के पूर्वग्रह एवं मस्तिष्क के पुराने भाव को प्रतिबिम्बित करनेवाली कानूनी व्याख्या के बीच काफी अन्तराल रह जाता था। लेकिन न्यायालय को उस अल्पकालिक लोकविचार में निहित पक्षपात से भी बचाव करना होता है जो कि विधानमंडलों द्वारा उठाया जाता है या कार्यपालिका के कार्यों में प्रतिबिम्बित होता है। संयुक्त राष्ट्र में तो सर्वोच्च न्यायालय अक्सर काफी दकियानूस रहा है, लेकिन वर्तमान में यह उन

विधानमंडलों से आगे निकल चुका है जो कि रूढ़िवादी लोकविचार के दबाव में रहते थे। रंगभेद की नीति को समाप्त करने की दिशा में सर्वोच्च न्यायालय का निर्णय ऐसा ही था। ब्राउन बनाम शिक्षा बोर्ड (1954) के मुकदमे में पारित अपने ऐतिहासिक निर्णय में सर्वोच्च न्यायालय ने यह घोषणा की कि सरकारी स्कूलों में नस्ल के आधार पर भेदभाव करना गैर-संवैधानिक है। इस पर संयुक्त राष्ट्र के दक्षिणी राज्यों के अनेक रंगभेद समर्थकों ने सोचा कि विधानमंडल के क्षेत्र में यह सर्वोच्च न्यायालय का एक अतिक्रमणकारी कार्य है। लेकिन, जब तक न्यायालय अपनी स्वायत्तता का निर्वाह करना या समय की माँग के मुताबिक पुराने कानूनों और संविधानों में नई जान फूँकना छोड़ नहीं देता है, कुछ हिस्सों से इस तरह की नाखुशी को आमंत्रित करना अपरिहार्य है। यह आवश्यक है क्योंकि कानून और संविधान की अनुल्लंघनीयता के मिथकों के बावजूद वे सभी अपने समय की निर्मित वस्तु हैं और अपने पुराने रूप में हमेशा लोगों के जीवन पर बन्धनकारी नहीं हो सकते हैं। थॉमस पैन अपनी पुस्तक 'दी राइट्स ऑफ मैन' में इसे निम्नलिखित शब्दों में व्यक्त किया है :

> प्रत्येक युग और पीढ़ी को अपने पुराने युग और पीढ़ी की ही तरह सभी मामलों में अपने लिए काम करने की आजादी होनी चाहिए। अनुदान से परे शासन करने का अनुमान और दम्भ अत्यन्त हास्यास्पद है तथा सभी निरंकुश शासनों का अवमानक है...

किन्तु, कानूनी व्यवहार की परम्परा के तहत कार्य करते हुए न्यायालय इतिहास और परम्परा के परिप्रेक्ष्य में भी किसी विषय को देखता है और किसी अस्थायी आकर्षक मुद्दे पर आधारित जनप्रिय नेता के आह्वान से पैदा हो सकनेवाले उन अत्याचारों पर रोक लगाने का भी कार्य करता है। इसलिए अपनी रूढ़िवादिता के साथ भी न्यायालय उन कुछेक स्वतंत्रताओं को सुरक्षित जरूर रखता है जो समय के साथ अलोकतांत्रिक प्रकृति के भारी बदलावों के विरुद्ध संस्थागत रूप धारण कर चुकी हैं। निस्सन्देह, यदि बहुत बड़ा विप्लव हो तो न्यायालय वास्तविक संरक्षक नहीं बन सकता है क्योंकि अन्तत: न्यायालय का अस्तित्व प्रबल लोक प्राधिकार की सहनशीलता पर ही टिका होता है। न्यायपालिका की स्वतंत्रता के लिए इस प्राधिकार में न्यायपालिका की विशेष भूमिका को समझने एवं उन्हें कार्यपालिका या विधायिका का हामी बनाने के लालच से बचे रहने की समझ शक्ति होनी चाहिए।

स्वतंत्र प्रेस, आजादी का अंग

प्रेस और इसकी आजादी की माँग लोकतांत्रिक प्रक्रिया और संस्थाओं के फैलते क्षेत्र

की एक आवश्यक सहगामिनी थी। हालाँकि इसके सूचना रूप में विचारों के प्रसार का माध्यम बनने के पहले ही प्रिंटिंग प्रेस का आविष्कार और विकास हो चुका था। यूरोप में यह 16वीं सदी में घटित हुआ था। इससे प्रकाशन का कल्पनातीत फैलाव हुआ तथा इसने लोगों में पढ़ने की रुचि पैदा की। जनजीवन को प्रभावित करनेवाली दैनिक घटनाओं तक को जानने की उत्सुकता पैदा हो गई। यह कोई मनबहलाव का काम नहीं था बल्कि एक जरूरत थी क्योंकि राजनीतिक निर्णय में लोकप्रिय भागीदारी का क्षेत्र बढ़ने लगा था।

यूनानी लोकतंत्र का बिना किसी प्रेस के भी प्रभावी ढंग से चलते रहना सम्भव था क्योंकि यह एक नगर राज्य था। यहाँ सभी नागरिक एक जगह जमा होकर लोक-महत्त्व के विषयों पर बहस कर सकते थे, निर्णय ले सकते थे। लेकिन, यूरोप के उन राष्ट्रों में जो कि पन्द्रहवीं सदी से अस्तित्व में आ रहे थे, इस प्रकार के आमने-सामने का विमर्श हमेशा सीमित दायरे में ही हो पाता था। समाचार-पत्रों के आने से विमर्श का यह दायरा बढ़ गया। सुदूर इलाके तक सूचना के रूप में विचारों का आदान-प्रदान होने लगा। यद्यपि समाचार-पत्र सामुदायिक विमर्श की तरह व्यक्ति से व्यक्ति के बीच का संचार का प्रभावशाली माध्यम नहीं हो सकता था, लेकिन यह कम से कम लोक-विषयों से सम्बन्धित सूचना की रूपरेखा तो प्रस्तुत कर ही सकता था। इसलिए यह एक जरूरत बन गई क्योंकि ऐसे विषयों पर नागरिकों को अपने विचार रखने की जरूरत थी। निरंकुश राजाओं के लिए राज्य की सुरक्षा के कारणों से यह जानने की जरूरत नहीं थी कि उनके कार्यों के बारे में जनता क्या सोचती है या जासूसों ने कौन सी सूचना दी है। लेकिन, विधानमंडलों के जनप्रतिनिधियों एवं स्वयं लोगों को काफी जानकारी रखनी पड़ती थी क्योंकि जीवन के पक्ष या विपक्ष में मतदान करना होता था। राज्य का भौगोलिक क्षेत्र जैसे-जैसे बढ़ता गया, राज्य के पदाधिकारियों के दुर्व्यवहार या अपराध के बारे में बिना किसी सूचना के माध्यम के तुरन्त जानकारी जुटा पाना मुश्किल होने लगा। इस तरह, प्रजातांत्रिक व्यवस्था के अन्दर राज्य के पदाधिकारियों के आचरण पर अंकुश बनाए रखने के लिए सूचना के माध्यम की महत्ता समझी गई और इसे अपनाया गया। साथ ही, नीतियों की बाबत सही निर्णय ले पाने के योग्य होने के लिए जनता एवं जनप्रतिनिधियों को जनजीवन के विभिन्न पहलुओं से सम्बन्धित देश के भीतर तैयार हो रही स्थिति से अवगत कराया जाता था। अब ये सभी कार्य सरकार एवं सरकारी अधिकारियों के नियंत्रण से मुक्त दैनिक समाचार-पत्रों एवं आवधिक पत्रों के माध्यम से किए जा सकते थे। सरकार के अधिकारी अपनी असफलता का राज बताने से डरते थे क्योंकि लोकतांत्रिक व्यवस्था में इस पर जनता से रोक लग जा सकती थी या फिर इसके लिए सरकारी अधिकारियों को दंड भी दिया जा सकता था। इस तरह, प्रेस जनता के पहरेदार की भूमिका ज्यादा

से ज्यादा अख्तियार करना शुरू कर दिया क्योंकि जनता व्यक्तिगत रूप से लोकसेवकों या अपने जनप्रतिनिधियों की गतिविधियों पर नजर नहीं रख सकती थी। इस तरह, सरकार और प्रेस के बीच शत्रुता का एक तत्त्व कायम हो गया जबकि अपनी नीतियों एवं उनकी तर्कसंगतता को प्रकाशित कराना सरकार के लिए दिन-प्रतिदिन महत्त्वपूर्ण होता जा रहा था क्योंकि नीतियों के प्रभावशाली कार्यान्वयन के लिए जनता का समर्थन चाहिए था। इसलिए, सरकारें उस तरह का समर्थन चाहती थीं जो घूसखोर हो या अधिकारियों के इशारे पर चलनेवाला हो। प्रेस को सरकार की तरफ से विज्ञापन व अन्य रियायतें देकर घूसखोर बनाया जा सकता था एवं भारी टैक्स और प्रतिबन्ध लगाकर इसे सरकार के अधिकारियों के इशारे पर चलने के लिए मजबूर किया जा सकता था। प्रेस का यह इतिहास रहा है कि इसका ज्यादातर प्रयास स्वयं को न केवल सरकार के नियंत्रण से बल्कि जनप्रतिनिधियों द्वारा डाली जानेवाली बाधाओं से भी मुक्त होने का रहा है। कहना न होगा, जनप्रतिनिधियों के विधानमंडल के अन्दर के कार्यसम्पादन को जब प्रेस के माध्यम से जनता के बीच परोसा गया, तो शुरू में यह चीज जनप्रतिनिधियों को अच्छी नहीं लग रही थी। प्रेस जनप्रतिनिधियों के लिए भी काम की चीज है, जनप्रतिनिधियों को इसका अहसास बहुत बाद में हुआ। उन्हें यह महसूस हुआ कि अपने क्षेत्र के मतदाताओं को विधानमंडल के अन्दर की अपनी गतिविधियों से अवगत कराने का प्रेस बहुत अच्छा माध्यम है।

परन्तु, प्रेस को इस प्रकार के अनेक हस्तक्षेपों और दबावों से मुक्त होने के अपने प्रयास में जनता का भी सहयोग मिला, क्योंकि जनता प्रेस की भूमिका को समझने लगी थी। जनता ने यह महसूस किया कि स्वतंत्र प्रेस वास्तव में अत्यन्त अनिवार्य चीज है। प्रेस के अभाव में न तो देश के अन्दर ही गतिविधियों की जानकारी मिल पाएगी, न ही लोक-महत्त्व के विषयों पर जनता अपना विचार प्रकट कर सकेगी। स्पष्ट हो गया कि प्रेस पर नियंत्रण रखना जनता के उन अधिकारों में कटौती करना है जो उन तथ्यों और विचारों की जानकारी से सम्बन्धित है जो कि उनके निजी हित के लिए प्रासंगिक हैं। जनता को अहसास हो गया कि इस तरह का नियंत्रण उनकी सूचना की आजादी पर नियंत्रण है। स्वाभाविक है, निरंकुश सरकारों को स्वतंत्र और निर्भीक प्रेस की जरूरत नहीं थी। इस तरह, स्वतंत्र प्रेस का भाग्य जनसाधारण की स्वतंत्रता के भाग्य से जुड़ा हुआ था। लेकिन कुल मिलाकर अनेक क्षतियों के बावजूद प्रेस ने एक के बाद एक जीत हासिल की है और अब तो तानाशाही सरकारें भी सिद्धान्ततः न केवल स्वतंत्र प्रेस के अस्तित्वाधिकार को स्वीकार करती हैं बल्कि प्रेस पर लगाए गए नियंत्रण के पक्ष में अनेक लघुकारी परिस्थितियों को इंगित करते हुए अपनी सफाई भी देती हैं।

आरम्भ में प्रेस का विकास सबसे पहले उन देशों में हुआ जहाँ पहले से थोड़ी

राजनीतिक आजादी प्राप्त थी। प्रेस का विकास प्रत्यक्ष रूप से प्रजातांत्रिक संस्थाओं के विकास से ही जुड़ा हुआ था। संयुक्त प्रदेशों (हॉलैंड और अन्य छोटे-छोटे देश) में लोगों ने समाचार-पत्रों के आगमनकाल से ही प्रेस की स्वतंत्रता का आनन्द उठाया था। यहाँ शहरी मध्यवर्ग का आधिपत्य था एवं ये प्रदेश मतभेदों के केन्द्र थे। लेकिन, प्रजातांत्रिक संस्थाओं के विकास का आचरण करनेवाले देशों में इंग्लैंड प्रथम देश था जहाँ स्वतंत्र प्रेस का विकास हुआ। इसका कारण जानना बहुत आसान है। हम देख चुके हैं कि इंग्लैंड वैसा देश भी रह चुका है जिसने आजादी के अन्य रूपों का नेतृत्व किया है। हालाँकि, सत्रहवीं सदी तक सामान्यत: यह स्वीकार्य हो चुका था कि प्रेस को थोड़ा सरकारी नियंत्रण में रहना चाहिए। उनकी गतिविधियों को सामान्यत: अनुज्ञप्ति सम्बन्धी नियमों और अन्य तरीकों से नियंत्रित किया जाता था।

इंग्लैंड में जैसा कि पूर्व में चर्चा की गई है, अभिव्यक्ति की आजादी का मुद्दा उस गृहयुद्ध के समय उठा था जिसमें राजा और संसद सम्मिलित थे। गृहयुद्ध जारी था और उसी स्थिति में त्रुटियों के साथ प्रेस की स्वतंत्रता का विकास हुआ क्योंकि लोकविचार पर प्रभावशाली ढंग से आदेश निर्गत करनेवाला कोई अधिकारी नहीं था। लेकिन संसदीय दल और उसके बाद क्रॉमवेल का ज्यों ही पूर्ण नियंत्रण कायम हुआ, अभिव्यक्ति की आजादी पर रोक लगा दी गई। पूर्व में हम बता चुके हैं कि इसी के कारण मिल्टन से एयरोपिजिटिका का प्रकाशन हुआ। हालाँकि उसके अपने जीवन काल में उसकी प्रभावशाली वकालत काम नहीं आई और प्रेस को स्वतंत्रता नहीं मिली। राजतंत्र के पुनर्स्थापन के साथ प्रेस पर और दुगुनी शक्ति से प्रतिबन्ध लगा दिया गया। किन्तु, चूँकि आजादी का जोश पहले ही जग चुका था, इसलिए जब भी स्वतंत्र प्रेस पर प्रतिबन्ध लगाया जाता था, स्वतंत्रता के विचारों को अभिव्यक्त करनेवाला गुप्त साहित्य निकल जाता था जिसे शासकवर्ग राजद्रोहात्मक मानता था। ईसाई मतविरोधी के नाम हैलिफैक्स का पत्र इसी श्रेणी का था जो बिना अनुज्ञप्ति के 1687 ई. में प्रकाशित हुआ था, यद्यपि 1685 ई. का अनुज्ञप्ति अधिनियम इस तरह के बगैर अनुज्ञप्तिवाले प्रकाशन पर रोक लगाता था।

इंग्लैंड में निन्दालेख का कानून ऐसा था कि बहुत-से अहानिकारक काम को भी निन्दाकारक और दंडनीय समझा जाता था। उदाहरणस्वरूप, यदि यह पता चल जाए कि कोई चीज शान्तिभंग करने की नीयत से लिखी गई है तो उसे आपराधिक मानहानि का कारण समझा जाता था। राजा या सरकार, संसद या भू-कानून को अपमानित करने या उसके प्रति घृणा फैलानेवाले लेख को राजद्रोहात्मक कार्य माना जाता था। धर्म की किसी भी तरह की आलोचना ईशनिन्दात्मक कार्रवाई समझी जाती थी। हाउस ऑफ लॉर्ड्स के किसी जिन्दा या मृत सदस्य के बारे में बगैर उसकी या उसके परिजनों की अनुमति के कुछ भी लिखना मानहानि का कार्य समझा जाता था और इसके लिए हाउस ऑफ लॉर्ड्स अपराध करनेवाले को सीधे दंड देता था।

मानहानि के विचारण के दरमियान अभिनिर्णायकों से कहा जाता था कि वे केवल प्रकाशन के तथ्यों को स्थापित करें, न कि प्रकाशन की प्रकृति को। कभी-कभी अभिनिर्णायक अपराध करनेवाले पक्ष के प्रति उदार दृष्टिकोण रखता था। विशेष अभिनिर्णायक कानून 1730 ने जजों को यह शक्ति दे दी कि वे उच्च सम्पत्ति योग्यताधारियों को अभिनिर्णायक के रूप में शपथ दिलाएँ। ये अभिनिर्णायक अपने पूर्व के निर्णय को उलट सकते थे। प्रेस पर प्रत्यक्ष प्रतिबन्ध नहीं था, इसके बावजूद मानहानि के वर्तमान कानून के अन्तर्गत उच्च पद या राजनीतिक शक्ति धारण करनेवाले व्यक्तियों या उनके कार्यों से सम्बन्धित कुछ भी प्रकाशित करने में प्रेस हमेशा गम्भीर खतरा मोल लेता था। तथापि, लोगों की भारी माँग थी कि अधिकारियों के बारे में सूचना दी जाए। इसलिए, अनेक मुद्रकों और प्रेसवालों ने सजा पाने तक का खतरा उठा लिया और इस तरह के मामले को छापते रहे।

फॉक्स्ज लिबेल एक्ट, 1792 के द्वारा अभिनिर्णायक को प्रकाशन के तथ्यों के साथ-साथ कथित मानहानिजनित अपराध पर भी निर्णय लेने की शक्ति दी गई। इस अधिनियम के लागू होने से एक बात हुई कि मानहानि का मुकदमा दायर करने में पहले जो मनमानी होती थी, वह समाप्त हो गई। इस मानहानि के कानून में सबसे महत्त्वपूर्ण बदलाव लॉर्ड कैम्पबेल्स लिबेल एक्ट 1843 के पारित होने से आया। इसने उस तर्क को स्वीकृति प्रदान कर दी कि कथित मानहानिमूलक प्रकाशन सही है और जनहित में है। उक्त अधिनियम के लागू होने के बाद प्रेस स्वतंत्र ढंग से वैसे लोगों की अयोग्यताओं, गलतियों और भ्रष्टाचारों को प्रकाशित करने लगा जो निर्भीक ढंग से ऊँचे पदों पर आसीन थे।

मानहानि कानून का उदारीकरण इस बात का प्रमाण है कि इंग्लैंड के लोगों में प्रजातांत्रिक संस्कार का विकास ठीक ढंग से हो रहा था। आरम्भिक काल में राजपुरुषों, सांसदों, अभिजात वर्ग के व्यक्तियों, सरकारी पदाधिकारियों एवं पादरियों को अतिपवित्र माना जाता था। इनके बारे में किसी भी तरह की आलोचना अनुपयुक्त और गन्दी चीज मानी जाती थी। लेकिन सभी मनुष्य समान हैं, इस चीज की अनुभूति जैसे-जैसे बढ़ने लगी पूर्व के सोच गायब होते चले गए। अब तो केवल वही मानहानि का मामला बनता है जहाँ किसी व्यक्ति को गलत ढंग से नीचा दिखाने का प्रयास किया गया हो, चाहे वह व्यक्ति ऊँचे तबके का हो या निचले तबके का। इस तरह, पूर्व का यह भाव कि मानहानि केवल ऊँचे तबके के लोगों की होती है, गायब हो गया और यह व्यक्ति के उद्धरण के तथ्य से उसकी प्रकृति पर निर्भर हो गया।

यद्यपि मानहानि का कानून उदार बन चुका था, फ्रांस की क्रान्ति एवं फ्रांस-इंग्लैंड युद्ध, जिसमें इंग्लैंड पराजित हुआ था, ने इंग्लैंड के शासक वर्ग को काफी भयभीत कर दिया। यह भय चैनल पार से होनेवाली आन्दोलनकारी घुसपैठ को

लेकर था। इससे प्रेस पर नए हमले हुए। 1793–95 ई. के बीच मानहानि कानून के तहत काफी संख्या में मुकदमे दायर किए गए। प्रकाशन एवं देशद्रोहात्मक विचारों के प्रचार को रोकने के उद्देश्य से 1798–99 ई. में नया अधिनियम पारित किया गया। इस नए कानून के अनुसार सभी तरह के प्रकाशनों, समाचार-पत्रों, पुस्तकों एवं पत्रिकाओं में निबन्धित मुद्रकों एवं प्रकाशकों के नाम और पता देना अनिवार्य हो गया। लेकिन सरकार ने जिस सबसे प्रभावशाली अस्त्र का इस्तेमाल किया, वह था प्रेस पर वित्तीय जिम्मेदारियों का बोझ देना ताकि बाध्य होकर प्रेस अपना प्रकाशन बन्द कर दे या प्रकाशन इतना खर्चीला हो जाए कि यह औसत पाठकों की पहुँच से बाहर हो जाए। यह काम समाचार-पत्रों और विज्ञापनों पर मुद्रांक शुल्क लगाकर एवं बढ़ाकर किया गया। 1789 ई. में शुल्क दो डॉलर तक बढ़ा दिया गया; 1815 ई. तक शुल्क बढ़कर चार डॉलर हो गया। इसके बावजूद पाठकों की संख्या में कमी नहीं हुई। 1811 ई. में 2,44,22,000 समाचार-पत्रों पर शुल्क अदा किया गया। लेकिन, इन टैक्सों के कारण समाचार-पत्रों के पाठकों की संख्या में जो वृद्धि हो रही थी, उसमें कमी आ गई। हालाँकि लोकविचार की परिपक्वता के कारण युद्ध के दौरान प्रेस पर प्रतिबन्ध नहीं लगा, यद्यपि इंग्लैंड के शासकवर्ग के लिए फ्रांस से युद्ध एक तरह से जीवन और मौत का युद्ध था।

इसके अलावा, यद्यपि युद्ध जारी था, समाचार-पत्रों ने सरकार की आलोचना करना बन्द नहीं किया और मुकदमा झेलने तक का जोखिम उठाया। 1802 ई. में सुधारवादी पत्रकार विलियन कॉबेट ने 'पॅलिटिकल रजिस्टर' नामक साप्ताहिक पत्र की शुरुआत की तथा इसके स्तम्भों का सरकारी नीतियों की आलोचना के लिए इस्तेमाल किया। 1809 ई. में कुछ नागरिक सेवाओं के कशाघात की आलोचना करने के आरोप में उसे दो साल के कैद की सजा दी गई। 'एक्जामिनर' के दो अन्य पत्रकार, जॉन और ली हंट को सुधार कार्य करने के आरोप में 1813 ई. में पाँच-पाँच सौ डॉलर और दो-दो वर्षों की कैद की सजा सुनाई गई। युद्धोपरान्त जब आन्दोलन की लहर शान्त हो चुकी थी तथा प्रतिक्रिया का दौर चालू था, सरकार ने न्यूजपेपर्स एक्ट 1789 एवं स्टाम्प ड्यूटी एक्ट्स के अन्तर्गत सुधारवादी और सस्ते समाचार-पत्रों को लाकर उन्हें दबाने का प्रयास किया। इन अधिनियमों के तहत प्रेस को पहले स्वीकृति लेनी पड़ती थी। इस दरमियान पैरोडीकार विलियम होन और रिपब्लिकन रिचर्ड चार्ली जो प्रेस की आजादी के हिमायती थे, को लम्बी कैद की सजा सुनाई गई।

परन्तु, आकस्मिक उत्पीड़न के बावजूद प्रेस की स्वतंत्रता की लड़ाई शुरू हो गई। इस निर्णायक लड़ाई के साथ विज्ञापनों पर लगाए गए टैक्स एवं मुद्रांक शुल्क का मुद्दा भी जुड़ गया। यह टैक्स और मुद्रांक शुल्क लगाने की वजह से समाचार-पत्रों की कीमत बढ़ गई और ये केवल समृद्ध व्यक्तियों की पहुँच तक ही सीमित हो गए। 1831 ई. में हेनरी हेदरिंगटन ने एक अमुद्रांकित पत्रिका 'पुअरमैन्स गार्जियन'

निकालकर इस कानून को चुनौती दी। फलस्वरूप, उसे सजा हो गई। अनेक अन्य पत्रिकाओं ने भी अखबार सस्ता करने की इस लड़ाई में अमुद्रांकित अखबार निकालकर साथ दिया और इस तरह उन सभी को सजा दी गई। यह 'अमुद्रांकन की लड़ाई' थी। उपन्यासकार बल्वर ने मुद्रांकित अखबार को 'ज्ञान पर टैक्स' की संज्ञा दी थी। उसने संसद में इस 'ज्ञान पर टैक्स' के विरुद्ध एक अभियान चलाया था। इन संघर्षों के चलते 1833 ई. में सरकार समाचार-पत्र मुद्रांक को घटाकर एक पेनी करने के लिए बाध्य हो गई और अन्ततः 1855 ई. में समाचार-पत्र मुद्रांक को लगभग समाप्त ही कर दिया गया।

परन्तु, संसद अपनी कार्यवाहियों की रिपोर्टिंग के बारे में भी काफी संवेदनशील थी और अक्सर इसकी कार्यवाहियों की रिपोर्टिंग को लेकर पत्रकारों को सजा झेलनी पड़ती थी। 1660 ई. में हाउस ऑफ कॉमन्स ने यह प्रस्ताव पारित किया कि 'इस सदन से विशेष आदेश लिए बगैर कोई भी इस सदन की कार्यवाही की रपट या टिप्पणी नहीं छापेगा।' 1694 ई. में डायर नामक मुद्रक को हाउस ऑफ कॉमन्स के कठघरे में लाया गया तथा संसदीय कार्यवाहियों की रिपोर्टिंग के लिए उसे डाँट-फटकार लगाई गई। लेकिन, पत्रकारों ने जोखिम उठाकर भी संसदीय कार्यवाहियों की रिपोर्टिंग छापना जारी रखा। जनता में उक्त रिपोर्टिंग की जबर्दस्त माँग थी। अनेक लोगों को संसद की भावना को ठेस पहुँचाने के लिए सजा दी गई। 1704 ई. में 'ऑब्जर्वेटर' के सम्पादक जॉन टचिन के प्रकाशित एक राजनीतिक विचार से संसद की भावना को ठेस पहुँची थी। फलस्वरूप, हाउस ऑफ कॉमन्स ने एक प्रस्ताव पारित किया कि टचिन के अखबार के विषय सदन की भावना को आहत और अपमानित करनेवाले हैं। इस तरह, टचिन के साथ-साथ अखबार के प्रकाशक एवं मुद्रक की गिरफ्तारी का आदेश जारी किया। सांसद रिचर्ड स्टील को भी एक अखबार का सम्पादन करने के लिए 1714 ई. में हाउस ऑफ कॉमन्स से निष्कासित कर दिया गया क्योंकि उक्त अखबार को सदन राजद्रोहात्मक मानता था। 1731 ई. में एडवर्ड केव ने 'जेंटलमैन्स मैगजीन' की शुरुआत की और संसदीय रपटों को विस्तार से प्रकाशित किया। इस तरह, वह संसद से बुरी तरह उलझ गया और 1747 ई. में उसे बाध्य होकर अपने अपकृत्य के लिए माफी माँगनी पड़ी। उसे पहले भी 1727 ई. में संसद की कार्यवाहियों की रिपोर्ट ग्लॉसेस्टर जनरल को देने के अपराध में कारावास की सजा दी गई थी। लेकिन, अन्ततः संसद पर लगा प्रतिबन्ध जॉन विक्स की निर्भीक रिपोर्टिंग के कारण समाप्त कर दिया गया। जॉन विक्स ने 1762 ई. में 'नॉर्थ बिटन' नामक पत्र की शुरुआत की और उसने सत्ता की आलोचना करने के व्यक्ति के अधिकार का दावा किया। उसे गिरफ्तारी से बचने के लिए देश छोड़ना पड़ा। उसे अपराधी घोषित किया गया। लेकिन, वैचारिक वातावरण बदलने लगा था और 1768 ई. में वह इंग्लैंड वापस आ गया और संसद के लिए चुना भी

गया। धीरे-धीरे संसद अपनी कार्यवाहियों की पूरी रिपोर्टिंग के लिए सहमत हो गई क्योंकि जनता में अपनी सरकार और प्रतिनिधियों के बारे में जानकारी रखने की इच्छा काफी बढ़ गई थी।

फ्रांस में जब तक तानाशाही व्यवस्था थी, प्रेस की आजादी के लिए वहाँ कोई जगह नहीं थी। लेकिन, 1789 ई. की क्रान्ति के साथ ही समाचार-पत्र एवं अन्य राजनीतिक साहित्य के प्रकाशन में सहसा स्फुरण हो गया क्योंकि तब के सभी विचारों और अनुभूतियों को अभिव्यक्ति चाहिए थी। इस तरह, 1789 ई. से 1800 ई. के बीच केवल पेरिस में 1350 समाचार पत्रों के प्रकाशन हुए। उनमें से ज्यादातर अखबार कम ही दिनों तक चल पाए। इनके बन्द होने के कारण बिलकुल साफ थे। लेकिन अन्य अखबार चलते रहे और अपने जीवन में उक्त क्रान्ति के साथ काफी उतार-चढ़ाव देखे। लेकिन, क्रान्ति के शुरुआती दिनों में इसने महत्त्वपूर्ण भूमिका अदा की तथा डेसमोलिन और मदात सरीखे प्रभावशाली पत्रकारों को ऊपर उठा दिया जिन्होंने जनविचार को प्रभावित करने में प्रेस का बेहतर ढंग से इस्तेमाल किया। प्रेस की स्वतंत्रता केहियर देस दोल आन्सेज (शिकायत पुस्तिका) में सम्मिलित प्रमुख माँगों में से एक हो गई तथा व्यक्ति के अधिकारों की घोषणा में इसकी गारंटी दी गई। 1791 ई. एवं 1793 ई. दोनों वर्षों में बनाए गए संविधानों में भी इसकी गारंटी दी गई। हालाँकि, क्रान्ति के तत्काल बाद के वर्षों में वातावरण राजद्रोह के सन्देह से भरा था एवं आन्दोलनकारी न्यायाधिकरण वास्तविक या काल्पनिक राजद्रोह को दबाने में व्यस्त था। इस अवधि में प्रेस को अपना अस्तित्व बनाए रखने के लिए कड़ा संघर्ष करना पड़ा। उक्त वातावरण में प्रेस की आजादी भी सीमित थी। निदेशक मंडल को जब अधिकार मिला तो प्रेस पुनः नियंत्रण के अधीन आ गया। इसके बाद नेपोलियन के आगमन से इसके समक्ष दो ही विकल्प थे, या तो यह हुक्म बजाए या फिर दमन का शिकार हो जाए। नेपोलियन प्रेस के अधिकार के प्रति पूरी तरह सचेत था। उसके बारे में कहा जाता है कि उसने कहा था कि चार अखबार किसी खुले मैदान में उपस्थित एक लाख लोगों की भीड़ से ज्यादा खतरनाक और हानिकारक हैं। वह अखबार के साथ अनैतिक व्यवहार करता था। अखबार जब उसके हित की बात करता था तो उसे प्रोत्साहन देता था और जब अहित की बात करता था तो उस पर प्रतिबन्ध लगा देता था। अन्ततः 1800 ई. में उसने एक आदेश जारी कर सभी राजनीतिक पत्रों को बन्द करा दिया। केवल तेरह अखबार बच गए, लेकिन उन्हें भी सख्त प्रतिबन्ध के तहत रखा गया। 1814 ई. के बाद प्रतिक्रिया का एक दौर आया जिस दौरान प्रेस ने अपनी आजादी खो दी। हालाँकि, 1830 ई. के आन्दोलन के दौरान प्रेस की आजादी एक महत्त्वपूर्ण माँग बन गई एवं पुनरीक्षित चार्टर में इस आजादी की गारंटी दी गई। निरोधात्मक प्रतिबन्ध भी समाप्त हो गया तथा सचेतक भुगतान को, जिसकी अदायगी अखबार करते थे, कम कर दिया गया।

1830-48 ई. के बीच प्रेस काफी उतार-चढ़ाव वाला पेशा था। कभी इसे आपेक्षिक आजादी मिलती थी तो कभी प्रतिबन्ध झेलना पड़ता था। लेकिन, 1848 ई. के आन्दोलन ने प्रेस से सारे प्रतिबन्धों को हटवा दिया और इस तरह, प्रेस विविध विचारों, अक्सर उग्र विचारों, को प्रस्तुत करना शुरू कर दिया। हालाँकि, जल्द ही फिर से प्रतिबन्ध लगना शुरू हो गया क्योंकि शासकवर्ग इससे भयभीत हो गया था। 1848 ई. में सचेतक भुगतान को पुनर्जीवित कर दिया गया तथा 1850 ई. में मुद्रांक शुल्क को पुन: अनिवार्य कर दिया गया। लुईस नेपोलियन के डि'एटेट तख्तापलट के बाद प्रेस पर और सख्त प्रतिबन्ध लगा दिया गया। 1852 ई. के एक अधिनियम के अनुसार अखबारों के प्रकाशन से पूर्व मंजूरी लेनी अनिवार्य कर दी गई। यद्यपि कोई निरोधात्मक प्रतिबन्ध नहीं था, चेतावनी की एक व्यवस्था थी जो समाचार-पत्रों के प्रकाशकों और सम्पादकों को बाध्य करती थी कि वे स्वयं सरकार के भय से स्वप्रतिबन्ध लगाएँ। लुईस नेपोलियन की लोकप्रियता इतालवी युद्ध एवं ब्रिटेन के साथ व्यापारिक सन्धि से बुरी तरह प्रभावित हुई थी, इसलिए 1860 ई. से उसने पुन: एक बार संसदीय संस्थाओं को जिन्दा करने का प्रयास करने लगा ताकि अपनी नीतियों का कलंक प्रातिनिधिक निकाय पर लाद दे। इस तरह, यह एक राजनीतिक उदारीकरण का दौर था। संसदीय बहस को स्वीकृति दी गई जिसमें उसकी नीतियों की आलोचना तक होती थी तथा प्रेस को संसद की कार्यवाहियों की पूरी रपट छापने की मंजरी दी गई। इस तरह, 1860 ई. के बाद प्रेस को कुछ और आजादी मिल गई। इस अवधि में सरकार के कुछ कटु आलोचक अखबार प्रकाशित हुए जिनमें लैंटर्न उल्लेखनीय था। हालाँकि, प्रेस और सरकार साम्राज्य के अन्त तक एक-दूसरे के दुश्मन बने रहे। इसके बाद हम एक ऐसे दौर में प्रवेश करते हैं जहाँ प्रेस को आपेक्षिक आजादी प्राप्त थी। फिर भी, सशस्त्र बल सरीखे कुछ संवेदनशील क्षेत्र थे जिसके उच्च पदाधिकारियों के आचरण पर बहस करना खतरनाक होता था। 19वीं सदी के अन्त में ड्रेयफस मामले के दरमियान एमिल जोला जैसे प्रसिद्ध व्यक्ति को भी एक साल के कारावास की सजा दी गई। क्योंकि उसने ड्रेयफस को यहूदी होने के कारण सैन्य पदाधिकारियों द्वारा झूठे तरीके से फँसाने के षड्यंत्र की कटु आलोचना की थी। फ्रांस में प्रेस पर फासीवादी शक्तियों के उभार के कारण एक बार फिर से 20वीं सदी के तीसरे दशक के अन्त में गम्भीर खतरा उत्पन्न हो गया था।

यद्यपि मुद्रण के क्षेत्र में जर्मनी एक अगुआ देश था, लेकिन इसके विखंडन और अनेक राज्यों में राजनीतिक आजादी की कमी के कारण आरम्भ में यहाँ स्वतंत्र प्रेस के लिए कोई जगह नहीं थी। 'अल्जेमिन जेईतंग' जैसा बड़ा अखबार जब 1908 ई. में शुरू हुआ तो इसके भविष्य के अच्छे लक्षण दिखाई नहीं दिए थे। लेकिन, धीरे-धीरे प्रेस की आजादी की माँग वैयक्तिक आजादी की माँग के साथ की जाने लगी। आरम्भ में सरकार की नीति हमेशा प्रेस को हतोत्साहित करनेवाली थी। 'रिनिच

जेईतंग' जैसे उदार अखबार की स्थापना 1842 ई. में कोलोन में की गई थी जिसका सम्पादन कुछ समय के लिए कार्ल मार्क्स ने किया था।

परन्तु, यह अखबार बहुत जल्द दमन का शिकार हो गया। 'अल्जेमिन जेईतंग' को भी प्रतिबन्ध झेलना पड़ा। कवि हेइन पेरिस में इसके संवाददाता थे। 1832 ई. में इस अखबार को हेइन की रिपोर्ट प्रकाशित करने के विरुद्ध चेतावनी दी गई। समाचार-पत्रों के अनेक अन्य मामले थे जिनमें उन्हें प्रतिबन्ध और दमन के विरुद्ध संघर्ष करना पड़ा था। 1848 ई. के आन्दोलन के साथ ही प्रेस स्वतंत्र हो गया तथा काफी संख्या में अखबार प्रकाशित होने लगे। लेकिन, 1849-50 ई. में प्रतिक्रिया की विजय के साथ प्रेस की स्वतंत्रता को फिर से क्षति पहुँची। शासकीय चेतावनी एवं प्राधिकरण की प्रथा लागू की गई। 1862-63 ई. के बाद ही प्रेस को पुनः आजादी मिली। लेकिन, 1848 ई. में समाजवादी विरोधी कानूनों के साथ प्रतिक्रिया का भयंकर हमला हुआ। इससे समाजवादी आन्दोलन भूमिगत हो गया। ऐसी परिस्थिति में प्रेस को आजादी नहीं मिल सकती थी। यह अस्थायी विकास जर्मनी में हिटलर के सत्ता में आने तक जारी रहा। हिटलर 1933 ई. में सत्ता में आया और इसने प्रेस स्वतंत्रता के सारे चिह्नों को समाप्त कर दिया। स्वतंत्र प्रेस की जगह सरकार-नियंत्रित-प्रेस को लाया जो जनसमुदाय के अनुशासन के प्रति समर्पित था। द्वितीय विश्वयुद्ध में हिटलर की पराजय हुई और इसके बाद ही संघीय गणराज्य में प्रजातांत्रिक व्यवस्था कायम हुई तथा प्रेस स्वतंत्रता को पुनर्जीवित किया गया। लेकिन पूर्वी जर्मनी में अभी भी सरकार-नियंत्रित-प्रेस है क्योंकि वहाँ साम्यवादी तानाशाही व्यवस्था है।

यूरोप के अन्य देशों में प्रेस की स्वतंत्रता प्रजातांत्रिक संस्थाओं के विकास से गहरे सम्बद्ध थी। स्वीडन में राजा चार्ल्स जॉन का स्वतंत्र प्रेस से लड़ने का प्रयास विफल हो गया क्योंकि जनता प्रेस की स्वतंत्रता के पक्ष में थी। लार्स हीर्टा द्वारा सम्पादित 'आफ्टन ब्लाडेट' एक अग्रगण्य स्वतंत्र अखबार था। इसके सम्पादक को जब 1838 ई. में उत्पीड़ित किया जाने लगा तो इसके विरोध में जन-उपद्रव शुरू हो गया। फलतः सरकार को झुकना पड़ा। 1849 ई. के डेनमार्की संविधान में प्रेस की स्वतंत्रता की गारंटी दी गई। इटली में 1848 ई. के पीडमांटेज संविधान ने भी प्रेस की स्वतंत्रता की गारंटी दी। अधिकांश यूरोपीय देशों में 1830 ई. और 1848 ई. की परिवर्तनकारी क्रान्तियों के फलस्वरूप प्रेस को कुछ स्वतंत्रता मिली। यद्यपि आन्दोलन की पराजय से प्रेस की स्वतंत्रता को धक्का लगा था, प्रेस को दबाए रखने का काम कभी भी स्थायी रूप से आन्दोलन के पहले के दिनों के स्तर पर नहीं रखा जा सकता था।

आरम्भ में संयुक्त राष्ट्र में प्रेस को वैसी ही आजादी मिली थी जिस तरह की आजादी इंग्लैंड में थी। धीरे-धीरे यह शक्तिशाली प्रेस की भूमि बन गया। यहाँ प्रेस

लोगों की राय को जोड़ने का काम करता था। यद्यपि शासकीय गुप्त सूचनाओं का पर्दाफाश करने के मुद्दे पर अक्सर प्रेस और सरकार के बीच झंझट होता रहता था, सरकार कभी प्रेस को अपने नियंत्रण में करने में सफल नहीं हुई।

अन्य स्वतंत्रताओं के साथ-साथ प्रेस की स्वतंत्रता को भी स्वयं जिन्दा रखने के लिए घुमावदार रास्ते से गुजरना पड़ा। वह रास्ता गम्भीर खतरों से भरा था। प्रेसवालों को प्राय: सब कुछ बाजना पड़ा। उन्हें लम्बे कारावास की सजा भी भुगतनी पड़ी। यद्यपि प्रजातांत्रिक राष्ट्रों में कुल मिलाकर प्रेस को अहमियत दी गई, अभी भी विभागीय गुप्त कानून वगैरह के तहत स्वतंत्र प्रेस के रास्ते में अवरोध कायम है। ये कानून जनता के समक्ष उन तथ्यों को लाने से प्रेस को रोकते हैं जो जनता के लिए महत्त्वपूर्ण हैं।

मुख्य रूप से यह देखा गया कि प्रेस आधुनिक राष्ट्रों में बहस की एक अनिवार्य गाड़ी थी और यह वहीं पर विकसित हुआ जहाँ लोकतांत्रिक संस्थाएँ विकसित हुईं। प्रेस पर हमला हमेशा इस तथ्य को प्रकट करता था कि शासक को लोकतांत्रिक संस्थाओं में विश्वास नहीं है। इस तरह की प्रवृत्ति हम अपने देश में भी देख सकते हैं।

भारत में 1818 ई. से देशी भाषाओं का अखबार निकलना शुरू हुआ। 1875 ई. तक विभिन्न भाषाओं के 254 अखबार निकलते थे। अंग्रेजी के कुछ अग्रणी अखबार थे जिनका नियंत्रण अंग्रेजों के हाथ में था। एक विदेशी नियम के अन्तर्गत यहाँ स्वतंत्र प्रेस के विकास की पूरी सम्भावना नहीं बन सकती थी। सरकार की दमनकारी नीति के अनुरूप अक्सर प्रेस पर काफी रोक लगाई जाती थी। इन नियमों के शिकार देशी भाषाओं में प्रकाशित होनेवाले वे अखबार हुए जो राष्ट्रवादी आकांक्षा के मुखपत्र होते थे। मराठी पत्रिका 'केशरी' में एक आलेख का छपना ही था कि राष्ट्रवादी आन्दोलन के मशहूर नेता बाल गंगाधर तिलक को उसके लिए कारावास की सजा हुई और उन्हें बर्मा में मंदालय भेज दिया गया।

बीसवीं सदी के प्रथम दशक में देश के अन्दर एक परिवर्तनकारी आन्दोलन आकार ले रहा था जिसका उद्देश्य था, शस्त्र के सहारे विदेशी सत्ता को उखाड़ फेंकना। सभी यूरोपीय शक्तियाँ सशस्त्र क्रान्ति को एक वैध तरीका मान चुकी थीं। इंग्लैंड ने भी अपनी स्वतंत्रता के लिए इसे एक जायज तरीका माना था। बंगाली पत्रिका 'युगान्तर' इस तरह के सोचवाले आन्दोलनकारियों का मुखपत्र था। ऐसे अखबारों का दमन करने के उद्देश्य से जून 1908 ई. में इंडियन न्यूजपेपर्स (इनसाइटमेंट ऑफ ऑफेन्सेज) एक्ट लागू किया गया। इसके बाद 'युगान्तर' को दबा दिया गया। परिणामस्वरूप, कुछ समय के लिए विद्रोहियों की आवाज दब गई। भारत के तत्कालीन राज्य सचिव का वक्तव्य उन सभी शासकों के सोच के बारे में बड़ा विचित्र था जो जनता की इच्छा के विरुद्ध शासन करना चाहते हैं। उनके प्रति विरोध की आवाज विस्फोटक शक्ति का रूप धारण कर लेती है।

प्रेस की स्वतंत्रता के दमन के बारे में उसने कहा :

> ...भड़काऊ आलेख हिंसक कृत्य का ही अंग होता है। एक स्टील बम में जितना पिक्रिक अम्ल डाला गया होता है उतना पिक्रिक अम्ल आप अपने कलम और स्याही में डाल ले सकते हैं। इस प्रकार के दुष्कृत्य के सम्बन्ध में जनविरोध की बाबत बात करना वस्तुतः मामले को काफी दूर कर दे रहा है।[1]

परन्तु, वह कानून पर्याप्त नहीं था। इसलिए, आगे चलकर एक दूसरा समाचार-पत्र कानून पारित हुआ। इसमें यह प्रावधान किया गया कि यदि कोई प्रेस स्थापित करना चाहता है तो उसे इसके लिए एक सुरक्षित राशि जमा करनी होगी। यह सुरक्षित राशि उस हाल में जब्त कर ली जाएगी जब कोई राजद्रोहात्मक आलेख उस पत्र में प्रकाशित हुआ पाया जाएगा। इसके चलते अपने आप प्रेस का निबन्धन भी रद्द होने लगा। प्रेस को यदि फिर से चालू करना था तो पूर्व में जमा कराई गई सुरक्षित राशि की दोगुनी राशि जमा करनी पड़ती थी। दुबारा अपराध करने पर पूरे प्रेस को जब्त कर लेने का प्रावधान किया गया था। उसी प्रकार के अधिकारों का इस्तेमाल समाचार-पत्रों पर किया गया।

1930 ई. के बाद गांधी के नेतृत्व में जब स्वतंत्रता के आन्दोलन को जनसमर्थन हासिल हो चुका था, प्रेस पर नए सिरे से रोक लगाई गई। 1931 ई. में भारतीय प्रेस 'आपातकालीन अधिकार' अधिनियम पारित कर लागू किया गया। हिंसक घटनाओं को रोकना इसका दिखावटी उद्देश्य था। लेकिन, इसका इस्तेमाल वस्तुतः उन सभी चीजों को रोकने के लिए किया गया जो सविनय अवज्ञा आन्दोलन को प्रोत्साहित और प्रचारित करती थीं, यद्यपि सविनय अवज्ञा आन्दोलन पूरी तरह से एक अहिंसक आन्दोलन था। इस अधिनियम के अन्तर्गत अनधिकृत प्रकाशन के लिए जुर्माना के साथ या बगैर जुर्माने के छह माह के कारावास की सजा का प्रावधान किया गया था। कस्टम पदाधिकारियों को ये अधिकार दिए गए कि वे बाहर से आनेवाली मुद्रित सामग्रियों को जब्त कर लें। अनेक राष्ट्रवादी समाचार-पत्रों यथा हॉर्निमैन का 'बॉम्बे क्रॉनिकल', 'आनन्द बाजार पत्रिका', 'अमृत बाजार पत्रिका', 'फ्री प्रेस-जर्नल' और 'लिबर्टी ऑफ कलकत्ता' को सुरक्षा राशि जमा करनी पड़ी। इसमें 'फ्री प्रेस-जर्नल' की सुरक्षित राशि जब्त कर ली गई।

इसके बाद द्वितीय विश्वयुद्ध के दौरान पुनः डिफेन्स ऑफ इंडिया रूल्स के तहत प्रेस पर सख्त रोक लगाई गई। किन्तु, इस नियम को चारों तरफ से चुनौती दी गई और जब खुला प्रकाशन सम्भव नहीं था तो अक्सर स्वतंत्रता के जोश को बनाए रखने और सत्ता को ललकारने के उद्देश्य से भूमिगत प्रकाशन किया गया।

स्वतंत्र प्रेस को अन्तिम स्वीकृति स्वतंत्र भारत का नया संविधान लागू हो जाने के बाद ही मिली, क्योंकि प्रेस की आजादी पर प्रत्यक्ष रोक को अभिव्यक्ति की

आजादी के अधिकार का उल्लंघन माना गया। लेकिन, स्वतंत्र भारत में भी किसी न किसी बहाने अभी भी प्रेस पर रोक लगाई गई है। पहला तरीका तो यही है कि सरकार को चुनौती देनेवाले पत्रों को सरकारी विज्ञापनों से वंचित कर दिया जाता है। हाल ही में यह मानसिकता भी विकसित हुई है कि वैसे कानूनों के माध्यम से प्रेस पर और प्रत्यक्ष प्रतिबन्ध लगाया जाए जो सत्ता में बैठे लोगों को क्षति पहुँचानेवाली सामग्रियों का प्रकाशन करनेवाले पत्रों की आपराधिक जवाबदेही के क्षेत्र को विस्तारित करते हैं। प्रेस की स्वतंत्रता पर सरकार ने मौलिक अधिकारों को निलम्बित करनेवाले विशेषाधिकारों 'आपातकाल' का इस्तेमाल कर रोक लगाई है। हालाँकि, एक बार लोगों ने स्वतंत्रता का कुछ स्वाद चख लिया है और स्वतंत्र प्रेस की भूमिका का अहसास कर लिया है, तो फिर ऐसे कदमों का उन्होंने प्रतिरोध किया है। यह संघर्ष अभी भी चल रहा है।

सन्दर्भ

1. कार्ल मार्क्स, ऐलेक्टेड राइटिंग्स, एडिटेड बाई डेविड मैकलेलन, ऑक्सफोर्ड 1977, पृ. 18
2. वेस्टर्न लिबरलिज्म-ए हिस्ट्री इन डॉक्यूमेंट्स फ्रॉम लॉक टू क्रोस, एडिटेड बाई ब्रैनस्टेड एंड के.जे. मेलडुईस, लांगमैन क्रॉम्प लि. 1978, पृ. 192
3. जूलियस गोएबेल जूनियर, हिस्ट्री ऑफ दी सुप्रीम कोर्ट ऑफ दी यूनाइटेड स्टेट्स वॉल्यूम-1, एंटीसिडेंट्स एंड बिगनिंग टू 1801, मैकमिलन कं. न्यूयॉर्क 1971, पृ. 237-38
4. कोटेड इन दी कैम्ब्रिज हिस्ट्री ऑफ इंडिया, एडिटर एच.एच. डैडवेल, वॉल्यूम-6, चाँद एंड कम्पनी लि., देलही, पृ. 554

अध्याय-6

आत्म-शासन की चेष्टा

हम देख चुके हैं कि आजादी का अभिप्राय मनमाना कार्य करने की आजादी नहीं होता है, बल्कि आत्म-शासन का अधिकार होता है। लोकतांत्रिक संस्थाओं का ज्यादातर विकास आत्म-शासन के प्रकारों को विकसित करने के विषय के गिर्द घूमता रहा है। बड़े राज्यों के विकास से वैधानिक या कार्यकारी कार्यों में जनता की प्रत्यक्ष भागीदारी सम्भव नहीं थी, इसलिए समस्या यह थी कि सरकार का एक वैसा ढाँचा गढ़ा जाए जिसमें सभी लोगों का प्रतिनिधित्व सुनिश्चित हो।

पहले आदिवासी समाजों में बुजुर्गों या वयस्क लोगों की जनजातीय सभाएँ होती थीं या आदिवासी प्रधानों को उनके काम में मदद करने या दिशानिर्देश देने के लिए दूसरे साधन उपलब्ध होते थे। लेकिन, आदिवासी समाजों के टूटने एवं वृहत्तर राज्यों के अस्तित्व में आने से पुरानी संस्थाओं के केवल चिह्न या उनकी स्मृतियाँ ही शेष रह गईं। इस तरह, जनजातीय सभाओं से सरकार के प्रातिनिधिक ढाँचे तक सीधा संक्रमण नहीं हुआ। वस्तुत: बीच का समय दुनिया के ज्यादातर हिस्सों में निरंकुश शासकों के अभ्युदय के लिए जाना गया। यह तो स्वेच्छाचारी राजाओं के अधिकारों को कम करने के आन्दोलन के दरमियान सम्भव हुआ कि कुछ देशों में उच्च स्तर पर तथा एक बड़े पैमाने पर सरकार की प्रातिनिधिक प्रणाली अस्तित्व में आई। लेकिन, एक स्थान पर ज्यों ही यह प्रणाली विकसित हुई, दूसरे स्थान के लोगों में इस प्रणाली का अनुसरण करने की उत्कट लालसा जग गई क्योंकि सभी लोगों के अन्दर आत्म-शासन की स्वत:स्फूर्त अन्त:प्रेरणा विद्यमान थी। प्रतिनिधित्व का अभिप्राय हमेशा स्पष्ट नहीं था, इसलिए आरम्भ में लोग नीति निर्धारक निकायों में प्रतिनिधियों को भेजना नहीं चाहते थे। लेकिन, एक बार इसकी महत्ता का अहसास हो गया, तो इसके क्षेत्र विस्तार की माँग होने लगी ताकि लोगों के सुदूर वर्गों तक इसकी पहुँच हो सके।

'संसदों की जननी' अंग्रेजी संसद का विकास स्वयं शाही परिषदों से हुआ था। इन शाही परिषदों में राजा स्वयं एक अनिवार्य या मुख्य तत्त्व होता था। यह परिषद

राजा की सेवा में तत्पर रहती थी तथा बगैर किसी प्रातिनिधिक चरित्र या निर्णायक अधिकार के राजा का परामर्शदातृ निकाय होती थी। प्रत्येक चीज में राजा का निर्णय अन्तिम होता था। संसद शब्द का प्रयोग पहली बार परिषद में होनेवाली किसी औपचारिक बातचीत के लिए किया गया था। बाद में इस शब्द का प्रयोग स्वयं विचार-विमर्श करनेवाले निकाय के लिए होने लगा। किन्तु, यह कोई प्रातिनिधिक निकाय नहीं था; इसके निर्माण के लिए न तो लॉर्ड की, न ही काउंटीशायरों और बरो के प्रतिनिधियों की उपस्थिति आवश्यक थी। विधायी या न्यायिक, प्रत्येक मामले में राजा के शब्द अन्तिम होते थे। इसलिए, संसद का कार्य राजा की इच्छा की अभिव्यक्ति होता था। नगर के व्यापारी वर्गों की महत्ता बढ़ रही थी और उनके प्रतिनिधिगण भी राजा की परिषद से जुड़ने लगे थे। लेकिन, परिषद में किसी सदस्य को भेजना बड़ा खर्चीला और जवाबदेही भरा था क्योंकि परिषद का निर्णय उन चुनाव क्षेत्रों के लिए बाध्यकारी होता था जो इसके लिए प्रतिनिधि भेजते थे। इसलिए, आरम्भ में नागरिकों में परिषद के लिए सदस्य भेजने में रुचि नहीं थी। लेकिन, चूँकि परिषद का निर्णय बाध्यकारी होता था, इसलिए निर्णयों को प्रभावित करने के खयाल से प्रतिनिधियों को भेजना नागरिकों को काफी समीचीन लगा और इस तरह वे अपना प्रतिनिधि भेजने लगे। उनका प्रभाव धीरे-धीरे बढ़ने लगा क्योंकि नागरिक ही राज्य के आर्थिक संसाधनों के मुख्य अवलम्ब बनने लगे थे। अन्ततः कर केवल संसद के उन नागरिक सदस्यों की सहमति से ही वसूला जा सकता था जो धीरे-धीरे संसद के मुख्य अवलम्ब बन रहे थे। ऐसी परिस्थिति में 'प्रतिनिधित्व नहीं तो कर नहीं' का सिद्धान्त विकसित हुआ। आगे चलकर यह नव मध्यवर्ग अर्थात् शहरी नागरिकों के हाथ का शाही नीतियों को प्रभावित करनेवाला सबसे शक्तिशाली अस्त्र बन जाने वाला था। यही वह वर्ग था जो अन्तिम रूप से राजा के दावों के विरुद्ध संसदीय क्रान्ति का नेतृत्व करने वाला था। 17वीं सदी के चौथे दशक में यह मामला एक प्रधान के पास आया तथा अन्ततः संसदीय सम्प्रभुता के दावों की स्थापना हुई और ब्रिटिश सम्राट का अपकर्ष एक नाम मात्र के प्रधान के रूप में हो गया। इस तरह, इंग्लैंड में वर्ष 1688-89 तक अपने अनिवार्य तत्त्वों के साथ प्रातिनिधिक प्रणाली के सिद्धान्त की स्थापना हो चुकी थी।

यद्यपि प्रतिनिधित्व के सिद्धान्त को स्वीकार कर लिया गया था, लेकिन प्रतिनिधित्व का आधार अभी भी बहुत संकीर्ण था। यह सम्पत्ति-योग्यता के आधार पर होता था तथा प्रतिनिधित्व वाले क्षेत्रों में एकरूपता का अभाव था। न केवल इससे बहुलित प्रतिनिधित्व प्राप्त करनेवाले वैसे ही लोगों को प्रोत्साहित करनेवाला दोषपूर्ण प्रतिनिधित्व सृजित हुआ, बल्कि निर्धनतम आबादी को संसद में प्रतिनिधित्व से भी वंचित कर दिया गया। लेकिन प्रतिनिधित्व की प्रक्रिया ने एक बार गति पकड़ ली, तो फिर उसे चारों तरफ फैलने से कोई रोकनेवाला नहीं था।

जनता सीटों के दोषपूर्ण वितरण सरीखी बड़ी समस्या का सामना कर रही थी। इसमें क्षेत्र के निवासियों की संख्या को ध्यान में नहीं रखा जाता था, फलस्वरूप निश्चित समुदायों का विषम प्रतिनिधित्व कायम था। साथ ही, लोग इसका धन से समर्थन करते थे। इसलिए मताधिकारों से तीन विसंगतियों को दूर करने के लिए व्यापक चुनाव सुधार की जरूरत पड़ी। अनेक देशों में पुरुष मताधिकार की प्राप्ति के बाद भी बहुलित मतदान प्रणाली के माध्यम से अल्पसंख्या वाले लोग विषम रूप से काफी संख्या में संसद सदस्य भेज सकते थे। इंग्लैंड में 1832 के सुधार अधिनियम ने 56 पॉकेटों एवं निकम्मे बरो (111 सदस्यों को वापस भेजकर) को मताधिकार से वंचित कर दिया तथा 32 छोटे बरो को फिर से वितरित किया गया। मताधिकार के इस विस्तार ने बरो में उन सभी परिवारों को मत दिया जो 10 वार्षिक किराये का भुगतान करते थे। इन देशों में मताधिकारदान क्षेत्र की जद में 40 शिलिंग मुक्तधारक अपनी निजी जमीन के साथ आ गए तथा 60 वर्षों के लिए मुक्तधारकों, पट्टेदारों वगैरह के लिए 10 योग्यता तथा अल्पकालीन पट्टेदारों एवं स्वेच्छा से काश्तकारी करनेवाले लोगों के लिए 250 योग्यता निर्धारित हो गई।

परन्तु, इंग्लैंड व अन्य देशों में जहाँ औद्योगिक क्रान्ति हुई थी, पहले से वहाँ एक नई शक्ति मंच पर गतिशील थी। यह शक्ति और कोई नहीं बल्कि नया औद्योगिक मजदूर वर्ग था। 19वीं सदी के आरम्भिक भाग में यह वर्ग पुत्तलिका बन गया था जिसे समाज की इमारत का सारा बोझ सहन करना पड़ा था। यह एक मजबूत शक्तिबल था। इसकी संख्या में बड़ी तेजी से वृद्धि हो रही थी तथा अर्थव्यवस्था में इसकी मुख्य भूमिका बनती जा रही थी। इसकी शक्ति के अहसास को रोकने के लिए कॉम्बिनेशन एक्ट के अन्तर्गत इसे एकीकृत होने से रोका गया। कानून की नजर में मजदूरों का एकीकृत होने का कोई भी प्रयास एक आपराधिक षड्यंत्र था। 1824 ई. में यह कानून निरस्त हुआ तथा मजदूरों को अपना संघ या संगठन बनाने की अनुमति मिली। इसके बाद मजदूर कम समय में ही अपना बहुत बड़ा संगठन खड़ा कर लेने के योग्य बन गए। 1830 ई. में मजदूरों के संरक्षण हेतु एक राष्ट्रीय संगठन (लगभग 150 संघों का महासंघ) अस्तित्व में आ गया। इसके बाद ग्रैंड नेशनल कान्सॉलिडेटेड ट्रेड यूनियन नामक संगठन अस्तित्व में आया जिसके सदस्यों की संख्या पाँच लाख थी। इसका संकल्प था कि सामान्य हड़ताल के माध्यम से मजदूरों के लिए आठ घंटा का कार्यदिवस सुनिश्चित कराया जाए, लेकिन इसे दबा दिया गया। इसके छह नेताओं को सात-सात साल के कारावास की सजा सुनाई गई। फलस्वरूप, ग्रैंड नेशनल का विघटन हो गया। लेकिन मजदूर वर्ग को अपनी शक्ति का पता था, इसलिए तुरन्त एक महत्त्वपूर्ण आन्दोलन न केवल मजदूर वर्ग बल्कि तमाम वंचित समूहों के राजनीतिक अधिकारों की प्राप्ति

के लिए शुरू हो गया जिसे चार्टिस्ट आन्दोलन से भी काफी बल मिला। तब तक मजदूर वर्ग को यह अहसास हो गया था कि राजनीतिक संस्थाओं पर प्रभावशाली नियंत्रण कायम किए बिना यह एक विषय के अलावा अपने अन्य हित को आगे नहीं बढ़ा सकता है तथा इसके सारे प्रयास को राज्य के संगठित बल का सामना करना होगा। दूसरी तरफ, शासकवर्ग अपने प्रभुत्व की इस चुनौती से अवगत था तथा इस शक्ति को अपने नियंत्रण में रखने हेतु इसे बलपूर्वक दबा देने का दृढ़ निश्चय कर चुका था।

इस तरह, 1838 ई. में राजनीतिक अधिकारों के लिए ब्रितानी मजदूर वर्ग का शक्तिशाली चार्टिस्ट आन्दोलन शुरू हुआ था। चार्टिस्टों की निम्नलिखित माँगें थीं :

1. सार्वभौमिक वयस्क पुरुष मताधिकार
2. वार्षिक संसद
3. मतपत्र से चुनाव
4. समान निर्वाचन क्षेत्र
5. संसद सदस्यता हेतु सम्पत्ति योग्यता का उन्मूलन
6. सदस्यों का भुगतान

यद्यपि आन्दोलन एक बड़ा रूप अख्तियार कर चुका था और 1882 ई. में इस आन्दोलन को पुलिस के साथ हुई कुछ रक्तरंजित मुठभेड़ों के बाद अन्तिम रूप से दबा दिया गया था, लेकिन उनकी माँगें लोगों के दिमाग में बैठ चुकी थीं। इसलिए जनता का दबाव बना और इस जन दबाव में उत्तरोत्तर कई सुधार विधेयक लाए गए और अन्ततः ब्रितानी नागरिकों को सार्वभौमिक पुरुष मताधिकार मिल गया।

इस तरह, 1832 ई. के सुधार कानून के बाद एक दूसरा 1867 ई. का सुधार कानून व्यक्ति को मताधिकार के योग्य बनाने हेतु देय किराये को कम कर दिया। दस हजार की आबादी से कम संख्यावाले सभी बरो का ब्रिटिश संसद के निचले सदन में दो सदस्य भेजने का अधिकार गायब हो गया। इस सुधार का अनुसरण करने से मतदाताओं की संख्या में बीस लाख तक की वृद्धि हुई थी, फिर भी यह जनता की आशाओं के अनुरूप नहीं थी। यह वृद्धि काफी कम थी। इसलिए 1884 ई. में पूरा आमूल-चूल सुधार किया गया। सभी वयस्क व्यक्तियों को मतदान का अधिकार मिल गया तथा केवल घरेलू नौकरों, अपने परिवार के साथ रहनेवाले कुँआरों और वैसे लोग जिनका कोई स्थायी आवास नहीं था, को मताधिकार से वंचित रखा गया। साथ ही, मताधिकार में पहले की अपेक्षा ज्यादा एकरूपता लाई गई। ग्रामीण और शहरी मतदाताओं के मताधिकार में कोई अन्तर नहीं रह गया। सुधार कार्य आनेवाले वर्षों में भी जारी रहा और बरो या काउंटियों के बजाय व्यक्तिगत मतदाता चुनाव की इकाई बन गया तथा 'एक वोट एक मूल्य' को

सिद्धान्त रूप में स्वीकार कर लिया गया। उसी तरह, समान मतदान शक्ति का निर्माण करने के लिए संसदीय क्षेत्रों का परिसीमन किया गया।

1848 ई. में फ्रांस से शुरू होकर यूरोप महादेश के बड़े भागों में लोकतांत्रिक प्रणाली की स्थापना हेतु आन्दोलन हुआ। इस आन्दोलन का एक महत्त्वपूर्ण पहलू यह था कि औद्योगिक मजदूर वर्ग ने इसमें महत्त्वपूर्ण भूमिका अदा करना शुरू कर दिया। फ्रांस में वस्तुत: मजदूरों का ही सत्ता पर वास्तविक नियंत्रण था और अनेक असफल समाजवादी प्रयोगों का यहाँ विचारण हुआ। यह आश्चर्यजनक नहीं है कि मार्क्स को यूरोप के पीछे पड़ी 'साम्यवाद की छाया' को देख लेना चाहिए था। कम्युनिस्ट घोषणा-पत्र के आरम्भिक भाग का आरम्भ इसी 'साम्यवाद की छाया' की अभिव्यक्ति से हुआ था। इस आन्दोलन की मुख्य माँगों में जनता के निर्वाचित प्रतिनिधियों के प्रति उत्तरदायी सरकार के अलावा सार्वभौमिक मताधिकार एवं अभिव्यक्ति की निर्बाध स्वतंत्रता शामिल थी। लेकिन, यह आन्दोलन ज्यादा दिनों तक नहीं चला। दो वर्षों में ही इसे दबा दिया गया। लेकिन, जनता को एक बार स्वतंत्रता का प्रचंड अनुभव हो गया तो उन्हें दब्बू आत्मसमर्पण की पुरानी प्रथा में वापस नहीं भेजा जा सकता था। इस तरह, अग्रणी अर्द्धसदी में कुछ हद तक स्वतंत्रता एवं मताधिकार का विस्तार देने के लिए अधिकांश सरकारों पर दबाव पड़ा। 1848 ई. में फ्रांस को सार्वभौमिक मताधिकार मिल गया जिसे वह सँभाले रखा, यद्यपि 1852 ई. की बोनापार्टवादी उथल-पुथल के बाद आबादी के निश्चित वर्गों को नियमित अभित्रास देकर इस अधिकार का जबर्दस्त दुरुपयोग किया गया था।

जर्मनी में भी मजदूरों ने वर्ष 1860 के दशक तक मताधिकार प्राप्त कर लिया था। लेकिन, सरकार विधानमंडल के प्रति जवाबदेह नहीं थी। इसके साथ अभिव्यक्ति और संगठन के अधिकार पर लगी रोक ने लोगों को प्रथम विश्वयुद्ध तक बड़ा तबाह किया। बेल्जियम में पुरुष मताधिकार वर्ष 1893 में लागू किया गया, यद्यपि बहुल मतदान बना रहा जो उम्र, आय, शिक्षा और परिवार पर आधारित मतदाताओं के खास वर्ग को ही नसीब था। हॉलैंड में पुरुष मताधिकार और आनुपातिक प्रतिनिधित्व वर्ष 1817 में लागू हुआ। अधिकांश पश्चिमी यूरोपीय देशों में मताधिकार कुछ सम्पत्ति-योग्यताओं तक ही सीमित था। संयुक्त राज्य में काले लोग आबादी का एक महत्त्वपूर्ण हिस्सा थे, लेकिन वे 1961 ई. तक स्वतंत्र नहीं थे। इसलिए वे मतदाता नहीं बन सकते थे। हालाँकि, गुलामी उन्मूलन के पश्चात् एक बड़ा निर्णय वर्ष 1869 में यह सुनिश्चित करने के लिए लिया गया कि पुरानी दासता के आधार पर उन्हें कहीं से भी मताधिकार प्राप्त करने के लिए अयोग्य नहीं ठहराया जा सकता है। उस वर्ष संविधान के पन्द्रहवें संशोधन ने यह व्यवस्था दी कि मतदान के अधिकार को नस्ल, रंग या पुरानी दासता के आधार पर बौना नहीं किया जाएगा।

यद्यपि अभी भी बहुत कुछ पूरा किया जाना बाकी रह गया था, उन्नीसवीं सदी के अन्त तक सभी लोगें में प्रातिनिधिक सरकार के सिद्धान्त की स्थापना पूरी तरह से हो गई। केवल वैसे लोग जिनके हित को इसे लोकप्रिय सत्ता से धमकी मिलती थी, अपनी पुरानी सत्ता को बनाए रखने के लिए एक चंदावल युद्ध शुरू कर दिए। जार का रूस एक महाशक्ति था जो तानाशाही के नियमों से सख्ती से जुड़ा हुआ था। फलस्वरूप, 1917 का शक्तिशाली विस्फोट हुआ जिसने न केवल जार के शासन का बल्कि पुरानी व्यवस्था से सम्बन्धित प्रत्येक चीज का अन्त कर दिया। लेकिन, तानाशाही की इस लम्बी अवस्थिति ने लोगों को आत्मशासन की प्रणाली में धीरे-धीरे श्रेणीबद्ध होने के अवसर से वंचित भी कर दिया। इस शासन ने अपने उत्तराधिकारियों को वैसे अनेक तानाशाही गुण और लक्षण दे दिए जो नए आन्दोलनकारी दबाव के अन्तर्गत दुनिया तानाशाही के जिन भयानकतम रूपों को जानती है, की पराकाष्ठा पर पहुँच गया।

परन्तु, 19वीं सदी के सभी चुनाव सुधार आबादी के आधे हिस्से अर्थात् महिलाओं को अनछुआ ही छोड़ दिया। इससे कुछ सीमा तक औरतों के प्रति वह सामान्य भाव प्रकट हुआ जिसके कारण औरतें दुनिया के अधिकांश भागों में उपेक्षित या उत्पीड़ित थीं। यूरोप में उच्च वर्ग की औरतों को घर-गृहस्थी में कोई अधिकार प्राप्त नहीं था। औरतों की सारी सम्पत्ति शादी होते ही उनके मर्दों की हो जाती थी। तलाक के बाद जब वे अपने पति को छोड़ती थीं तो बिलकुल निर्धन हो जाती थीं। उन्हें अपने बच्चों को रखने का अधिकार नहीं था। अपने पति की सहमति के बगैर वे अपने बच्चों से मिल भी नहीं सकती थीं। कामकाजी महिलाओं की हालत, खासकर औद्योगिक प्रतिष्ठानों में काम करनेवाली महिलाओं की, अत्यन्त असह्य और अमानवीय थी। उन्हें अत्यल्प मजदूरी पर अस्वास्थ्यकर दशा में अट्ठारह-बीस घंटे तक काम करना पड़ता था। अपनी थोड़ी-सी आय का पूरक बनाने हेतु उन्हें अपने चार-पाँच साल के बच्चों को भी जबरन उसी दशा में सबेरे से ही काम करने के लिए भेजना पड़ता था। बच्चे जब सोये हुए होते थे तभी उन्हें जगाकर काम पर भेजती थीं जहाँ से वे देर शाम में घर लौटते थे। फिर, तुरन्त जो कुछ भोजन के रूप में मिलता उसे खाकर वे सो जाते थे।

इंग्लैंड में औद्योगिक क्रान्ति के साथ-साथ औरतों की वेतन-दासता का कोड़ा भी अन्य जगहों से पहले पड़ा था। निर्धन व्यक्तियों के घर में औरतों को ही सबसे ज्यादा कष्ट झेलना पड़ता था। इसमें कोई आश्चर्य नहीं है कि औरतें मजदूर वर्ग के अधिकारों के लिए हुए आन्दोलन का अहम हिस्सा बन गई थीं। यद्यपि यूरोप में 19वीं सदी मुख्य रूप से पुरुषों की दुनिया थी और पुरुष मजदूर भी औरतों से समान महत्त्व जोड़ने के लिए तैयार नहीं थे। लेकिन, औरतों ने सामान्य मुद्दे की लड़ाई में सहयोग देकर पुरुष मजदूरों का सम्मान प्राप्त कर लिया। चार्टिस्ट आन्दोलन के

दौरान औरतों ने महत्त्वपूर्ण भूमिका निभायी, वे सभाओं को सम्बोधित करती थीं तथा निर्णय लेने में भी अपनी भागीदारी निभाती थीं जबकि उच्च समितियों में उनका प्रतिनिधित्व नहीं था। महिला प्रतिनिधिमंडल चार्टिस्ट सभा की वार्षिक बैठक में भाग लिया करता था। चार्टिस्ट माँग के समर्थन में केवल महिलाओं की बड़ी-बड़ी सभाएँ होती थीं। वस्तुतः चार्टिस्ट माँग के आरम्भिक प्रारूप में औरतों के मताधिकार को शामिल किया गया था। लेकिन, अन्तिम प्रारूप में औरतों के मताधिकार को शामिल नहीं किया गया क्योंकि इससे लोगों में आन्दोलन विरुद्ध विचार उत्पन्न हो जाने का भय था।

पहले-पहल 1832 ई. में मि. हंट नामक सांसद ने मैरी स्मिथ नाम की एक सम्मानित महिला का वह आवेदन सदन में प्रस्तुत किया था जिसमें आर्थिक योग्यता रखनेवाली अविवाहित महिलाओं को सांसदों के चुनाव में मतदान करने के अधिकार की माँग की गई थी। लेकिन, संसद सदस्यों के बीच यह उपहास का विषय बन गया और इसमें वह सदस्य भी शामिल हो गया जिसने इसे प्रस्तुत किया था। सचमुच औरतों के प्रति पूर्वग्रह इतना अधिक था कि 1840 ई. में जब इंग्लैंड में एक विश्व स्तरीय गुलामी-विरोधी महासम्मेलन हुआ तो अमेरिकी प्रतिनिधिमंडल के सात में से चार सदस्यों को उनके महिला होने के कारण उक्त महासम्मेलन में शामिल होने नहीं दिया गया जबकि वे सबसे पहले पहुँची थीं। लेकिन, इस घटना ने काले लोगों के प्रश्न को पृष्ठभूमि में धकेल दिया और औरतों के प्रश्न को लोकविमर्श के केन्द्र में ला दिया। उक्त महासम्मेलन से संयुक्त राज्य वापस लौटने पर उन महिलाओं ने महिलाओं की अधिकार सभा का गठन किया।

महिलाओं के अधिकार का प्रश्न धीरे-धीरे अपनी तरफ लोगों का ध्यान खींचने लगा था। कल-कारखानों में काम करनेवाली महिलाओं की दशा की खबरें लोगों के विवेक को जगा चुकी थीं। उनके काम करने की अवधि को सीमित करने तथा उनकी दशा में सुधार लाने के कानून बनने लगे थे। 1848 ई. में सांसद जोसेफ ह्यूम ने निम्न सदन (हाउस ऑफ कॉमन्स) में एक प्रस्ताव लाया कि औरतों समेत सभी गृहस्वामियों को मताधिकार दे दिया जाए। इसका समर्थन एक दूसरे सांसद कॉबडेन ने भी किया, लेकिन इससे कुछ नहीं निकला। अन्ततः औरतों को अधिकार उनके आधी सदी से ज्यादा लम्बे संघर्ष से ही मिलनेवाला था। 1855 ई. में उनका अपना संगठन 'नारीवादी समिति' अस्तित्व में आया। इसके बाद उनका मताधिकार प्राप्त करने का आन्दोलन जोर पकड़ने लगा। लेकिन, उनके अधिकार का सबसे तेज और प्रभावी आन्दोलन बीसवीं सदी की शुरुआत में (1907-10 ई.) हुआ। वस्तुतः यह आन्दोलन आरम्भिक सविनय अवज्ञा आन्दोलनों में से एक था। इस आन्दोलन के दौरान महिलाओं ने सोच-समझकर सत्ता को ललकारा और अपनी गिरफ्तारियाँ दीं तथा जेल में रहने पर भूख हड़ताल कीं। पुलिस इन आन्दोलनकारी महिलाओं को

यद्यपि बुरी तरह पीटती थी लेकिन गिरफ्तार करना नहीं चाहती थी। इस पर महिलाएँ पुलिस को उत्प्रेरित करती थीं कि वह इन्हें गिरफ्तार करे। इसके लिए महिलाएँ पत्थरबाजी कर खिड़की के शीशे तोड़ने जैसा हिंसक कार्य करती थीं। हालाँकि, इस आन्दोलन को तत्काल कोई सफलता नहीं मिली, लेकिन इसका व्यापक प्रभाव पड़ा। युद्ध के वर्षों में यह बात साबित हो गई कि महिलाएँ समाज सेवा के मामले में पुरुषों से तनिक भी कम नहीं हैं। इसलिए, युद्ध की लगभग समाप्ति के समय 1918 ई. में जनप्रतिनिधित्व कानून में संशोधन कर महिलाओं को मताधिकार प्रदान किया गया। संयुक्त राज्य अमेरिका में भी 1920 ई. में महिलाओं को मताधिकार दे दिया गया। लेकिन, तब भी वैसी योग्यताएँ कायम थीं जो औरतों को पुरुषों की तरह अधिकार का इस्तेमाल करने की इजाजत नहीं देती थीं। उदाहरण के तौर पर, केवल वही महिलाएँ मतदाता बन सकती थीं जो 30 वर्ष की हो चुकी हों तथा जिनके पास कुछ आर्थिक योग्यता हो। मताधिकार सम्बन्धी इस विषमता को 1928 ई. में दूर किया गया।

भारत में लोकतांत्रिक अधिकार एवं वयस्क मताधिकार, ये दोनों अंगेजों के विरुद्ध संघर्ष के दरमियान प्राप्त किए गए। 1858 ई. में ईस्ट इंडिया कम्पनी के शासन का अन्त कर भारत को ब्रिटिश सम्राट के अधीन लाया गया। इंग्लैंड में स्वयं जिस वक्त आबादी के वृहत्तर भाग को अपनाने की एक लोकतांत्रिक प्रणाली धीरे-धीरे विकसित हो रही थी, भारत में यह प्रणाली साम्राज्यिक तानाशाही के सर्वकवच के रूप में आई। आरम्भिक 'किंग्स इन काउन्सिल' (सम्राट परिषद) की तर्ज पर इस देश का शासन 'वायसराय इन काउन्सिल' (वायसराय परिषद) के हाथ में था। इस परिषद के सदस्यों का चयन ब्रिटिश संसद के निर्णयानुसार एक प्रणाली द्वारा किया जाता था। सरकार के कामकाज में कोई हस्तक्षेप नहीं था।

वर्ष 1885 में भारतीय कांग्रेस की स्थापना के साथ शाही परिषद में दबाव के कारण स्थानीय लोगों की आवाज कुछ बढ़ गई; किन्तु, प्रातिनिधिक सरकार बनाने की भारतीय लोगों की योग्यता के बारे में ब्रिटिश शासकों की भावना अच्छी नहीं थी बल्कि अत्यन्त घृणा-भरी थी। परिषदों में भारतीय प्रतिनिधित्व की प्रणाली पर लांसडाउन के निम्नलिखित वक्तव्य ब्रितानी भावना के प्रकटीकरण हैं, जो उनके उद्देश्यों का सारांश है :

> इसके अलावा हमारे समक्ष यह समस्या आन पड़ी है कि भारत के अनेक भागों में चुनाव की कोई भी प्रणाली स्थानीय लोगों की आदत और भावनाओं के मद्देनजर बिलकुल परायी चीज है, इसीलिए हम लोगों ने एक ऐसी प्रणाली अपनाई थी जिसके अन्तर्गत सम्भवतः वास्तविक प्रतिनिधि लोग नहीं आ सके...

1. हमसे यह अपेक्षा नहीं है कि हम भारत में प्रतिनिधित्व की एक पूर्ण या सन्तुलित प्रणाली कायम करने का प्रयास करेंगे।
2. हमसे यह अपेक्षा नहीं है कि विधान परिषद में भारतीयों के विभिन्न वर्गों का आज जो प्रतिनिधित्व है उससे अधिक प्रतिनिधि देने का सच्चा प्रयास करेंगे।
3. इस उद्देश्य के लिए जब भी इस बात का साफ आसार नजर आए कि चुनावी साधन सन्तोषप्रद परिणाम देनेवाला है, हम चुनावी साधन का उपयोग करने के लिए स्वतंत्र हैं।
4. यद्यपि इस सीमा तक हम चुनावी सिद्धान्त को अपना सकते हैं, लेकिन यह बात साफ-साफ समझ लेनी चाहिए कि सभी अतिरिक्त सदस्यों का अन्तिम चयन सरकार द्वारा किया जाएगा, न कि निर्वाचकों द्वारा। निर्वाचक का काम केवल अनुशंसा का होगा, लेकिन अनुशंसा के मामले में उनका बड़ा वजन होगा और अत्यन्त जरूरी नहीं हो तो साधारणतया उनकी अनुशंसा का सम्मान किया जाएगा।[1]

किन्तु, राष्ट्रवादी विचार का दबाव जैसे-जैसे बढ़ता गया—यह स्वयं आबादी के केवल एक बहुत छोटे हिस्से का प्रतिनिधित्व करता था एवं 1905 ई. से तो हिंसक रूप धारण करने लगा था—1909 ई. में एक सुधार कानून लाया गया जिसके द्वारा स्थानीय प्रशासन में देशी लोगों की आवाज को जगह तो दी गई, लेकिन हिन्दुओं और मुसलमानों के लिए अलग निर्वाचक मंडल बनाकर राष्ट्रीय फूट का बीज भी डाल दिया गया।

राष्ट्रवादी आन्दोलन का आधार जैसे-जैसे बढ़ता गया मांटेग्यू-चेम्सफोर्ड सुधार अधिनियम-1919 के तहत नई रियायतें दी गईं। इसने प्रान्तीय सरकारों को कुछ मामले में जवाबदेहियाँ प्रदान कीं, लेकिन कानून और व्यवस्था जैसे विषय अर्थात् प्रभावी राजनीतिक नियंत्रण पूरी तरह प्रांतीय गवर्नरों के पास रह गया। यद्यपि उसी वर्ष अपने अमृतसर सत्र के दौरान कांग्रेस ने इसे स्वीकार कर लिया, लेकिन कांग्रेस का चेहरा स्वयं बड़ी तेजी से बदल रहा था और वह इन सुधारों को असन्तोषप्रद मानने लगी थी। इसके एक दशक भीतर ही मोहनदास गांधी के नेतृत्व में राष्ट्र ने वर्ष 1921 और वर्ष 1930-32 के दो बड़े सविनय अवज्ञा आन्दोलनों को देखा। इन आन्दोलनों में पहली बार साधारण लोगों, खासकर किसानों ने भारी संख्या में शिरकत की। कांग्रेस पहले ही पूर्ण स्वराज्य के लक्ष्य को अंगीकार कर चुकी थी। इस नई स्थिति का सामना करते हुए गवर्नमेंट ऑफ इंडिया एक्ट 1935 के अन्तर्गत प्रातिनिधिक सरकार की नई योजना लायी गई। इस कानून के तहत प्रान्तों में निर्वाचित प्रतिनिधियों को ठोस अधिकार दिए गए, लेकिन आपात स्थिति में गवर्नर को निषेधाधिकार दे दिया गया। केन्द्र के लिए यह प्रस्ताव न केवल

अवरोधक था, बल्कि भारतीय राजाओं को इतना अधिक प्रतिनिधित्व दे दिया कि इसका प्रातिनिधिक चरित्र केवल नाममात्र का रह गया। साथ ही, मंत्रियों को केवल आन्तरिक मामले में ही अधिकार था। यह स्वाभाविक रूप से राष्ट्रवादियों को स्वीकार नहीं था। लेकिन, 1937 ई. में कांग्रेस और मुस्लिम लीग ने प्रान्तीय चुनाव लड़ने व सरकार बनाने का निर्णय लिया। लेकिन, जब ऐसा लग रहा था कि प्रशासन प्रातिनिधिक होता जा रहा है, तभी मताधिकार को निश्चित शैक्षिक और सम्पत्ति-योग्यताओं के साथ केवल तेरह प्रतिशत आबादी तक सीमित कर दिया गया। 1937 ई. के प्रान्तीय चुनाव हेत निर्वाचकों की कुल संख्या 5 करोड़ 70 लाख थी।

द्वितीय विश्वयुद्ध की शुरुआत और भारतीय लोगों के विचार को जानने का प्रयास किए बिना वायसराय लिन्लिगो की यह घोषणा कि भारत जर्मनी के साथ युद्धरत है, के साथ ही सीमित प्रातिनिधिक सरकार के प्रयोग का अन्त हो गया। 1942 ई. में महात्मा गांधी के आह्वान पर एक दूसरा संघर्ष 'भारत छोड़ो आन्दोलन' शुरू हुआ। लेकिन, द्वितीय विश्वयुद्ध की समाप्ति के बाद ही वार्ता फिर से शुरू हुई जो अन्ततः भारत और पाकिस्तान के रूप में भारत विभाजन और दोनों देशों की पूर्ण स्वतंत्रता में फलीभूत हुई।

स्वतंत्रता के बाद एक संविधान सभा गठित हुई जिसके सदस्य, हालाँकि, उसी सीमित मताधिकार के आधार पर निर्वाचित हुए थे। इस संविधान सभा ने ब्रिटिश और अमेरिकी संविधानों का अधिकाधिक अनुकरण कर राष्ट्र को सरकार की एक द्विसदनी संसदीय ढाँचा दिया जिसमें राष्ट्रपति को राष्ट्राध्यक्ष तथा संसद के निम्न सदन अर्थात् लोकसभा द्वारा चयनित प्रधानमंत्री को सरकार का प्रधान बनाया गया। वयस्क मताधिकार के सिद्धान्त को सभी पुरुषों और औरतों के साथ जिन्हें समान मताधिकार प्राप्त था, स्वीकार किया गया। एक स्वतंत्र न्यायपालिका का भी प्रावधान किया गया। कहना न होगा, एक ही प्रयास में कई सदियों के ब्रितानी और अमेरिकी विकासों को परिवृत्त कर लेने की यह एक बहुत बड़ी छलाँग थी। लेकिन यह छलाँग भी अपनी समस्याएँ छोड़ गई। इस प्रणाली की प्रवृत्ति एक जैविक विकास की मानिन्द लोगों की जागरूकता के साथ विकसित न होकर कर्मकांडीय बन गई। किन्तु, प्रजातंत्र के अपने अन्तःप्रज्ञात्मक बोध से लोग इसके बुनियादी मूल्यों से ज्यादा जुड़ते जा रहे हैं तथा उन अवरोधों के प्रति गुस्से का इजहार कर रहे हैं जिन्हें उनकी आजादी के रास्ते में लाने का प्रयास किया जाता है। भारत में भी इंग्लैंड की तरह जनता के एक बड़े हिस्से द्वारा इस प्रणाली के अन्तर्गत अपने अधिकार का अनुभव किया जा रहा है। हालाँकि, इंग्लैंड में जिस तरह इस प्रणाली को लोगों ने एक-एक ईंट लगाकर खड़ा किया था, उस तरह भारत में नहीं हुआ। भारत में यह प्रणाली

एक सांविधानिक कार्य से ही खड़ी कर दी गई। लेकिन, अब लोग इस प्रणाली को रक्त और मांस प्रदान करने के लिए परत दर परत इससे जुड़ने लगे हैं।

सन्दर्भ

1. द इंडियन नेशनल मूवमेंट-1885-1947, सेलेक्ट डॉक्यूमेंट, एडिटेड बाई बी.एन. पांडे, मैकमिलन, 1979, पृ. 30-31

अध्याय–7

स्वतंत्रता और समानता

हम यह देख चुके हैं कि प्रथम विश्वयुद्ध के अन्त तक लोकतंत्र और प्रातिनिधिक सरकार के सिद्धान्त को यूरोप में व्यापक स्वीकृति मिल चुकी थी, यद्यपि कुछ सरकारें और निहित स्वार्थवाले लोग अभी भी मौजूद थे जो अपनी पुरानी संस्थाओं के थन बने हुए थे। प्रथम विश्वयुद्ध की समाप्ति के बाद यूरोप के अनेक भागों में विद्रोह हुए। रूस में जार ने फरवरी, 1917 में सत्ता छोड़ी और उसी वर्ष अक्टूबर महीने में बोल्शेविकों ने युद्ध जारी रखने के विरोधी कामगारों, किसानों और सिपाहियों के विद्रोह के फलस्वरूप सत्ता पर कब्जा जमा लिया। जर्मनी में वर्ष 1918–19 में कामगारों का विद्रोह हुआ था। जो सत्ता पर कब्जा जमाने में तो विफल रहा, लेकिन उसने ऐसी स्थिति जरूर पैदा कर दी कि वेमर गणराज्य अस्तित्व में आ गया जो पूर्ण राजनीतिक स्वतंत्रता और प्रातिनिधिक सरकार की गारंटी देता था। इस तरह पूरे यूरोप में कामगार वर्ग तूफान खड़ा किए हुए था। इटली में 1920 ई. की हड़ताल के दौरान कुछ इलाकों के कारखानों पर कामगारों ने कब्जा जमा लिया था। हालाँकि आर्थिक प्रतिबन्धों के कारण कामगार शान्त हो गए। हंगरी में भी कामगारों का आन्दोलन हुआ था जो दबा दिया गया।

कामगार वर्ग की जागृति एवं यूरोप में कामगारों की भारी संख्या को देखते हुए इस चीज की प्रबल सम्भावना बन गई थी कि प्रजातंत्र अब समाजवादी प्रजातंत्र हो जाएगा। रूस में कामगार वर्ग का आन्दोलन सफल रहा और इसने अन्य देशों में काम करनेवाले मजदूरों को प्रेरणा दी। इससे शासक वर्गों के हृदय में भय बैठ गया। यूरोपीय मध्यवर्ग जिसने लोकतंत्र की लड़ाई की अगुआई की थी तथा जो स्वयं अभी विकास कर रहा था, ने अपना इरादा बदल लिया और इसके जानी दुश्मन बन गए। जर्मन सोशल डेमोक्रेटिक नेता कार्ल कौत्स्की ने इस रुझान को समझ लिया था। उसने टिप्पणी की, कामगार वर्ग का अधिकार जैसे ही संसदीय संस्थाओं पर होगा, शासक वर्गों का उन संस्थाओं पर से विश्वास खत्म होना शुरू हो जाएगा।

ऐसी अनुभूति थी कि समाज में यदि विशेषाधिकारों के आधार पर तीक्ष्ण विभाजन हो तो आजादी वहाँ ठीक से कायम नहीं रहती है।

जॉन स्टुअर्ट मिल का नाम 19वीं सदी की आजादी के महान योद्धाओं में शुमार होता है। उन्होंने भी स्वतंत्रता और समानता के नजदीकी सम्बन्ध को महसूस किया था। यद्यपि आरम्भ में वह इस सोच के थे कि मध्यवर्गीय सम्बन्ध के ढाँचे में भी स्वतंत्रता सम्भव हो सकती है, लेकिन कालान्तर में उनका यह सोच बदल गया और वह मानने लगे कि भारी असमानताओं एवं आबादी के एक अच्छे-खासे हिस्से की महरूमियत के साथ स्वतंत्रता सुसंगत नहीं हो सकती है। इसलिए, उसने समाजवाद के एक उदार ढाँचे को स्वीकार किया। उन्होंने अपनी सामान्य सम्पूर्णता के साथ स्वयं को इतिहास के प्रेक्षित तथ्यों पर आधारित करते हुए सम्पत्ति की अलंघ्यता के विचार का खंडन किया। वह लिखते हैं :

> कानून या रिवाज के सुधार हेतु यदि कोई प्रस्ताव आता है तो जरूरी नहीं कि उसका विरोध हो क्योंकि इसे अंगीकार करने का मतलब होगा मानवीय कार्यों का विकास और सुधार, न कि सम्पत्ति के मौजूदा विचारों के प्रति मानवीय कार्यों का अनुकूलन। सम्पत्ति के स्वामी राज्य से क्षतिपूर्ति का न्यायोचित दावा करते हैं और स्वामित्व सम्बन्धी ऐसे कानूनी अधिकारों के पक्ष में उक्त दावे के प्रति बगैर किसी पूर्वग्रह के यह कहा जाता है, क्योंकि जनता के लाभ के लिए वे बेदखल हो जा सकते हैं। इस न्यायोचित दावे के आधार और सीमाएँ स्वयं एक विषय हैं जिसके बारे में इसके बाद चर्चा की जाएगी। हालाँकि, ऐसी स्थिति में समाज को यह हक है कि वह ठीक से विचार करने के बाद लोकहित के लिए सम्पत्ति के विशेषाधिकार को बदल या रद्द कर सकता है। हमने पूर्व के अध्याय में देख लिया है कि समाजवादी समाज की वर्तमान आर्थिक व्यवस्था के विरुद्ध एक भयानक कांड खड़ा करने में सक्षम है। वह कांड सुनिश्चित रूप से उन सभी तरीकों के एक पूर्ण विचर की माँग करता है जिनसे संस्थाओं के निर्मित होने का अवसर मिलता है और वे समाज के उस वृहत् भाग के फायदे के लिए जोरदार ढंग से काम करती हैं जिसे वर्तमान में इसके प्रत्यक्ष लाभ का न्यूनतम अंश ही प्राप्त हो रहा है।[1]

अब यूरोपीय समाज के एक हिस्से में स्वतंत्रता और सम्पत्ति के बीच खंडन सूझने लगा था। इसलिए, शासक वर्गों ने लोकतांत्रिक संस्थाओं पर हमला करना शुरू कर दिया। उनके इस प्रयास को इस तथ्य से भी बल मिला कि युद्ध ने यूरोपीय समाज को एक बूचड़खाने में तब्दील कर दिया था।

युद्ध से अर्थव्यवस्था बिलकुल चरमरा गई थी। सभी उत्पादक गतिविधियाँ ठप पड़ गई थीं। सभी जगह चीजों की कमी थी। मुद्रा स्फीति सर्पिल गति से बढ़ने लगी

थी। सबसे बड़ी बात थी, जर्मनी पर युद्ध की क्षतिपूर्ति चुकता करने का भार, जिसकी अदायगी उसके वश से बाहर थी। यद्यपि राष्ट्रपति विल्सन का राष्ट्रों के लिए आत्मनिर्णय के अधिकार का आदर्श आनन-फानन स्वीकार किया गया, पुरानी साम्राज्यवादी आकांक्षा का वस्तुत: कभी त्याग नहीं किया गया। इटली सरीखे राष्ट्र इस असन्तोष से उफन रहे थे कि युद्ध से उन्हें कोई उपनिवेश या क्षेत्रीय भू-भाग जो मिलना चाहिए था, नहीं मिला। समानता और खंदकों के कामरेडपन से लौटे सिपाही सहसा स्वयं को समाज के निचले स्तर पर सम्पत्ति के एक कुलीनतंत्र के अधीन देखा। रूस को छोड़कर शेष सभी जगहों पर वे कामगारों के भाईचारे पर आधारित एक सुनहरी दुनिया रचने के अपने स्वप्न को साकार कर पाने में विफल रहे। कामगार वर्ग, खासकर जर्मनी और इटली के, आन्दोलनकारी प्रयासों में अपनी विफलता के लिए काफी शर्मिन्दा था। मध्यवर्ग जो सामाजिक और आर्थिक रूप से बड़ी तेजी से डूब रहा था, कामगार वर्ग का उत्थान उसे धमकी-सा लगने लगा था। अतएव, यह वर्ग कामगार वर्ग का दुश्मन बन गया। यह वर्ग सशस्त्र बलों के होकर साम्राज्य और दूरस्थ जमीन के गौरव से अपनी पहचान जोड़ ली। इसकी इच्छा नहीं थी कि कामगार वर्ग के साथ उसका कोई साझा हित खड़ा हो। यह चाहता था कि कामगार वर्ग अपने उचित स्थान पर ही बना रहे। इस वर्ग को अन्तरराष्ट्रीयवाद से कोई लेना-देना नहीं था। मध्यवर्ग के राष्ट्रीय गौरव की खोज पूरी तरह पूँजीवादियों की उपनिवेश-खोज से अन्तर्ग्रथित थी। साथ ही, संसदीय संस्थाओं के विकास एवं सार्वभौमिक मताधिकार के बावजूद पुरानी नौकरशाही, सशस्त्र बलों के पुराने विशिष्ट अधिकारी वर्ग, पुराने विद्यालय के हठधर्मी राजनेता, सभी ने अपना पुराना ओहदा पुन: धारण कर लिया। वे स्पष्ट रूप से इस नए राजनीतिक विचार के दुश्मन थे। उन्होंने चुपके से इस विचार को खत्म करने का काम किया। इन सभी कारकों से फासीवादी आन्दोलन उत्पन्न करने में सहयोग मिला जिसने खुलेआम लोकतांत्रिक संस्थाओं को ध्वस्त कर देने का प्रण लिया। पुराना विशेषाधिकार प्राप्त वर्ग तत्क्षण अपनी उत्तरजीविता के अन्तिम अवसर के रूप में इससे चिपक गया।

एक दूसरा कारक जिसने फासीवाद की मदद की, वह था अक्टूबर-क्रान्ति के बाद का स्वयं रूस का विकास। उक्त क्रान्ति के बाद जबर्दस्त गृहयुद्ध शुरू हुआ जिसमें पिछले शासनकाल के सहयोगियों ने हस्तक्षेप किया। इस तरह, कामगार वर्ग के इस आन्दोलन को दिवालिया अर्थव्यवस्था,लम्बे संघर्ष से थक चुके कामगार वर्ग और नृशंस गृहयुद्ध जिसमें श्वेत आतंक की जगह लाल आतंक ने ले लिया था जिसके कारण लोगों में व्याप्त कटुता, ये तीन चीजें हाथ लगीं। वह जनसमुदाय जो मनुष्यों के एक बड़े भाईचारे का निर्माण करने चला था, उसको लगता था कि वह खुद दुश्मन के जासूसों द्वारा घेर लिया गया है तथा उसके चारों तरफ वर्ग दुश्मन मुस्तैद हैं। इस तरह, उस वृहत् भ्रातृत्व निर्माण का स्वप्न खत्म हो गया। इन परिस्थितियों

में प्रजातंत्र के उत्तरजीवी होने का थोड़ा अवसर था क्योंकि प्रजातंत्र के लिए सहिष्णुता का वातावरण जरूरी है। जनता के भयमनोविज्ञान पर काम करते हुए बोल्शेविक पार्टी का एक गुट उन सबको खत्म करने में सफल हो गया जिनसे उसके अस्तित्व को धमकी मिलती थी या जो उसकी बुद्धिमत्ता पर सवाल उठाते थे। जल्द ही एक सर्वशक्तिशाली गुप्त सेवा अस्तित्व में आनेवाली थी। यह नवसृजित सोवियत राज्य के नागरिकों के जीवन पर छा गई। सोवियत संघ के शासकों ने इन विकासों को उत्तरजीविता की आवश्यकता से जनता पर लादे गए अस्थायी कार्यसाधकों के रूप में नहीं लिया बल्कि संक्रमणकालीन समाजवादी राज्य के आदर्श के रूप में लिया। उन्होंने सर्वहारा की तानाशाही के रूप में प्रणाली का पवित्रीकरण किया, यद्यपि सर्वहारा को राज्य के शासकों के विरोध में अँगुली उठाने का भी अधिकार नहीं था।

सोवियत राज्य की तानाशाही शीघ्र ही फासीवादी राज्यों के लिए मॉडल बन गई। वस्तुतः फासीवादी राज्यों का उदय बाद में हुआ। मुसोलिनी फासीवाद का बहुत बड़ा पुरोधा था। वह सोवियत प्रणाली के गठन को इस बात के सबूत के तौर पर पेश करता था कि उदार लोकतंत्र के अब गिने चुने-दिन रह गए हैं, उदार लोकतंत्र अब विदा होनेवाला है। साम्यवादी भी लोकतंत्र की भर्त्सना करते हुए कभी थकते नहीं थे। वे सोशल डेमोक्रेट्स पर फासीवादियों से कहीं तेज हमला करते थे और आरोप मढ़ते थे कि सोशल डेमोक्रेट्स जनता में लोकतांत्रिक भ्रम पैदा करते हैं। फासीवादियों और साम्यवादियों के दोहरे आक्रमण से लोकतांत्रिक शक्तियाँ हर जगह पीछे लौटने लगीं।

फासीवाद का प्रथम बड़ा प्रघात इटली में हुआ। फासीवादियों ने पहले हड़ताल तोड़क गुंडों का गिरोह खड़ा किया। इसके बाद हर प्रकार के असन्तुष्ट तत्त्वों एवं निम्नवर्गीय लोगों का एक अर्द्धसैनिक बल तैयार किया। फिर, युद्धोत्तर अव्यवस्था एवं मनोबल ह्रास की स्थिति का फायदा उठाते हुए 1922 ई. में वे राजा को डराने लगे और राजा पर दबाव बनाया गया कि वह मुसोलिनी को सरकार गठित करने का अवसर दे। नवम्बर, 1922 ई. में मुसोलिनी को राजा और संसद से तानाशाही शक्तियाँ मिल गईं कि वह व्यवस्था को फिर से बहाल करें एवं सुधार कार्यक्रम चलाएँ। शीघ्र ही, सत्ता सँभालने के बाद मुसोलिनी ने फासीवादी समर्थकों को प्रशासक एवं उपप्रशासक के रूप में नियुक्त किया और उनके सहयोग से धीरे-धीरे राज्य के तंत्रों पर अपना नियंत्रण जमाया। हालाँकि, संसद में मुसोलिनी के दल का नाममात्र का प्रतिनिधित्व था। इसके साथ ही यूरोप में फासीवाद के अन्धयुग की शुरुआत हो गई। फासीवादी गुंडों और पुलिस ने तुरन्त वाम और लोकतांत्रिक संगठनों पर हमला बोल दिया। फासीवाद विरोधी लोगों की हत्याएँ हुईं, उनके साथ मारपीट की गई तथा उनके गले में कैस्टर आयल डाला गया। इस तरह, लोकतांत्रिक संस्थाओं को उखाड़ फेंकने का उनका प्रयास अनवरत जारी रहा। लोगों में महँगाई

और बेरोजगारी के कारण व्यापक बेचैनी थी और इसके लिए सोशल डेमोक्रेट्स को ही जिम्मेवार ठहराया जा रहा था क्योंकि युद्धकाल से ही सोशल डेमोक्रेट्स प्रायः सरकार के साथ रहे थे। साम्यवादियों का सोशल डेमोक्रेट्स की साख समाप्त कर देने का प्रयास स्थायी रूप से चलता रहा। इसके लिए वे नाजियों से भी मिल गए। 1933 ई. तक सोशल डेमोक्रेट्स और साम्यवादियों का संयुक्त मोर्चा फासीवादियों को परास्त कर देता था। लेकिन, बाद में वे एक-दूसरे के विरोधी बन गए। इसलिए, अल्पमत की शक्ति से ही हिटलर सत्ता में आ गया। सत्ता में एक बार आ जाने के बाद उसने यह देख लिया कि विपक्षी संत्रस्त और दमित हैं। उसने एक सर्वसत्तात्मक प्रणाली की स्थापना की जो इटली की सत्ता से भी ज्यादा क्रूर और स्थायी थी। मुसोलिनी और हिटलर, दोनों ने युद्ध और सैन्यवाद को गौरवान्वित किया। मुसोलिनी ने 1934 ई. में अपना दुस्साहस अबिसिनिया में दिखाया, हिटलर का 'निवास स्थान' का सपना अन्ततः पूरे यूरोप एवं एशिया व अफ्रीका के वृहत् भागों को इतिहास के सबसे बड़े रक्तरंजित युद्ध में समेट लिया।

परन्तु, यूरोप के दूसरे भागों के शासक वर्ग भी फासीवादी शक्तियों को सहारा देने का प्रयास कर रहे थे ताकि लोकतांत्रिक संस्थाओं के माध्यम से कामगार वर्ग सत्ता में नहीं आ पाए। 1930 ई. तक यूरोप के लगभग सभी राज्यों में फासीवादी दल बन गए थे। जर्मनी में साम्यवादियों की काफी मजबूत स्थिति थी। लेकिन, नाजियों ने जब उनके दल पर जोरदार प्रहार किया तो साम्यवादियों को देर से इस बात का भान हुआ कि फासीवाद लोकतांत्रिक संस्थाओं के अस्तित्व के साथ उनके अस्तित्व के लिए भी खतरनाक है। इसलिए, साम्यवादियों ने दहशत में 1935 ई. से फासीवाद को परास्त करने के लिए एकीकृत मोर्चा की नीति अपनाई जिसके तहत सभी तरह के लोगों से हाथ मिलाया गया। इस मोर्चे में उन्हें भी शामिल किया गया जो कामगार वर्ग के विरोधी थे। फ्रांस और स्पेन में यह एकीकृत मोर्चा एक शक्तिशाली चुनावी शक्ति बन गया और 1936 ई. के चुनाव में इन दोनों जगहों पर इसे भारी बहुमत हासिल हुआ। फलस्वरूप, वहाँ मोर्चा की सरकार बनी। लेकिन साम्यवादी इतने दहशत में थे कि दक्षिणपंथी दलों के साथ मित्रता बनाए रखने के लिए उन्होंने कामगार वर्ग को सख्त नियंत्रण में डाल दिया था। उसे अपने आत्म-बचाव की स्थिति में भी दक्षिणपंथियों से संघर्ष नहीं करने की नसीहत दी गई थी। इसका नतीजा यह हुआ कि दक्षिणपंथी शक्तियाँ एकीकृत मोर्चा सरकार के विरुद्ध अन्दर और बाहर दोनों तरफ से कार्य करना शुरू कर दीं। स्पेन में जनरल फ्रांको के नेतृत्व में सशस्त्र बलों के एक गुट ने गृहयुद्ध शुरू कर दिया जिसे हिटलर और मुसोलिनी दोनों का खुला समर्थन मिला। लेकिन, शासक वर्ग वाम आधिपत्य वाले एकीकृत मोर्चा सरकार के इतने बड़े दुश्मन थे कि लोकतांत्रिक ब्रिटेन और फ्रांस की लोकप्रिय मोर्चा सरकार द्वारा स्पेन की उचित रूप से निर्वाचित सरकार को हथियार

बेचने से भी इनकार कर दिया गया। फ्रांस की प्रतिफासीवादी शक्तियाँ अन्ततः 1939 ई. में स्पेन के रिपब्लिक को उखाड़ फेंकने में सफल हो गईं।

फ्रांस में दक्षिणपंथियों का दबाव एक समन्वित प्रयास था जिसमें बाहरी दबाव का ध्यान एकीकृत मोर्चा के अन्दर दिया जाता था जहाँ अनेक दक्षिणपंथी तत्त्व विराजमान होते थे। एकीकृत मोर्चा के अन्दर की सत्ता जानबूझकर पैदा की गई संकटों की श्रृंखला के कारण वामपंथियों के हाथ से निकलकर दक्षिणपंथियों के हाथ में आ गई और अन्ततः वामपंथियों को सरकार से बाहर कर दिया गया और प्रतिफासीवादी विची सरकार का गठन किया गया। लोकतंत्र उक्त मोर्चा की पूरी अवधि भर एकान्तवास में रहा। फ्रांस और इंग्लैंड की सरकारें केवल फासीवादी सत्ता को खुश करने का प्रयास कर रही थीं। रियायत पर खरीद समझौता हुआ जिसमें उक्त सरकारों ने हिटलर को काफी छूट दीं तथा उसके साथ झंझट से बचने के लिए आस्ट्रिया और चेकोस्लोवाकिया ने उसके अधिनियम को जायज करार दिया। इसके बाद स्तालिन ने हिटलर की तरफ दोस्ती का हाथ बढ़ाया और जर्मनी से विवाद नहीं करने का एक समझौता किया। हालाँकि, हिटलर इन सब चीजों का सम्मान नहीं करता था। उसने पहले पोलैंड पर आक्रमण किया और इंग्लैंड को युद्ध में आने के लिए बाध्य किया और वह एक न एक दिन सोवियत संघ पर आक्रमण करनेवाला था क्योंकि उसके दिमाग में यह बात थी कि वह पूरब और पश्चिम दोनों क्षेत्रों में अपनी सत्ता कायम कर सकता है।

द्वितीय विश्वयुद्ध का परिणाम सुविदित है। चूँकि इस युद्ध में फासीवादी शक्तियाँ एक तरफ एक धुरी से बँधी हुई थीं, इसलिए उनकी हार से कुछ समय के लिए फासीवादी खेमे में भगदड़ मच गई। इस अनुभव से दो चीजें उभरकर सामने आईं। पहली चीज यह कि चूँकि यह युद्ध स्वतंत्रता और लोकतंत्र के मुद्दे पर लड़ा गया था इसलिए पूरी दुनिया में स्वतंत्रता के लिए एक शक्तिशाली राष्ट्रवादी आन्दोलन खड़ा हो गया। पुरानी साम्राज्यवादी शक्तियों में उतनी शक्ति नहीं रह गई थी कि वे अपने उन साम्राज्यों पर शासन चला सकें जो राष्ट्रवादी जागरण को झेल रहे थे। साथ ही, संरक्षण देने के लोकतांत्रिक अधिकारों को औपचारिक मान्यता देनी थी जिसके लिए मित्रराष्ट्रों ने युद्ध किया था और वे उसका दावा कर रहे थे। दूसरी चीज थी, इन विकासों द्वारा लगाए गए इन व्यवरोधों के तहत विकसित देशों के पूँजीपतियों ने कम से कम स्वतंत्र मजदूर संघ आन्दोलन एवं लोकतांत्रिक संविधानों के साथ रहना सीख लिया। इसका अपरिहार्य फल यह निकला कि इससे उस कल्याणकारी राज्य के सिद्धान्त को स्वीकृति मिल गई जिसमें कामगार वर्ग को भारी छूट दी जानी थी।

यह परिवर्तन इसलिए हुआ क्योंकि तीस के दशक एवं लोकस्मृति में बैठे युद्ध के अनुभव से सोशल डेमोक्रेटिक दलों को बहुत कुछ हासिल हुआ। अनेक यूरोपीय देशों में उनकी सरकारें कायम हो गईं। कामगारों के कल्याण के लिए उनके द्वारा

बहुत से कानून बनाए गए जिसको केवल फासीवाद के पुनरुत्थान से ही नकारा जा सकता था जिसकी ऐतिहासिक रूप से कोई सम्भावना नहीं थी। युद्ध तुरन्त समाप्त हुआ था और फासीवाद की भयावहता लोगों के दिमाग में अभी कायम थी।

युद्ध से दूसरी शक्तियों का उदय हुआ। धुरी शक्तियों से युद्ध के कारण जीवन और मौत के संघर्ष की जो स्थिति बनी थी, इस स्थिति ने संयुक्त राष्ट्र, ग्रेट ब्रिटेन और सोवियत संघ सरीखी महाशक्तियों को एक घोषणा जारी करने के लिए बाध्य कर दिया। यह घोषणा अन्तरराष्ट्रीय सम्बन्धों के भविष्य के लिए खासकर मानवाधिकारों के भविष्य के लिए, महत्त्वपूर्ण साबित होनेवाली थी। 1942 ई. के धुँधले समय में जब धुरी शक्तियाँ अधिकांश मोर्चों पर इन शक्तियों के साथ घुल-मिल जाने लगीं तो इन महाशक्तियों ने अपने अन्य मित्र राष्ट्रों के साथ मिलकर स्वयं को संयुक्त राष्ट्र की संज्ञा देते हुए सभी व्यक्तियों की स्वतंत्रता के अधिकारों की घोषणा की जो उनके युद्ध का लक्ष्य था। इसे आवश्यक समझा गया कि वैसे पराधीन लोगों के समर्थन को सूचीबद्ध किया जाए जिनकी संख्या काफी थी तथा जिनके क्षेत्र पर भी युद्ध का साया पड़ा था या युद्ध जीतने के लिए जिनका व्यक्ति और वस्तु के साथ वह सहयोग अनिवार्य माना गया जिसका प्रतिफल इतने बड़े महत्त्व का था। यह उत्तरजीविता की निरा इच्छा थी जिसने उन्हें इस ज्ञान के साथ वह घोषणा तैयार करने के लिए बाध्य कर दिया कि लोग जब अपनी आजादी की लड़ाई लड़ रहे होते हैं तो वे अपना सबसे बढ़िया प्रयास दिखाते हैं। उन्होंने अटलांटिक चार्टर के आधार पर सहयोग करने के लिए 01 जनवरी, 1942 ई. को एक घोषणा की जिसके अनुसार जर्मनी, इटली और जापान से लड़ने के लिए अपने सारे संसाधनों को झोंक देना था। उक्त घोषणा पर संयुक्त राष्ट्र, ग्रेट ब्रिटेन और सोवियत संघ ने दस्तखत किए। इनके अलावा 23 अन्य युद्धरत देशों ने भी दस्तखत किए। चूँकि युद्ध समाप्ति के करीब था, इसलिए संयुक्त राष्ट्र संघ के चार्टर को पूरा करने के लिए सेन फ्रांसिस्को में अप्रैल और जून, 1945 ई. के बीच 49 राष्ट्रों के प्रतिनिधिमंडल की बैठक सम्पन्न हुई। संयुक्त राष्ट्र उस वक्त किसी साम्राज्य की उलझन में नहीं था, इसलिए इसने युद्धोद्देश्यों को शक्ल देने में महत्त्वपूर्ण भूमिका अदा की। ग्रेट ब्रिटेन और सोवियत संघ का भाग्य शून्य में लटका था। इनके पास यू.एस.ए. के विचारों का समर्थन करने के अलावा दूसरी कोई इच्छा नहीं थी। सेन फ्रांसिस्को में संयुक्त राष्ट्र के मूल चार्टर पर दस्तखत करनेवाले 49 राज्यों में से इथोपिया और लिबेरिया काले लोगों का प्रतिनिधित्व करता था। दूसरे रंग का प्रतिनिधित्व करनेवाले अनेक राष्ट्रों के पास महासम्मेलन के लिए सही प्रतिनिधि नहीं थे। वे महाशक्तियों में से एक के परोक्षी प्रतिनिधिगण थे। लेकिन, प्रतिनिधित्व का एक ढाँचा और आदर्श अस्तित्व में आ गया जिसका क्षेत्र एशिया, अफ्रीका और लातिन अमेरिका सरीखे नए राष्ट्रों के प्रवेश करने के साथ बढ़ गया। चूँकि एशिया, अफ्रीका और लातिन

अमेरिका को राष्ट्रीयता प्राप्त हो चुकी थी, इसलिए इन्होंने एक स्वतंत्र हस्ती के रूप में अपनी उपस्थिति का अहसास कराया। पुराना साम्राज्य हर जगह डगमगाने लगा था और इन पुराने साम्राज्यों के एक बड़े भाग के अन्दर काले लोगों की संख्या बहुत ज्यादा थी। फलस्वरूप, संयुक्त राष्ट्र में काले लोगों का प्रतिनिधित्व करनेवाले बहुमत में हो गए, इस तरह, नस्लीय भेदभाव एवं औपनिवेशिक आधिपत्य पर प्रहार किया जाना शुरू हो गया। पश्चिमी लोकतंत्रों के प्रतिनिधि अपने दिमाग में फासीवाद की ताजा स्मृति के साथ नए निकाय के आदर्शों में उस स्वतंत्रता को अंकित कर देने के लिए उत्सुक थे जिसे उन्होंने करीब दो सदियों के अपने प्रयास से जीता था। इस तरह, विभिन्न कारकों के संयोजन के माध्यम से संयुक्त राष्ट्र ने मानवाधिकारों से सम्बन्धित चार्टर को आकार दिया। यह जैसे-जैसे अपने से पूर्णरूप में विकसित हुआ, इसने उक्त चार्टर में उन आदर्शों को सम्मिलित कर लिया जो किसी भी देश के द्वारा अभी तक महसूस नहीं किया गया था। फिर भी, यह एक प्रकाश बन गया जो पूरी दुनिया के लोगों को इन आदर्शों का अनुभव करने का प्रयास करने के लिए प्रेरित कर सकता था। मैग्नाकार्टा के मिथक के समान इस चार्टर ने भी पुनः एक मिथक प्रस्तुत किया जिसके माध्यम से पूरी दुनिया में मानवजाति की स्वतंत्रता की भीख माँग रहे अज्ञानियों ने इसका ठोस अनुभव किया।

> यह चार्टर काफी बोधशील है। यह न केवल विचार, अभिव्यक्ति, सांगठनिक गतिविधि इत्यादि की नागरिक स्वतंत्रता की गारंटी देता है, बल्कि उन आर्थिक उपायों को भी परिवेष्टित करता है जो इन स्वतंत्रताओं को वास्तविक रूप देते हैं। इसमें किसी भी तरह की गुलामी एवं क्रूर या अमानवीय व्यवहार के विरुद्ध अनुच्छेद दिए गए हैं। इसमें पूर्ण लैंगिक समानता की बात कही गई है जो केवल स्वतंत्र एवं पारस्परिक सहमति के आधार पर शादी की इजाजत देती है। इसमें प्रत्येक व्यक्ति के स्वतंत्र पसन्द आधारित रोजगार के अधिकार एवं बेरोजगारी के विरुद्ध संरक्षण के अधिकार की बात कही गई है।[1]

वस्तुतः संयुक्त राष्ट्र को सृजित कर महाशक्तियों (यू.एस.ए., सोवियत संघ, ग्रेट ब्रिटेन) ने अपने अस्तित्व को मिल रही गम्भीर धमकी के मद्देनजर एक बल का गठन किया जिसके बारे में वे सामान्य परिस्थितियों में कभी सोच नहीं सकते थे। संयुक्त राष्ट्र की महापरिषद में अपना प्रतिनिधि देनेवाली अधिकांश सरकारों के लिए अपनी जनता पर इस चार्टर के प्रभाव को लागू कर प्रायश्चित्त करना अनिवार्य था। उन्हें संयुक्त राष्ट्र में हर दिन अपनी गलतियों और भूलों के लिए परेशान करनेवाले प्रश्नों व भर्त्सनाओं को झेलना पड़ता था। वे इसे वह घर बना चुके थे जिसमें अनुपयोगी लकड़ियाँ रखी जाती हैं। इसे उनका सौभाग्य कहा जाएगा कि सभी राष्ट्रों के पास छुपाने के लिए अपना अस्थिपंजर है, इसलिए वे आपस में

कीचड़ उछालकर चल देते हैं। लेकिन, उसमें जो बहस होती है वह काफी दूर तक प्रतिगुंजित होती है क्योंकि उनकी रपटें रेडियो पर सुनाई जाती हैं और समाचार-पत्रों में प्रकाशित होती हैं जो आजादी की नई भूख और आशाएँ जगाती हैं। लेकिन, वहाँ राष्ट्रीय संकीर्णता की जो अपीलें की जाती हैं, वे प्राय: अस्थायी तौर पर लोगों का ध्यान आजादी और आर्थिक न्याय के मुद्दे से मोड़ देती हैं। इस सन्दर्भ में संयुक्त राष्ट्र आज सही में एक अ-संयुक्त राष्ट्र बन गया है क्योंकि राष्ट्रों की आपसी दुश्मनी के कारण हर जगह जनता का सामान्य हित नेपथ्य में चला जा रहा है। फिर भी, एक शक्ति वजूद में आ गई है जिसके प्रभाव से ज्यादा देर तक बचा नहीं जा सकता है। लेकिन, यह भविष्य की बात है। वर्तमान में तो अधिकांश राज्य इस वैश्विक निकाय के चार्टर की मूलभावना के विरुद्ध चलने का प्रयास कर रहे हैं।

यद्यपि द्वितीय विश्वयुद्ध के बाद विश्व के अधिकांश भागों में लोग धीरे-धीरे आत्मशासन या प्रजातंत्र की तरफ बढ़ रहे थे, यूरोप के पूरबी हिस्से में सर्वसत्तावाद को प्रोत्साहन मिल रहा था। स्तालिन का रूस मित्र राष्ट्रों के गुट का एक प्रमुख साथी था और इसे इंग्लैंड और यू.एस.ए. सरीखे सहयोगियों से युद्ध के बाद पूर्वी यूरोप में हस्तक्षेप करने की खुली छूट मिल गई थी। पूर्वी यूरोप के चेकोस्लोवाकिया जैसे कुछ देश हिटलर के आधिपत्य में आने के पूर्व लोकतांत्रिक प्रणालियों से अवगत थे। अब सोवियत आधिपत्य में आने के बाद लोकतांत्रिक प्रणाली या आत्म-शासन की उनकी सारी आशाएँ खत्म हो गईं। उन पर कमोबेश सोवियत संघ के अनुरूप ही साम्यवादी व्यवस्था लाद दी गई और तब से वहाँ यह व्यवस्था कायम है। ड्यूबसेक के नेतृत्व में थोड़े समय के लिए इस व्यवस्था का विरोध हुआ था और उसने कुछ लोकतांत्रीकरण करने का प्रयास किया था, लेकिन अन्तत: उसे चेकोस्लोवाकिया में सोवियत हस्तक्षेप से दबा दिया गया। सोवियत संघ स्वयं एक सख्त साम्यवादी तानाशाही के अधीन रह गया।

युद्ध में फासीवादी शक्तियों की सम्पूर्ण पराजय के बाद फासीवाद को नष्ट किया जा सकता था, लेकिन ऐसा नहीं हो पाया। फासीवादी शक्तियाँ बनी रहीं। इस तरह, फासीवाद का स्थायित्व, जनरल फ्रांको की मरते दम तक की ढीली तानाशाही के स्थायित्व और अतिजीवन तथा विश्वयुद्धोत्तर काल के दौरान सृजित रूसी तानाशाही के स्पष्ट स्थायित्व प्रजातंत्र के भविष्य के बारे में एक गहरे निराशावाद के प्रमाण थे। साथ ही, इस बात का भी...हो गया कि जिन राज्यों में एक बार सर्वसत्तात्मक व्यवस्था कायम हो गई थी वहाँ कोई परिवर्तन नहीं हो रहा था। सर्वसत्तात्मक व्यवस्था ऐसी होती है जो न केवल जनता पर राजनीतिक नियंत्रण करने में विश्वास करती है, बल्कि सख्त नियंत्रण प्रणाली से जनता के सोच और योग्यता पर भी नियंत्रण करने में विश्वास करती है, बल्कि नियंत्रण करने में विश्वास करती है। ऐसा माना गया कि राज्य वैकल्पिक व्यवस्थाओं के बारे में सारी सूचना

बन्द कर अपने नागरिकों के हाथों में इच्छित उपकरण दे सकता है। यह महसूस किया गया कि अनुकूलन के जरिए लोगों को किसी प्रकार का जीवन स्वीकार करने लायक बनाया जा सकता है। मुट्ठीभर उन्नत राज्यों का सर्वसत्तात्मक प्रणाली से पूरे विश्व पर आधिपत्य करने की सम्भावना ने ऑरवेल के उपन्यास 'नाइंटीन एटी फोर' का दुःस्वप्न उत्पन्न कर दिया क्योंकि लोगों के सोच पर उनका पूरा नियंत्रण था। यह भय उत्पन्न हो गया कि कुछ बुद्धिजीवी जो राज्य की बुद्धिमत्ता पर सवाल उठाते हैं, उनका दिमाग साफ किया जाएगा एवं कामगार वर्ग को बुनियादी आवश्यकताओं के प्रावधान, थोड़ी सी विलासिता और मीडिया के जरिए ढेर सारी गलत सूचनाएँ देकर उदासीन बना दिया जाएगा। युद्ध के तुरन्त बादवाले समय में प्रभावशाली साम्यवादी प्रचार एवं साम्यवादी देशों की आन्तरिक स्थिति के बारे में सूचना के अभाव के कारण ऐसा प्रतीत हुआ कि साम्यवादी व्यवस्था सचमुच में एकाश्म हो गई है जहाँ जनता से किसी प्रकार के आन्दोलन की उम्मीद नहीं है। इस निराशावाद को गलत मनोविज्ञान के जरिए बनाए रखा गया। इसका विश्वास मनुष्य की आजादी की स्वाभाविक प्रेरणा को नजरअन्दाज करते हुए इस बात में था कि यह मानवसमाज मोची की पेटी बन जाएगा जिसके अन्दर मनुष्य को उचित संकेतों के साथ इच्छित तरीके से जवाब देने के लायक बना दिया जा सकता है। इस तरह, हम जानते हैं कि एकाश्म का पूरा विचार ही एक मिथक था।

सोवियत संघ में पहला बड़ा अवसर स्तालिन के निधन एवं ख्रुश्चेव के आरोहण से आया। ख्रुश्चेव दशकों तक स्तालिन का विश्वासपात्र रहा था, लेकिन पदारूढ़ होने के बाद उसने स्तालिन की भर्त्सना की। यह स्वयं में इस बात का प्रमाण था कि सत्ता के विरुद्ध आन्दोलन के भाव को कड़े संत्रास के तहत काफी समय तक दबाकर तो रखा जा सकता है, लेकिन इसे सही में कभी कुचला नहीं जा सकता है। अपने निकास के लिए इसे केवल उपयुक्त अवसर की तलाश रहती है। ख्रुश्चेव स्वयं उदारवादी नहीं था, लेकिन सोवियत साम्यवाद के कवच में उसने एक छिद्र बना दिया जो हर रोज बड़ा होता जा रहा है। उसी समय से व्यवस्था के अन्दर का विरोध एक व्यापक घटना बन गई है।

सोवियत संघ में विरोध अभी भी बुद्धिजीवी वर्ग तक ही सीमित है। यह वर्ग काफी संवेदनशील और सुविज्ञ है। सेखरोव सरीखे अन्तरराष्ट्रीय स्तर के ख्यातिलब्ध व्यक्तियों के अलावा सैकड़ों अन्य लेखक, वैज्ञानिक, इतिहासकार इत्यादि हैं जो आजादी के आन्दोलन से जुड़ गए। प्रचुर मात्रा में भूमिगत साहित्य, जिसमें श्रेष्ठ कोटि की साहित्यिक कृतियाँ भी शामिल हैं, जो दिन की रोशनी नहीं देख पाए थे, विभागीय स्वीकृति की प्रतीक्षा करने की मंजूरी मिलते ही प्रकाश में आ गया है। लेकिन, सामान्य जन के बीच आन्दोलन का पैर नहीं जम सका। इसमें यह अक्षम रहा है। इसका आंशिक कारण यह है कि जारशाही ने इतने लम्बे समय तक जनता

को सर्वसत्तात्मक नियंत्रण में रखा था कि कोई परम्परा या संकेत जिन्दा नहीं है जिससे जनता प्रेरणा ग्रहण कर सके। लेकिन, सभी तरह की आत्म-अभिव्यक्ति को निषिद्ध करनेवाले जीवन के प्रति यह अविशिष्ट परायापन मद्यव्यसनता की तरफ ले जाता है जो सोवियत नागरिकों के एक बहुत बड़े भाग को प्रभावित करता है।

परन्तु, तानाशाही के विरुद्ध अपेक्षाकृत अधिक प्रत्यक्ष विद्रोह सोवियत संघ के पूर्वी यूरोपीय साम्राज्य में दिखाई देता है। 1953 ई. में पूर्वी जर्मनी में रूसी कब्जे के विरुद्ध जबर्दस्त विद्रोह हुआ जिसे हिंसक तरीके से सोवियत सेनाओं ने दबा दिया। तीन साल बाद 1956 ई. में हंगरी के लोगों ने विद्रोह किया और सोवियत सेनाओं के आक्रमण का उन्होंने जबर्दस्त प्रतिरोध किया। इसमें हजारों हंगरीवासी मारे गए। यद्यपि कुछ समय के लिए उस विद्रोह को दबा दिया गया, लेकिन नए शासक को लोगों के निष्क्रिय प्रतिरोध के मद्देनजर व्यवस्था को काफी उदार बनाना पड़ा। हंगरी आज आनुषंगिक रूप से पूर्वी यूरोप की साम्यवादी सरकारों में सबसे उदार है।

चेकोस्लोवाकिया में एक दशक बाद उदारीकरण की प्रक्रिया स्वयं व्यवस्था के अन्दर से आरम्भ हुई। पूर्वी यूरोप का यह इकलौता देश था जहाँ लोकतांत्रिक व्यवस्था थी। जर्मनी के नाजियों एवं उसके बाद सोवियत संघ के अधीन आने से पहले यहाँ एक लम्बी लोकतांत्रिक परम्परा थी। ड्यूबसेक के नेतृत्व में साम्यवादी सरकार ने मौलिक लोकतांत्रिक सुधार के अनेक कार्य किए और इसने समूचे आन्दोलन पर गहरा मनोवैज्ञानिक प्रभाव डालना शुरू कर दिया। सोवियत संघ के नेताओं के खड़ा होने के लिए यह बहुत ज्यादा था। 1968 ई. में सोवियत टैंकों का चेकोस्लोवाकिया में प्रवेश हो गया। इसका काफी समय तक लोगों द्वारा अहिंसक प्रतिरोध किया गया एवं इसमें पूरा असहयोग किया गया। लेकि॰ चेकवासियों के विरोधी, जिन्होंने साम्यवादी समुद्र के भीतर एक छोटा-सा टापू बना लिया था, इतने महान थे कि अन्ततः इस आन्दोलन को दबा दिया गया।

परन्तु, इन घटनाओं से आजादी की चिनगारी बुझी नहीं या यूँ कहें कि उक्त चिनगारी को शान्त करने में ये घटनाएँ विफल रहीं। यह चिनगारी प्रत्येक मनुष्य के अन्दर विराजमान है, साम्यवादी व्यवस्था के प्रभाव में रहनेवाले लोगों के अन्दर भी। इसे केवल उपयुक्त अवसर की तलाश रहती है और वह उपयुक्त अवसर मिलते ही यह नए क्षेत्रों में अंगार बनकर फूट पड़ती है।

साम्यवादी तानाशाही के विरुद्ध सबसे महत्त्वपूर्ण आन्दोलन पोलैंड में घटित हुआ था। इस आन्दोलन के दरमियान जो तथ्य प्रकाश में आए उससे साम्यवादी व्यवस्था के भीतर की सड़न का पता चला। इसके बारे में तत्काल यह स्पष्टीकरण दिया गया कि तानाशाही व्यवस्था अत्यन्त जरूरी है। ऐसा देखा गया कि लोगों की बुनियादी जरूरतों को नजरअन्दाज किया जा रहा है जबकि हर तरह की विलासिता

राष्ट्रीय राजस्व की भारी कीमत पर शासक वर्ग के साम्यवादी अभिजात्यों को मुहैया कराई जा रही है एवं प्रशासन के ऊपर के स्तर पर भारी भ्रष्टाचार है। विशेषाधिकार प्राप्त व्यक्तियों की आवश्यकताओं ने अर्थव्यवस्था को एक मोड़ दिया। उनकी आवश्यकताओं को पूरा करते रहने के लिए पश्चिमी देशों से भारी विदेशी कर्ज की जरूरत आ पड़ी। फलस्वरूप, भारी मात्रा में औद्योगिक उत्पादों का निर्यात विदेशी कर्ज की अदायगी के रूप में करना पड़ा। अर्थव्यवस्था की यह स्थिति पोलैंड के लिए अनोखी चीज नहीं थी, लेकिन यह पूरी साम्यवादी दुनिया में सामान्य हो गई थी। चूँकि सोवियत संघ के पास तेल, सोना, प्राकृतिक गैस और अन्य सामरिक महत्त्व की खनिज सरीखी प्रचुर खनिज सम्पदा थी, इसलिए केवल सोवियत संघ ही इस स्थिति में था कि वह आराम से पश्चिम से आयातित वस्तुओं का भुगतान करता था। हालाँकि, आगे चलकर इससे अर्थव्यवस्था पुनः कमजोर हुई। साम्यवादी दल के नेता लोगों की आवश्यकताओं की कठोर अनदेखी कर छुटकारा पा सकते थे क्योंकि लोगों के पास अपने गुस्से का अहसास कराने के लिए कोई मार्ग नहीं था। इसलिए, जन-असन्तोष में वृद्धि के हिसाब से सत्ता को अपनी कमर कसनी पड़ी।

इसी स्थिति में जब मांस की कीमत बढ़ गई तो मजदूरों ने अहसास किया कि अब उनके साथ हद हो गई। उन्होंने हड़ताल करने का निर्णय किया। 01 जुलाई, 1980 को मूल्यवृद्धि के विरोध में मजदूर हड़ताल पर चले गए। इस हड़ताल की शुरुआत सर्वप्रथम बाल्टिक क्षेत्र के थोड़े से कारखानों से हुई, लेकिन तुरन्त यह जंगल की आग की तरह पसर गई। लेकिन, मजदूरों को यह अहसास था कि न तो उनकी आर्थिक माँगें मानी जाएँगी, न ही उनकी हालत में सुधार हो सकता है। उन्हें इस बात का पक्का अहसास था कि ये चीजें तब तक नहीं होंगी जब तक कि उन्हें लोकतांत्रिक अधिकार नहीं मिलते हैं, अर्थात् स्वतंत्र यूनियन गठित करने का अधिकार, हड़ताल करने का अधिकार तथा स्वतंत्र प्रेस और सभाओं के माध्यम से अभिव्यक्ति का अधिकार। उक्त हड़ताल का प्रभाव इतना व्यापक पड़ा कि अन्ततः शासकों को मजदूरों से वार्ता करनी पड़ी। फलस्वरूप, 31 अगस्त, 1980 को आन्दोलन के प्रमुख केन्द्र रहे गदंस्क में साम्यवादी सरकार और मजदूरों के प्रतिनिधियों के बीच एक समझौता हुआ। साम्यवादी सरकार के इतिहास में यह पहला अवसर था कि सरकारें सुलह-समझौता हेतु मजदूरों के स्वतंत्र संगठन से बातचीत करने के लिए सहमत हुई थीं।

समझौते के अनुसार सरकार ने स्वतंत्र ट्रेड यूनियन संगठन के अस्तित्व को मान्यता दी और आन्दोलनकारी कामगार वर्ग की एकता स्वतंत्र संगठन के रूप में प्रकट हुई जिसके नब्बे लाख सदस्य थे।

समझौते में इस बात पर भी ध्यान दिया गया था कि प्रतिबन्ध को केवल उन्हीं मामलों तक सीमित रखा जाए जिनसे राज्य की सुरक्षा प्रभावित होती है। लेकिन,

लोगों को प्रतिबन्ध लगानेवाले अधिकारी के आदेश के विरुद्ध उच्चतम न्यायालय तक अपील करने का अधिकार देने के साथ ही उन लोगों के उत्पीड़न के विरुद्ध भी निर्णय हुआ जो हड़ताल में शामिल हुए थे।

मजदूरों ने उस पराधीन स्थिति पर विचार कर, जिसमें कि पोलैंड को रख दिया गया था, स्वयं साम्यवादी दल के शासन के अन्त की माँग नहीं की, यद्यपि यह बिलकुल सीधा था कि व्यावहारिक तौर पर यह आबादी के किसी भी वर्ग का वास्तविक रूप में प्रतिनिधित्व नहीं कर रहा था।

इस समझौते ने साम्यवादी तानाशाही की नींव खोद दी क्योंकि मजदूरों के अधिकार ने इसे निष्प्रभावी बना दिया था। लेकिन, एक बिलकुल अनियमित स्थिति उत्पन्न हो गई थी। वही साम्यवादी दल सत्ता में रहा जो पूर्णतः अप्रातिनिधिक रूप में नंगा हो चुका था। हालाँकि, मजदूरों ने अपनी पसन्द की नीति का अनुसरण करने हेतु सरकार पर दबाव बनाने का अधिकार प्राप्त कर लिया था। सरकार, चूँकि, विशेषाधिकार प्राप्त अल्पसंख्यकों के खाईबन्द निहित स्वार्थ का प्रतिनिधित्व करती थी, इसलिए वह स्वभाववश मजदूरों की आशाओं के अनुरूप कार्य नहीं कर सकती थी। साथ ही, सोवियत हस्तक्षेप की स्थायी चेतावनी थी। सोवियत संघ को इस बात का भय था कि पोलैंड के मजदूरों के उदाहरण की स्पर्द्धा लालच में दूसरे साम्यवादी देशों एवं स्वयं सोवियत संघ के मजदूर भी कर सकते हैं। रूसी नेता पोलिश साम्यवादी नेताओं पर सख्त एकता का दबाव बना रहे थे। पोलैंड के साम्यवादी शासक भी इस स्थिति से कभी समझौता नहीं कर सकते थे, यद्यपि वे दबाव में झुक गए थे। वे केवल कामगारों के आन्दोलन को दबा देने के अवसर की तलाश में थे। इसी बीच, अर्थव्यवस्था, जिसे व्यवस्था में पूर्ण सुधार चाहिए था, सुधार का बीज डालने लगी थी क्योंकि सरकार इस तरह सुधार करने में सक्षम नहीं थी। सुधार से भी पोलिश अर्थव्यवस्था की हालत काफी समय तक ठीक-ठाक रही। यह सब लोकप्रिय समर्थन के बल पर सम्भव था। हालाँकि, यह चीज शासकों के लिए रुचिकर नहीं थी। स्थिति धीरे-धीरे काफी बुरी होने लगी। पोलिश व्यवस्था को या तो पूरी तरह से लोकतांत्रिक होना था या पुनः तनाशाही के अधीन चले जाना था। तानाशाही में वापस लौटना अर्थव्यवस्था की समस्या का समाधान नहीं था, लेकिन चुप्पी कम से कम आलोचना और कामगार वर्ग की माँग का समाधान थी।

इस तरह, सोवियत संघ से समर्थन मिलने के वचन के साथ साम्यवादी दल के प्रमुख जनरल जारूजेल्स्की ने 13 दिसम्बर, 1981 को मार्शल कानून लागू कर आपातकाल की घोषणा कर दी और सारे अधिकार राष्ट्रीय मुक्ति सैन्य परिषद नामक जुन्टा को दे दिए। हजारों एकता नेताओं और मजदूरों को कारावास दी गई। मार्शल कानून के विरुद्ध प्रदर्शन कर रहे लोगों के साथ हुई पुलिस की झड़प में भी काफी संख्या में लोग मारे गए।

किन्तु, इससे प्रतिरोध का जोश शान्त नहीं हुआ। यद्यपि खुलेआम संगठित होना सम्भव नहीं था तथा गुप्त गतिविधियाँ चलाने वालों के साथ सख्ती से निपटा जा रहा था, गदंस्क समझौता की वार्षिकी मनाने के भूमिगत एकता के आह्वान पर मार्शल कानून के विनियमन को चुनौती देते हुए 31 अगस्त, 1982 ई. को बहुत बड़ा प्रदर्शन किया गया। गदंस्क समझौते ने एकता लायी थी। धीमे स्तर पर ही सही, लेकिन आन्दोलन चलता रहा। मार्शल कानून को बाद में वापस ले लिया गया, लेकिन दमनकारी विनियमनों को सरकार के सामान्य कानून में जोड़ दिया गया।

वस्तुत: साम्यवादी व्यवस्था जिस प्रकार से आज वजूद में है, यह फासीवादी तानाशाही का प्रतिरूप मात्र है। चूँकि दोनों ही लघु अल्पसंख्यक के विशेषाधिकारों को संरक्षण देने के लिए चरम उपायों का सहारा लेते हैं; फासीवादी तानाशाही में जहाँ मध्यवर्ग के विशेषाधिकारों का संरक्षण होता है, वहीं साम्यवादी तानाशाही में साम्यवादी दल के शासक अभिजात्य वर्ग के विशेषाधिकारों का संरक्षण होता है। विशेषाधिकार प्राप्त अल्पसंख्यक हमेशा लोकतांत्रिक स्वतंत्रताओं का विरोधी होता है क्योंकि लोकतांत्रिक व्यवस्था के अन्दर अ-विशेषाधिकार प्राप्त बहुसंख्यकों को कालान्तर में यह विश्वास हो जाता है कि वे प्रभावी बनेंगे ही। कम से कम प्रदत्त आजादी के तहत वे अपनी शिकायतों को आवाज दे सकते हैं और अपने विषय पर समर्थन जुटा सकते हैं। यदि राजनीतिक विषयों पर पूरी बहस और अभिव्यक्ति की स्वीकृति मिले तो राष्ट्र, धर्म या नस्ल की अपीलों से लोगों को केवल कुछ समय के लिए मतवाला बनाया जा सकता है। इसलिए, आगे चलकर यह केवल प्रत्यक्ष बल का आश्रय हो जाता है जो अल्पसंख्यकों के विशेषाधिकारों को सुरक्षित रखता है। लेकिन, अल्पकाल में साम्यवादी राज्य जो कोई सफलता हासिल करने के योग्य हों, अन्तत: उन्हें लोगों की लोकतांत्रिक चाहतों के समक्ष झुकना है। साम्यवादी सर्वसत्तात्मक व्यवस्था की अपराजेयता का मिथक पोलिश मजदूरों द्वारा छिन्न-भिन्न कर दिया गया है। अस्थायी क्षतियाँ तो आजादी के जनसंघर्ष के इतिहास का अंश रही हैं। लेकिन, महत्त्वपूर्ण चीज यह है कि लोग ठीक उस समय जगे जब अधिकांश विचारक साम्यवादी शासन में लोगों के एक बार आ जाने के बाद लोकतांत्रिक पुनरुत्थान की सभी आशाओं को रद्द कर रहे थे।

उपर्युक्त सभी घटनाएँ यह दर्शाती हैं कि आजादी गहरे रूप में समानता से जुड़ी होती है। इसे या तो लोगों के एक दूसरे वर्ग को विशेषाधिकार देने के लिए लोगों की प्रत्यक्ष अधीनता के माध्यम से या गुलाम बनाकर अथवा फासीवादी या साम्यवादी शासन की तरह लोगों के प्रतिरोध के बावजूद कुछ प्रकार के विशेषाधिकार को बनाए रखने के लिए कम कर दिया गया है। यह स्वाभाविक भी था कि आबादी के अतिवंचित समूह लोकतांत्रिक अधिकारों एवं विचारों की स्वतंत्रता के सबसे उग्र समर्थक भी थे। इसका उल्लेख हम पूर्व में कर चुके हैं कि उपासना और विचार की

स्वतंत्रता में ईसाई विरोधियों, लेवलर्स और डिगर्स तथा भारत के संत कवियों का काफी योगदान रहा है। फ्रांस की क्रान्ति के समय वह जैकोबिन्स ही था जिसने 1793 ई. में पारसी समाज के निर्धनतम समूहों के दबाव में फ्रांस के लिए एक लोकतांत्रिक संविधान का मॉडल तैयार किया था। इस मॉडल संविधान का मताधिकार का विस्तार कराने एवं लोगों को नागरिक सुरक्षा दिलाने में बड़ी भूमिका रही थी। लेकिन, युद्ध की उन्मत्त अवस्था में इस प्रस्ताव को भविष्य के लिए ताक पर रख दिया गया। इसी तरह, चार्टिस्ट आन्दोलन के माध्यम से कामगार वर्ग द्वारा इंग्लैंड में पुरुष मताधिकार की माँग को प्राप्त किया गया। वयस्क मताधिकार को फ्रांस में 1848 ई. के आन्दोलन के दौरान ज्यादातर कामगार वर्ग के प्रभाव से ही जीता गया जिसने आन्दोलन का शिरोच्छेदन कर दिया। जर्मनी में भी जब मध्यवर्ग तानाशाही के समक्ष आत्मसमर्पण कर चुका था, यह कामगार वर्ग ही था जो स्वतंत्रता और प्रजातंत्र का प्रामाणिक धारक था। 1919 ई. में जब जर्मनी में एक अल्पजीवी लोकतांत्रिक संविधान अपनाया गया तो यह भी सीधे उस कामगार वर्ग के दबाव में ही हुआ जो परिवर्तनकारी स्थिति में था। अमेरिका अकेला राज्य है जहाँ लोकतांत्रिक संविधान बनाने में कामगार वर्ग की कोई विशेष भूमिका नहीं थी। लेकिन, 1776 ई. में अमेरिका स्वरोजगार वाले ऊर्जस्वी व्यक्तियों से भरा हुआ राष्ट्र था। इसके दक्षिणी राज्य अपवाद थे जहाँ के नीग्रो गुलाम थे और उन्हें अभी भी काफी खाईबन्द निहित स्वार्थ को पैदा करना था। इस गुलामी ने आगे चलकर लोकतांत्रिक व्यवस्था के अन्दर नीग्रो लोगों की एकता और मताधिकार देने की समस्या भी उत्पन्न कर दी। यह खेद का विषय है कि इस तरह के इतिहास के बावजूद दुनिया के एक वृहत्तर भाग में मेहनतकश लोग साम्यवादियों के प्रचार और व्यवहार के कारण उन लोकतांत्रिक आचारों एवं संस्थाओं से अलग महसूस करने योग्य बना दिए गए हैं जो अनिवार्य रूप से मानव जाति की अपनी विरासत है।

इस दृष्टिकोण से हम देखते हैं कि पश्चिमी यूरोपीय अमेरिकी अर्थव्यवस्थाएँ सत्ताशीलतावाद का नया पुनरुत्थान कर सकती हैं क्योंकि ये पुन: सम्पत्ति और विशेषाधिकारों पर अत्यधिक संकेन्द्रित हो रही हैं। यह संकेन्द्रण पहले से ही तीसरी दुनिया में सत्ताशीलतावाद के क्षेत्र का विस्तार कर रहा है तथा कुछ बड़े पश्चिमी यूरोपीय लोकतंत्रों में यह कामगार वर्ग के विरुद्ध अपराध भी कर रहा है, मसलन कल्याणकारी अर्थव्यवस्था पर हमला। वर्तमान स्थिति अमेरिकी और पश्चिमी यूरोपीय अर्थव्यवस्थाओं में, खासकर अमेरिकी अर्थव्यवस्था में, दैत्याकार कम्पनियों के विकास का प्रतिफल है। इन कम्पनियों के उत्पादन और विपणन का स्तर इतना विशाल है कि ये अपनी नियमित गतिविधियों के लिए बाजार की शक्तियों के परिचालन पर निर्भर नहीं रह सकती हैं। इनके परिचालन का स्तर देखते हुए इनके उत्पादन पर कोई अस्थायी रोक भी इन दैत्यों को बाजार और लाभ के शब्दों में भारी

घाटे में डाल दे सकती है। इसलिए, इन कम्पनियों को अपने कच्चे मालों की आपूर्ति एवं बाजार के विस्तार की योजना बनानी पड़ती है। चूँकि इनके दोनों, बाजार और आपूर्ति के स्रोत दुनिया के विभिन्न भागों में अवस्थित हैं, इस योजना में अपनी सरकार को शामिल करने के लिए काफी राजनीतिक चालबाजी भी सिलसिलेवार बँधी रहती है ताकि वे दूसरे देशों में कम्पनियों का व्यापारिक हितवर्द्धन कर सकें। एक साफ तरीका यह है कि इन देशों की सरकार पर नियंत्रण रखा जाए। यह खासकर तीसरी दुनिया के उन देशों में आवश्यक हो जाता है जो तेल जैसे कुछ प्रमुख कच्चे माल की आपूर्ति के महत्त्वपूर्ण स्रोत हैं। यह अप्रत्यक्षत: आत्मनिर्णय की उस प्रवृत्ति को पलट रहा है जो द्वितीय विश्वयुद्ध के बाद पूरी गति में थी। इस लक्ष्य को शक्ति के प्रयोग से प्राप्त नहीं किया जा सकता है, इसे इन देशों में विशेषाधिकार प्राप्त व्यक्तियों का एक छोटा वर्ग तैयार कर प्राप्त किया जा सकता है। ये लोग पश्चिमी दुनिया से बँधे होते हैं और इस तरह उनके विशेषाधिकारों की रक्षा करते हैं। वे इन कम्पनियों द्वारा निर्मित अस्त्रों और अन्य उपभोक्ता सामग्रियों के ठोस खरीदार भी बन जाते हैं। इस लक्ष्य को ज्यादातर अल्पविकसित जनता के बीच उपभोक्तावादी आचार अन्तर्निविष्ट कर प्राप्त किया जाता है। कहना न होगा, यह उपभोक्तावादी आचार पश्चिम की औद्योगिक व्यवस्था का मुख्य अवलम्ब सिद्ध हो रहा है। यह उपभोक्तावादी आचार जैसे-जैसे तीसरी दुनिया के देशों में आबादी के शासक वर्ग पर प्रभावी होता जाता है, आर्थिक विकास को वहाँ मुख्य रूप से बहुसंख्यकों की आधारभूत आवश्यकताओं को देखने की बजाय अल्पसंख्यकों की विलासिता सम्बन्धी आवश्यकताओं को पूरा करने की तरफ मोड़ दिया जाता है। इससे अमीरों और गरीबों, शासकों और शासितों के बीच का विच्छेद गहराने लगता है। यह पुन: तेज विवाद उत्पन्न कर देता है जिसे लोकतांत्रिक ढाँचे में व्यवस्थित कर पाना मुश्किल होता है। जनजातीय समाज या कृषक समाज में भी उच्च स्तर के लोगों एवं निम्न स्तर के लोगों के जीवन स्तर में इतना ज्यादा अन्तर नहीं था कि इन दोनों वर्गों के बीच तेज विवाद हो। इन दोनों समाजों का अस्तित्व पश्चिमी यूरोपीय उपभोक्तावादी संस्कृति के सम्पर्क में आने के पहले कायम था। लेकिन, ये ज्यों ही तकनीकी रूप से विकसित समाजों के सम्पर्क में आए, इन पर अनेक तरह की उपभोक्ता सामग्रियों का बोझ हो गया जो केवल थोड़े से लोगों की पहुँच की चीजें थीं। फलस्वरूप, उन बहुसंख्यक लोगों में जिनके पास इन चीजों तक की पहुँच नहीं थी, गुस्सा भड़कानेवाला अन्तर स्पष्ट हो गया। यह गुस्सा विद्रोह के भाव में बदल जाता है क्योंकि जिन आवश्यकताओं को गरीब पहले पूरा कर लेते थे, उनका अभाव होना शुरू हो जाता है। यह अभाव का कष्ट अनेक मामलों में न केवल सापेक्ष होता है बल्कि निरपेक्ष भी होता है। निर्धन बहुसंख्यक लोगों के बीच विशेषाधिकार प्राप्त अल्पसंख्यक लोग केवल एक ही तरीके से अपनी सुरक्षा कर सकता है और वह

है, जनता को उनके लोकतांत्रिक अधिकारों से वंचित करना क्योंकि इन्हीं अधिकारों से वह असमानताएँ कम करने या समाप्त करने के लिए राज्यनीति को प्रभावित कर सकती है। यह आश्चर्यजनक नहीं है कि अधिकांश तीसरी दुनिया के देश आज सत्ताशीलतावाद के एक या दूसरे रूप के अन्तर्गत हैं। यह सिद्धान्त जो लोकतांत्रिक व्यवस्था को राष्ट्र की प्रतिव्यक्ति आय से जोड़ने का प्रयास करता है, स्पष्ट रूप से गलत है। अन्य तत्त्वों के अलावा यह समानता या असमानता का स्तर ही है जो इस सन्दर्भ में काफी निर्णायक है अन्यथा अरब देश अपनी आश्चर्यजनक सम्पदा से दुनिया के बड़े लोकतांत्रिक देशों में शामिल हो गए होते।

उपभोक्तावादी आचार का निर्माण इस विश्वास के गिर्द हुआ है कि यदि उत्पादों के सुबोध विज्ञापनों के माध्यम से बारीक और निरन्तर मनोवैज्ञानिक अपीलों के माध्यम से उत्पादों की माँग में वृद्धि होती है, तो उत्पादन के विस्तार के असीमित अवसर सम्भव हैं। इस उपकरण के माध्यम से उन नए उत्पादों को भी जिनकी सही में कोई आवश्यकता नहीं होती है, आवश्यक बना दिया जाता है और इस तरह इन उत्पादों की माँग बढ़ जाती है। नए उत्पाद जैसे ही एक औसत व्यक्ति की पहुँच के अन्दर आने लगते हैं, नए उत्पाद दिखाई देने लगते हैं तथा नया प्रलोभन देते हैं। वैसे उत्पाद जिनकी पहले कोई जरूरत नहीं थी, लोग यदि उनका इस्तेमाल करने लगें तो फिर वे आवश्यक लगने लगते हैं। इस तरह, अधिकाधिक सौन्दर्य प्रसाधन की वस्तुएँ संग्रह कर ली जाती हैं और मनुष्य का मूल्यांकन इसी संग्रह के स्तर पर निर्भर करता है।

इस लोकाचार के समर्थकों को ऐसी आशा थी कि समय बीतने के साथ इन सामग्रियों का प्रचार जब दूर तक वृहत्तर क्षेत्रों में होगा तो उत्पादन और उपभोग की समस्याएँ हल हो जाएँगी। अनेक पश्चिमी समाजशास्त्रियों और राजनीतिक वैज्ञानिकों का इस विकास में समाज के आधारभूत आर्थिक विवादों का समाधान नजर आया। उन्होंने यह माना कि समानता और समाजवाद के विचार अभावग्रस्त युग के उत्पाद हैं। अब अभाव का युग बीते दिनों की बात होने जा रही है, हम एकरूपता के युग की तरफ बढ़ रहे हैं जो स्वाभाविक रूप से लोकतंत्र की ओर बढ़ना है।

इसमें जिस तथ्य की अनदेखी हुई, वह तथ्य यह था कि यह प्रचुरता मनुष्य जाति के एक छोटे-से वर्ग तक ही सीमित थी, यद्यपि इस छोर को प्राप्त करने के लिए लगभग सारे विश्व के प्राकृतिक संसाधनों को जब्त कर लिया गया था। साथ ही, कुछ बहुमूल्य और अनवीकरणीय संसाधन जैसे तेल और कोयला को तेजी से खत्म किया जाने लगा। इसके बाद यह भी अहसास होता है कि इससे पर्यावरण सन्तुलन बिगड़ रहा है जो अन्ततः धरती पर जीवन को मुश्किल कर सकता है। इस विकास ने निश्चित रूप से इस तरह के विकास को अल्पविकसित देशों में रहनेवाली विश्व आबादी के विशाल बहुसंख्यकों की पहुँच से बाहर कर दिया।

परन्तु, उत्पादन के इस असीमित अवसर की आशा को सभी विकसित और अविकसित राष्ट्रों द्वारा निर्मित भारी अस्त्रों पर भी आधारित कर दिया गया है। इसके लिए स्थायी अवसर विकास प्रदान करने की कल्पना नहीं की जा सकती है। ऐसा उसी दुनिया में सम्भव है जिस पर सैन्यवाद की सनक सवार है।

इनके अलावा स्वयं विकसित देशों में इस समस्या का एक दूसरा पहलू है जो स्वतंत्र और सुचारु रूप से विकास कर रहे समाज के ग्रामीण रूप को प्रभावित करता है। विभिन्न देशों में अनेक औद्योगिक दैत्यों के बीच घोर प्रतिस्पर्द्धा होने के कारण उनके उत्पादों का बहुत अधिक मात्रा में उपलब्ध होना तथा इसके बाद मंदी का आना कोई अप्रत्याशित बात नहीं थी। यह रोग विकसित देशों को पहले से ही जकड़े हुए है और पूँजीवादी सरकार इस समस्या का निदान एक ही तरीके से कर सकती है और वह तरीका है, समाज कल्याण की योजनाओं में कटौती। इन सारी चीजों से समाज में विवाद ही पैदा होगा जिसे कि बीते जमाने की चीज मान लिया गया था। इनसे आजादी को खतरा हो सकता है।

यह उपभोक्तावादी विचारधारा आगे चलकर सामाजिक तनावों को दूर करने की जगह उन्हें और गहरा कर देगी तथा इससे उत्पन्न विशेषाधिकार प्राप्त थोड़े से लोगों एवं अल्प-विशेषाधिकार प्राप्त बहुत से लोगों के बीच का विवाद आजादी के लिए खतरा बन जा सकता है। ऐसा तीसरी दुनिया के देशों में पहले से ही हो रहा है तथा पर्यावरण सम्बन्धी तत्त्व जिस तरह से विकसित देशों में प्रसार पर सीमा आयत कर देता है, उस तरह से भविष्य में वहाँ भी हो सकता है।

परन्तु, उपभोक्तावादी आचार एक भिन्न अर्थ में भी मानवीय आजादी पर एक सीमा है। आजादी अत्यन्त मौलिक अर्थ में स्वयं को मानव जाति की पर्यावरणीय अवस्थाओं द्वारा लगाए गए प्रतिबन्धों से स्वयं को ऊपर उठाने के मानवीय प्रयासों में प्रकट करती है। मानवीय समाज में यह दूसरे मनुष्य द्वारा लादी गई गुलामी से स्वयं को मुक्त करने का प्रयास है। लेकिन, यह उन अभावों पर काबू पाने के मानवी प्रयासों में भी अभिव्यक्त होती है, जो उन्हें एक अस्तित्व से बाँध देते हैं, जो उन साहसिक कार्यों से विरत होता है, जिनके भीतर मनुष्य कला, संगीत, कविता और विज्ञान में अभिव्यक्ति ढूँढ़ता है। मानवीय अस्तित्व की अधिकांश अवधि में कुछ पर्यावरण समर्थित शिकार और समूहन समाजों को छोड़कर—उत्पादन का स्तर इतना न्यून था कि उन आवश्यकताओं की पूर्ति जो उसके अतिजीवन के लिए आवश्यक थीं, ऐसे अनुसरण के अवसर के साथ कुछ मानव प्राणियों को छोड़ गई। आज मनुष्य पहले से उत्पादकता का एक स्तर अर्जित कर लिया है जहाँ उत्पादों का समान वितरण प्रत्येक को विचारणीय ढंग से निर्वाह के स्तर से ऊपर कर सकता था। यह आसानी से उसके भाव के स्वतंत्र रहस्योद्घाटन की शर्त हो सकती थी। लेकिन, उपभोक्तावादी आचार उसके अभावों को बढ़ाकर तथा भावनात्मक रूप से उसे इन

सब चीजों का निर्बाध पीछा करनेवाले जीवन से शृंखलाबद्ध कर उसे उस अवसर की गुंजाइश से वंचित कर देता है जो उसे पाशविक अस्तित्व से ऊपर उठा सकता था। सभी के लिए सच्ची आजादी का प्रयास केवल उसी समय किया जा सकता था जब लोग यह महसूस करते हों कि वह जिन सामानों का उत्पादन करता है, वे केवल उसका जीवन बनाए रखनेवाले हैं, जबकि मानव जाति के रूप में उसका सही प्रारब्ध विचारों के क्षेत्र एवं सौन्दर्य के अनुसरण में निहित रहता है। मानव जाति केवल इसी अनुभव से धन-संग्रह, असमानताओं, परिणामी विवादों एवं आजादी के नुकसान की सनक से मुक्ति पा सकती है।

सन्दर्भ

1. जॉन स्टुअर्ट मिल ऑन पॉलिटिक्स एंड सोसायटी, सेलेक्टेड एंड एडिटेड बाई जेरेंट एल विलियम्स, हार्वेस्टर प्रेस लिमिटेड, ससेक्स, इंग्लैंड, 1976, पृ. 358
2. दी यूनिवर्सल डिक्लेरेशन ऑफ ह्यूमन राइट्स ऐज मेड बाई दी जनरल एसेम्बली ऑफ यूनाइटेड नेशंस इज गिवेन इन दी एपेन्डिक्स I

मानवाधिकारों की सार्वभौमिक घोषणा

10 दिसम्बर, 1984 को संयुक्त राष्ट्र की महासभा ने इस 'मानवाधिकारों की सार्वभौमिक घोषणा' को अंगीकार एवं उद्‌घोषित किया। इसका सम्पूर्ण पाठ्य आगे के पृष्ठों पर दिया गया है। इस ऐतिहासिक कार्य का अनुसरण करते हुए महासभा ने सभी सदस्य देशों से यह अपील की थी कि वे इस घोषणा के सम्पूर्ण पाठ्य को प्रकाशित कराएँगे तथा "देशों या क्षेत्रों की राजनीतिक स्थिति पर आधारित भेदभाव के बगैर मुख्य रूप से विद्यालयों एवं अन्य शैक्षणिक संस्थाओं में इसके प्रदर्शन, अध्ययन एवं प्रतिपादन को सुनिश्चित कराएँगे।"

अन्तिम अधिकृत पाठ्य
संयुक्त राष्ट्र
लोक सूचना कार्यालय

मानवाधिकारों की सार्वभौमिक घोषणा

प्राक्कथन

यह कि, मानवीय परिवार के सभी सदस्यों के समान और अहस्तांतरणीय अधिकारों एवं अन्तर्निहित गरिमा की मान्यता दुनिया में स्वतंत्रता, न्याय और शान्ति की बुनियाद होती है।

यह कि, मानवाधिकारों का अपमान और अनादर अशिष्ट कृत्यों में प्रतिफलित हुआ है जिसने मनुष्यता के विवेक का घोर अपमान किया है तथा एक वैसी दुनिया का आगमन जिसमें मानव प्राणी को अभिव्यक्ति और आस्था की स्वतंत्रता तथा अभाव और भय से मुक्ति का अहसास हो, साधारण जन की सबसे बड़ी आकांक्षा के रूप में उद्घोषित किया गया है।

यह कि, यदि मनुष्य को निरंकुशता और उत्पीड़न के विरुद्ध अन्तिम उपाय के रूप में आन्दोलन की शरण में जाने के लिए बाध्य नहीं किया जाए तो यह अनिवार्य है कि मानवाधिकारों का संरक्षण कानून के नियम से किया जाना चाहिए।

यह कि, राष्ट्रों के बीच मित्रवत् सम्बन्धों के विकास को प्रोत्साहित करना आवश्यक है।

यह कि, चार्टर में संयुक्त राष्ट्र की जनता ने अपना विश्वास मौलिक मानवाधिकारों में, मानव जाति के मूल्य और गरिमा में तथा पुरुषों और महिलाओं के समान अधिकारों में व्यक्त किया है, तथा सामाजिक प्रगति एवं वृहत्तर स्वतंत्रता वाले जीवन के बेहतर स्तर को प्रोत्साहित करने का निश्चय किया है।

यह कि, सदस्य राष्ट्रों ने स्वयं संयुक्त राष्ट्र के सहयोग से मानवाधिकारों एवं मौलिक स्वतंत्रताओं के अनुपालन और सार्वभौमिक सम्मान को प्राप्त करने का संकल्प लिया है।

यह कि, इन अधिकारों और स्वतंत्रताओं की सामान्य समझ इस संकल्प के पूर्ण अनुभव की खातिर सबसे ज्यादा महत्त्व की है।

अब इसलिए,

यह महासभा

मानवाधिकारों की इस सार्वभौमिक घोषणा को अन्त तक सभी राष्ट्रों और सभी लोगों की उपलब्धि के एक सामान्य मानक के रूप में उद्घोषित करती है, कि इस घोषणा को नियमित रूप से दिमाग में रखते हुए समाज का प्रत्येक व्यक्ति और प्रत्येक अंग इन अधिकारों और स्वतंत्रताओं के प्रति सम्मान को प्रोत्साहित करने के लिए शिक्षा और प्रशिक्षण के माध्यम से प्रयास करेगा, तथा राष्ट्रीय और अन्तरराष्ट्रीय प्रगतिशील साधनों के जरिए दोनों की जनता के बीच अर्थात् स्वयं सदस्य राष्ट्रों की जनता के बीच तथा उनके क्षेत्राधिकार के अन्तर्गत स्थित भूभागों की जनता के बीच उन अधिकारों और स्वतंत्रताओं की सार्वभौमिक और प्रभावशाली स्वीकृति और अनुपालन को सुनिश्चित करने का प्रयास करेगा।

अनुच्छेद 1. सभी मनुष्य स्वतंत्र एवं समान गरिमा और अधिकारों के साथ पैदा हुए हैं। वे बुद्धि और विवेक से सम्पन्न हैं, इसलिए उन्हें भ्रातृत्व के भाव से एक-दूसरे के लिए काम करना चाहिए।

अनुच्छेद 2. प्रत्येक व्यक्ति इस घोषणा में अंकित सभी अधिकारों और स्वतंत्रताओं का बगैर किसी भेदभाव के यथा रंग, नस्ल, लिंग, भाषा, धर्म, राजनीतिक या अन्य विचार, राष्ट्रीय या अन्य मूल, सम्पत्ति, जन्म या अन्य हैसियत, अधिकारी है।

साथ ही, किसी व्यक्ति के देश या राज्यक्षेत्र के राजनीतिक, क्षेत्राधिकार, सम्बन्धी या अन्तरराष्ट्रीय हैसियत के आधार पर चाहे वह स्वतंत्र, न्यास, गैर-स्वनियोजन या प्रभुसत्ता को अन्य सीमा के अधीन हो, किसी भी तरह का अन्तर नहीं किया जाएगा।

अनुच्छेद 3. प्रत्येक व्यक्ति को जिन्दगी, स्वतंत्रता और सुरक्षा का अधिकार प्राप्त है।

अनुच्छेद 4. किसी को भी दासता या गुलामी में नहीं रखा जाएगा, गुलामी और दास व्यापार के सभी रूपों पर रोक लगाई जाएगी।

अनुच्छेद 5. किसी भी व्यक्ति का उत्पीड़न नहीं किया जाएगा और न ही उसके साथ क्रूर, अमानवीय या अपमानजनक व्यवहार किया जाएगा अथवा ऐसी कोई सजा दी जाएगी।

अनुच्छेद 6. प्रत्येक मनुष्य को कानून के सामने एक व्यक्ति के तौर पर हर जगह स्वीकृति का अधिकार प्राप्त है।

अनुच्छेद 7. सभी मनुष्य कानून की नजर में समान हैं तथा बिना किसी भेदभाव के कानून का समान संरक्षण पाने के अधिकारी हैं। इस घोषणा के विपरीत किए जानेवाले किसी भी प्रकार के भेदभाव एवं इस तरह के भेदभाव को बढ़ानेवाले किसी भी तरह के उत्प्रेरण के विरुद्ध सभी मनुष्य समान संरक्षण के अधिकारी हैं।

अनुच्छेद 8. प्रत्येक व्यक्ति को संविधान या कानून द्वारा प्रदत्त मौलिक अधिकारों का उल्लंघन करनेवाले कृत्यों के विरुद्ध सक्षम राष्ट्रीय न्यायाधिकरण से प्रभावशाली उपचार पाने का अधिकार प्राप्त है।

अनुच्छेद 9. किसी को भी मनमाने ढंग से गिरफ्तार, कैद या निर्वासित नहीं किया जाएगा।

अनुच्छेद 10. प्रत्येक व्यक्ति को अपने अधिकारों और कर्तव्यों तथा अपने विरुद्ध लगे आपराधिक आरोपों के निर्धारण हेतु स्वतंत्र और निष्पक्ष न्यायाधिकरण द्वारा पूरी समानता से निष्पक्ष और सार्वजनिक सुनवाई का हक प्राप्त है।

अनुच्छेद 11. (1) दंडात्मक अपराध से आरोपित प्रत्येक व्यक्ति को यह अधिकार प्राप्त होगा कि उसे तब तक निर्दोष माना जाएगा जब तक कि सार्वजनिक विचारण के जरिए कानून के अनुसार वह दोषी सिद्ध नहीं हो जाता है। सार्वजनिक विचारण के दौरान उसे अपने बचाव हेतु आवश्यक सभी गारंटियाँ प्राप्त होंगी।

(2) उस कृत्य के लिए जो कारित किए जाने के समय किसी राष्ट्रीय या अन्तर्राष्ट्रीय कानून के अन्तर्गत दंडात्मक अपराध नहीं बनता है, किसी को भी दोषी नहीं ठहराया जाएगा और न ही किसी को कारित अपराध के लिए निर्धारित सजा से अधिक कोई सजा दी जाएगी।

अनुच्छेद 12. किसी की निजता में या उसके घर, परिवार या पत्राचार में मनमाना हस्तक्षेप नहीं होगा, न ही किसी के सम्मान और प्रतिष्ठा पर हमला किया जाएगा। प्रत्येक व्यक्ति को ऐसे हस्तक्षेप या हमले के विरुद्ध कानून के संरक्षण का अधिकार प्राप्त है।

अनुच्छेद 13. (1) प्रत्येक व्यक्ति को प्रत्येक राज्य की सीमाओं के अन्दर आवास और भ्रमण की स्वतंत्रता का अधिकार प्राप्त है।

(2) प्रत्येक व्यक्ति को अपना देश सहित कोई भी देश छोड़ने एवं अपने देश में वापस आने का अधिकार प्राप्त है।

अनुच्छेद 14. (1) प्रत्येक व्यक्ति को दूसरे देशों में उत्पीड़न से बचने के लिए शरणस्थल माँगने और उसका उपयोग करने का अधिकार प्राप्त है।

(2) इस अधिकार का प्रयोग गैर-राजनीतिक अपराधों या संयुक्त राष्ट्र के सिद्धान्तों और उद्देश्यों के विपरीत कार्यों से उत्पन्न सही अभियोजनों के मामले में नहीं होगा।

अनुच्छेद 15. (1) प्रत्येक व्यक्ति को राष्ट्रीयता का अधिकार प्राप्त है।

(2) किसी को भी मनमाने ढंग से उसकी राष्ट्रीयता से वंचित नहीं किया जाएगा, न ही अपनी राष्ट्रीयता बदलने के उसके अधिकार को इनकार किया जाएगा।

अनुच्छेद 16. (1) सभी पुरुषों और महिलाओं को जिन्होंने पूर्ण उम्र प्राप्त कर ली है, नस्ल, राष्ट्रीयता या धर्मसम्बन्धी सीमाओं के परे शादी करने व घर बसाने का

अधिकार प्राप्त है। विवाह के सम्बन्ध में वे विवाह के दौरान तथा विवाह-विच्छेद के समय समान अधिकारों के अधिकारी हैं।

(2) विवाहेच्छुक युगलों की केवल स्वतंत्र एवं पूर्ण सहमति से ही विवाह होगा।

(3) परिवार समाज की सामान्य और मौलिक वर्ग इकाई है तथा यह समाज और राज्य के संरक्षण का अधिकारी है।

अनुच्छेद 17. (1) प्रत्येक व्यक्ति को अकेला एवं दूसरे के साथ मिलकर भी सम्पत्ति अर्जित करने और रखने का अधिकार प्राप्त है।

(2) किसी को भी मनमाने ढंग से उसकी सम्पत्ति से वंचित नहीं किया जाएगा।

अनुच्छेद 18. प्रत्येक व्यक्ति को विचार, विवेक और धर्म की स्वतंत्रता का अधिकार प्राप्त है, इस अधिकार में अपना धर्म या विश्वास बदलने की स्वतंत्रता शामिल है, तथा उसे अकेले में या दूसरे के साथ सम्प्रदाय में एवं सार्वजनिक या निजी तौर पर अपने धर्म या विश्वास को शिक्षण, व्यवहार, उपासना और अनुपालन में प्रकट करने की स्वतंत्रता प्राप्त है।

अनुच्छेद 19. प्रत्येक व्यक्ति को विचार और अभिव्यक्ति की स्वतंत्रता का अधिकार प्राप्त है, इस अधिकार में बगैर हस्तक्षेप के विचार प्रकट करने की स्वतंत्रता तथा सरहद का लिहाज किए बगैर किसी माध्यम से सूचना व विचार माँगने, प्राप्त करने व प्रदान करने की स्वतंत्रता शामिल है।

अनुच्छेद 20. (1) प्रत्येक व्यक्ति को शान्तिपूर्ण सभा एवं संगठन की स्वतंत्रता का अधिकार प्राप्त है।

(2) किसी को भी किसी संगठन से जुड़ने के लिए बाध्य नहीं किया जा सकता है।

अनुच्छेद 21. (1) प्रत्येक व्यक्ति को प्रत्यक्षत: या स्वतंत्र रूप से चुने गए प्रतिनिधियों के माध्यम से अपने देश की सरकार में भाग लेने का अधिकार प्राप्त है।

(2) प्रत्येक व्यक्ति को अपने देश के अन्दर सार्वजनिक सेवा तक की पहुँच का अधिकार प्राप्त है।

(3) सरकार की सत्ता का आधार जनता की इच्छा होगी : यह इच्छा उन आवधिक और सही चुनावों में अभिव्यक्त होगी जो सार्वभौमिक और समान मताधिकार के द्वारा गुप्त मतदान या समतुल्य स्वतंत्र मतदान की प्रक्रियाओं द्वारा सम्पन्न होंगे।

अनुच्छेद 22. प्रत्येक व्यक्ति को समाज का एक सदस्य होने के नाते सामाजिक सुरक्षा का अधिकार प्राप्त है, तथा वह राष्ट्रीय प्रयास एवं अन्तरराष्ट्रीय सहयोग के जरिए और प्रत्येक राज्य के संसाधनों एवं संगठन के अनुसार अपनी गरिमा और व्यक्तित्व के मुक्त विकास हेतु अपरिहार्य आर्थिक, सामाजिक और सांस्कृतिक अधिकारों की अनुभूति का अधिकारी है।

अनुच्छेद 23. (1) प्रत्येक व्यक्ति को काम, रोजगार की स्वतंत्र पसन्द, काम की न्यायोचित और मनोनुकूल स्थितियों तथा बेरोजगारी के विरुद्ध संरक्षण का अधिकार प्राप्त है।

(2) प्रत्येक व्यक्ति को बिना किसी भेदभाव के समान काम के लिए समान वेतन का अधिकार प्राप्त है।

(3) काम करनेवाले प्रत्येक व्यक्ति को मानवीय गरिमा के योग्य अपने एवं अपने परिवार के अस्तित्व को सुनिश्चित करने हेतु न्यायोचित एवं अनुकूल पारिश्रमिक का अधिकार प्राप्त है तथा आवश्यक हो तो सामाजिक संरक्षण के अन्य माध्यम से इसे पूरा कराने का उसे अधिकार प्राप्त है।

(4) प्रत्येक व्यक्ति को अपने हितों की सुरक्षा हेतु व्यापार संघों का गठन करने व उससे जुड़ने का अधिकार प्राप्त है।

अनुच्छेद 24. प्रत्येक व्यक्ति को विश्राम और फुरसत का अधिकार प्राप्त है जिसमें काम करने के घंटों की तर्कसंगत सीमा और वेतन सहित आवधिक छुट्टियाँ शामिल हैं।

अनुच्छेद 25. (1) प्रत्येक व्यक्ति को भोजन, वस्त्र, आवास, चिकित्सकीय देखभाल और आवश्यक सामाजिक सेवाओं सहित अपने एवं अपने परिवार के स्वास्थ्य एवं कुशल-क्षेम से पूर्ण जीवन-स्तर का अधिकार प्राप्त है, तथा बेरोजगारी, बीमारी, अपंगता, वैधव्य, बुढ़ापा या जीविका के अन्य अभाव की दशा में जबकि परिस्थिति उसके नियंत्रण से बाहर हो, उसे सुरक्षा का अधिकार प्राप्त है।

(2) मातृत्व और बचपन विशेष ध्यान और सहयोग के अधिकारी हैं। सभी बच्चे, चाहे विवाह के अन्दर या बाहर पैदा हुए हों, समान सामाजिक संरक्षण का लाभ उठाएँगे।

अनुच्छेद 26. (1) प्रत्येक व्यक्ति को शिक्षा का अधिकार प्राप्त है। शिक्षा नि:शुल्क होगी, कम से कम प्राथमिक और बुनियादी स्तरों तक। प्राथमिक शिक्षा अनिवार्य होगी। तकनीकी और पेशेवर शिक्षा को सामान्यत: सुलभ कराया जाएगा तथा मेधा के आधार पर उच्च शिक्षा समान रूप से सबके लिए सुलभ होगी।

(2) शिक्षा की दिशा मानवीय व्यक्तित्व के पूर्ण विकास एवं मानवीय अधिकारों और मौलिक स्वतंत्रताओं के प्रति सम्मान के सुदृढ़ीकरण की तरफ होगी। यह सभी राष्ट्रों, नस्लीय या धार्मिक समुदायों के बीच समझ, सहिष्णुता और मित्रता को प्रोत्साहित करेगी तथा शान्ति बनाए रखने के लिए संयुक्त राष्ट्र की गतिविधियों को आगे बढ़ाएगी।

(3) बच्चों को किस तरह की शिक्षा दी जाए यह चयन करने का पूर्वाधिकार माँ-बाप को प्राप्त है और उनके बच्चों को उसी तरह की शिक्षा दी जाएगी।

अनुच्छेद 27. प्रत्येक व्यक्ति को समुदाय के सांस्कृतिक जीवन में मुक्त रूप

से भाग लेने, कला का लुत्फ लेने और वैज्ञानिक प्रगति एवं इसके लाभ में हिस्सेदारी करने का अधिकार प्राप्त है।

(2) प्रत्येक व्यक्ति को किसी वैज्ञानिक, साहित्यिक या कलात्मक कृति जिसका वह लेखक हो, से पैदा होनेवाले नैतिक और भौतिक हितों के संरक्षण का अधिकार प्राप्त है।

अनुच्छेद 28. प्रत्येक व्यक्ति को उस सामाजिक और अन्तर्राष्ट्रीय व्यवस्था का जिसमें इस घोषणा में अंकित अधिकारों और स्वतंत्रताओं का पूरी तरह अहसास किया जा सकता है, अधिकार प्राप्त है।

अनुच्छेद 29. (1) प्रत्येक व्यक्ति का समुदाय के प्रति कर्तव्य है, जिसमें अकेले उसके व्यक्तित्व का पूर्ण एवं स्वतंत्र विकास सम्भव है।

(2) अपने अधिकारों और स्वतंत्रताओं के प्रयोग में प्रत्येक व्यक्ति केवल ऐसी सीमाओं के अधीन होगा जो केवल दूसरों के अधिकारों और स्वतंत्रताओं के प्रति सम्मान तथा समुचित स्वीकृति एवं प्रजातांत्रिक समाज में नैतिकता, सार्वजनिक व्यवस्था और सामान्य कल्याण की न्यायोचित जरूरतों को पूरा करने के उद्देश्य से कानून द्वारा निर्धारित की जाती हैं।

(3) इन अधिकारों और स्वतंत्रताओं का प्रयोग किसी भी मामले में संयुक्त राष्ट्र के सिद्धान्तों और उद्देश्यों के विपरीत नहीं किया जा सकता है।

अनुच्छेद 30. इस घोषणा में वैसा कुछ भी नहीं है जिसकी व्याख्या इस तरह से की जाए कि किसी राज्य, समुदाय या पुरुष को वैसी गतिविधि बनाने या वैसा कार्य करने का अधिकार है जिसका लक्ष्य इस घोषणा में अंकित अधिकारों और स्वतंत्रताओं में किसी को विनष्ट करना हो।

अनुक्रमणिका